게더타운(Gather.town), 이프랜드(ifland),
제페토(ZEPETO), 가상현실 코스페이시스(CoSpaces)

변문경, 박찬, 김병석, 이정훈 지음

다빈치books

다빈치 books　　효과적인 학습 전략 수립을 도와주는 책들

에듀테크 FOR 클래스룸 : 한 권으로 끝내는 원격 수업 도구의 모든 것

박찬, 김병석, 전수연, 전은경, 진성임, 정선재, 강윤진, 변문경 | 416쪽 | 25,000원

원격수업에 필요한 모든 디지털 도구의 활용 노하우를 이 한 권에 담았습니다.
온·오프라인 수업에 에듀테크를 더하면 더 편리하게 흥미로운 수업을 설계하고 실현할 수 있습니다.

주요 내용: 온라인 수업, 블랜디드 러닝, 플립트 러닝, 디지털 리터러시, 띵커벨, 카훗, 패들렛, 멘티미터, 실시간 쌍방향 수업, 줌(Zoom), 구글 Meet, 카카오 TV, 영상녹화, PPT 녹화, 윈도우 게임 녹화, OBS, Zoom it, 영상편집, 클로버더빙, 브루(Vrew), 곰믹스 (Gom Mix), 유튜브영상 올리기, 무료폰트, 무료이미지, 무료음원, 미리캔버스, 구글플랫폼 활용하기, 구글설문, 구글프리젠테이션, 구글스프래드시트, 구글사이트도구

우리 아이 AI : 4차 산업혁명 시대 인공지능 융합교육법

박찬, 김병석, 전수연, 전은경, 홍수빈, 진성임, 문혜진, 김성빈, 정선재, 강윤진, 변문경, 권해연, 박서희, 이정훈 공저 | 320쪽 | 24,000원

인공지능 교육은 어떤 방향성을 가지고 진행해야 할까요? 인공지능 교육에 대한 정보, 고민과 해답을 "우리 아이 AI" 이 한 권에 담았습니다. 인공지능 교육은 일상생활에서 문제를 해결을 위한 인공지능 활용 교육이 중심이 되어야 합니다. 인공지능 교육에 대한 방향성, 선진 인공지능 교육 사례, 스마트 폰 속 인공지능 도구에 대한 교육적 활용 방법을 소개한 첫 책입니다.

쉽게 따라 하는 인공지능 FOR 클래스룸

박찬, 전수연, 진성임, 손미현, 노희진, 정선재, 강윤진, 이정훈 | 212쪽 | 18,000원

온·오프라인 수업에서 인공지능을 활용할 수 있는 가장 실용적인 지침서입니다. 온·오프라인 수업에서 실현하는 인공지능 에듀테크의 모든 것을 이 한 권에 담았습니다.

4차 산업 수업 혁명: with STEAM 교육 & Maker 교육

최인수, 변문경, 박찬, 김병석, 박정민, 전수연, 전은경 공저 | 264쪽 | 25,000원

STEAM 융합 교육에서 SW 교육으로 더 나아가 만들기 활동으로 세상과 상호작용할 수 있는 메이커 교육이 확대되고 있습니다. 이렇게 교육 혁신이 가속화되는 이유는 4차 산업혁명으로 사회, 경제적 시스템이 변화하며 미래 인재상도 변화하기 때문입니다. 이러한 교육의 패러다임의 전환기에, 본 책은 인간 본연의 창의성을 강화하기 위한 메이커 교육의 역사와 정신, 방향성을 제시하고 있습니다. 또한 이 책의 저자들은 코딩 교육, STEAM 융합 교육, 그리고 메이커 교육의 이상적인 통합 방법을 사례를 통해 보여줍니다.

게더타운(Gather.town), 이프랜드(ifland),
제페토(ZEPETO), 가상현실 코스페이시스(CoSpaces)

변문경, 박찬, 김병석, 이정훈 지음

다빈치books

들어가며

학교에서는 온라인으로 수업이 진행되고, 사회적 거리두기를 실천하며 지냈던 1년 남짓한 기간 동안 우리의 생활은 이전과 달라졌습니다. 급변하는 사회에서 혁신적인 교육을 통해 미래를 준비하는 교육의 중요성에 대해 더 깊이 인식하고 있습니다. 경제적으로 힘든 시기에도 부모들은 자녀들의 교육비 지출을 줄일 수 없고, 정부는 혁신 교육에 대한 예산 지출을 줄일 수가 없었습니다.

특히 최근 들어 정부 주도로 공교육 현장에서 에듀테크와 인공지능, 메타버스를 적용하라는 요구가 많습니다. 하지만 관련된 서비스를 기획할 기획자도, 연구자도, 교사들을 지도할 전문가도 부족한 상황입니다. 따라서 급변하는 현실에서 그 누구도 확실한 미래 교육 청사진을 제시하지 못하고 있습니다. 이렇게 된 이유는 지금까지 우리가 살아왔던 시대와 디지털 네이티브인 학생들이 리더가 될 미래 사회가 너무도 다르기 때문입니다. “공부 열심히 해라”, “학교 내신 잘 받아라”라고 하던 교육 현장의 교사들도 학교 교과 공부가 최선이 아닐 수도 있다고 생각하게 되었습니다. 이제 자신의 흥미와 재능 분야를 찾고 새로운 기술을 탐구하며 미래 직업군을 탐색하는 활동이 교과 지식 하나를 배우는 것보다 중요할 수도 있습니다.

어른이든 청소년이든 우리가 모두 급속히 변화하는 세상에서 미래를 향한 안목을 키우고 함께 적응하며 발전하려고 노력해야 합니다. 다행스러운 것은 디지털 네이티브인 우리 청소년들이 세상의 변화를 어른들보다 빨리 이해하고, 또 이미 그 안에서 잘 즐기며 생활하고 있다는 점입니다. 어른들이 변하지 않으려고 해도 변화를 강요받는 시대가 요즘 시대입니다.

그 때문에 우리는 변화와 발전의 핵심 맥락을 파악하고 빠르게 대비해야 합니다. 또한, 정부에서 중점 추진했던, STEAM 교육, 메이커 교육, SW 교육, 인공지능 교육의 연장선으로 메타버스를 교육에 도입해야 합니다.

변이바이러스의 확산으로 학교 수업도 비대면으로 이루어지고, 기업들까지 재택근무를 하게 되면서, 자료 공유 및 회의를 위해 메타버스 플랫폼이 활용되고 있습니다. 기업과 기관, 그리고 대학의 성과를 홍보하는 전시 행사들도 메타버스에서 열리고 있습니다. 학술대회, 성과전시회, 신제품 발표회까지 메타버스로 구축되고 성공적으로 운영되고 있습니다. 특히 참여자들 간의 상호작용을 활성화하기 위한 방법으로 게더타운, 제페토, 이프랜드 같은 메타버스 플랫폼이 널리 활용되고 있습니다.

제페토(ZEPETO)는 현재 세계 가입자 수가 가장 많고, 유명 상점들이 입점하여 아바타를 꾸밀 수 있는 아이템을 판매합니다. 크리에이터들도 자신만의 아이템을 만들어 팔며 수익을 창출할 수 있습니다. 이미 1억 이상의 수익을 올린 제페토 크리에이터들도 등장했다고 합니다. 프로슈머가 활동하기 적합한 메타버스입니다.

이프랜드(ifland)는 아바타들끼리 함께 모여서 상호작용하고 행사 콘텐츠를 즐길 수 있다는 장점을 가진 메타버스 플랫폼입니다. 영상이나 PDF를 업로드하고 함께 즐길 수 있습니다. 130인 이하가 참여하는 영화상영회, TV 프로그램 공개방송, 강의, 세미나, 노래방, 피칭행사 등에 매우 적합합니다.

게더타운(Gather.town)은 교육 현장의 거울 세계로 확장성이 가장 큽니다. 기존에 사용하던 웹사이트나 게시판, 증강현실, 가상현실 솔루션을 바로 연동하여 사용할 수 있으며, 맵의 커스터마이징이 쉽습니다.

본 책에서는 제페토, 이프랜드, 게더타운 메타버스 구축 플랫폼의 장점과 교육에서의 활용 방법을 소개하고, 맵 구성, 커스터마이징을 위한 핵심 메뉴들을 정리해보았습니다. 또한 게더타운에 연동이 가능한 코스페이시스로 증강현실, 가상현실 제작 방법을 소개합니다. 마지막으로 메타버스에 인공지능이 왜 통합되어야 하는지, 어떤 역할을 할 수 있는지에 대해서 제안합니다.

교육연구자, 교사, 교수, 학부모들을 위해 메타버스 시대를 대표하는 가상현실, 증강현실, 거울 세계, 라이프로깅에 인공지능까지 미래 교육에 도움이 되는 에듀테크를 실현하는 아이디어와 조언을 함께 담았습니다. 매타버스가 또 하나의 유행으로 끝나지 않고, 진정한 교육 혁신의 기회가 되기를 바라는 마음으로 편집을 마칩니다. 감사합니다.

저자 일동

추천사

가보지 않은 세계, 대자연이라는 무대에 출연자들이 뛰어들어 펼치는 예능 프로그램이 〈정글의 법칙〉입니다. 이 프로그램의 주된 화두는 '미지의 세계, 즉 정글 속 생존'입니다. 근데 〈정글의 법칙〉을 얼핏 보면, 그곳에서의 생활이 그리 어려워 보이지 않습니다. 하지만 출연자가 막상 출연해서 촬영 기간 동안 그 속에서 잘 먹고, 잘 자고, 살아남기는 절대 쉽지 않습니다.

지금의 메타버스의 세계가 바로 '무궁무진한 미지의 세계, 곧 정글'입니다. 2021년 최고의 트렌드이자 이슈인 '메타버스'가 그냥 보기에는 화려하고 핫하며 세련되고 매력적으로 보입니다. 그래서 누구나 한 번쯤 그 세계에 발을 들여놓고 싶어 합니다. 그런데 Z세대가 아닌, 저를 비롯한 기성세대들이 그 공간에 뛰어들어 누비고 다니려고 하면 왠지 어색하고 적응하기가 쉽지 않습니다.

만약 정글에서의 생존 지침서가 존재해서, 그것을 먼저 읽어보고, 그곳에 간다면 좀 더 쉽게 정글을 경험할 수 있을 것입니다. 저는 『메타버스 for 에듀테크』가 바로 메타버스의 생존 지침서라고 생각합니다. 이 책은 학교나 회사에서 누가 굳이 가르쳐주지는 않지만 매우 궁금한 메타버스로 들어가는 접근법을 실제로 알기 쉽고 재밌게 써놓았습니다. 이 책을 읽고, 메타버스에 자신 있게 올라타신다면(?) 분명 그 세계를 마음껏 즐기실 수 있습니다.

– 김준수 SBS 예능본부 PD, 〈정글의 법칙〉 연출

추천사

스토리텔러인 나의 눈으로 보면, '메타버스'란 결핍 가득한 현실에 사는 '나'라는 존재를 건강한 욕망으로 넘치는 가상의 세계로 옮겨놓은 것으로 생각했다. 그러나 '그래서 뭐 어쩐다고?'라는 의문을 가졌다. 그러나 이 책의 저자들을 만나면서 그동안 인류가 관념과 상상으로 신기루처럼 꿈꾸던 것을 볼 수 있고, 느낄 수 있으며, 작동하게끔 만들고 있다는 사실을 깨닫게 되었다. 이런 깨달음을 준 저자들에게 감사한 마음 가득하다. 그리고 많은 독자가 나와 같은 깨달음을 더 크고 깊게 얻는 기회가 되지 않을까 생각한다. 저자들의 진심 어린 지식과 경험의 나눔이, 단지 교육 분야에 있는 독자만이 아니라, 다양한 분야에서 일하는 분들에게도 새로운 소통과 공감과 놀이의 공간으로 자리 잡아가는 메타버스의 신세계를 이해하게 해줄 것이다. 이 책은 메타버스에 관한 알파에서 오메가까지, 지식과 실전 활용법의 모든 것을 알려줄 것이다.

– 김태원 안양김중업박물관 관장, 전) CJ ENM 드라마국장, 〈주몽〉, 〈선덕여왕〉 등 다수 제작

추 천 사

컴퓨팅 기술의 개발은 사람들을 더 긴밀하게 엮는 방향으로 그리고 시간과 공간의 제약을 더 허무는 방향으로 진행될 것이다. 이 흐름과 맥을 같이 하는 것이 바로 메타버스이다. 메타버스는 실제와 아주 잘 연결된 가상으로, 메타버스 세상에서 실제와 가상을 구분하는 것은 상당 부분 그 의미를 잃는다. 메타버스라는 공간에서 다른 사람과 실시간으로 소통할 수도 있지만, 그렇지 않은 경우도 얼마든지 생각할 수 있다. 메타버스 속 장소는 현실 세계의 공간과 같을 수도 있고 전혀 다를 수도 있다. 그렇다면 메타버스가 만들어내는 그 소통의 장은 무엇일까? 실제를 반영하되, 시간과 공간을 초월한 새로운 세상이다. 그렇기에 교육 분야는 메타버스의 적용이 꼭 필요한 분야이다. 그리고 무엇보다 공감과 감정적 교류를 교육의 핵심 가치로 다루어야 한다. 이 책은 이에 동조하며 메타버스의 실질적 이해와 가치 있는 적용에 집중한다. 이 책은 저자들의 현장 경험을 바탕으로 한, 메타버스가 진정 추구해야 하는 방향에 대한 구체적이고 실제적인 지침서로 가히 선구적이라 할 만하다.

– 이상원 성균관대학교 인터랙션사이언스학과/인공지능융합학과 교수

목 차

PART 01 메타버스와 에듀테크

우리는 코로나 이전의 세계로 돌아갈 수 없다.
상상력으로 전진해야 한다.

- 제이슨 생커(Jason Schenker)-

01

메타버스와 에듀테크

교육부는 “인문학적 상상력, 과학기술 창조력을 갖추고 바른 인성을 겸비하여 새로운 지식을 창조하고 다양한 지식을 융합하여 가치를 창조할 수 있는 창의융합형 인재상”을 미래사회의 인재로 제시해 왔습니다. 미래 인재 교육을 위한 STEAM, 메이커(Maker) 교육, SW 교육, 인공지능 교육을 순차적으로 정규 수업에 포함했습니다. 하지만 지난 1년간 교육에서의 화두는 오직 ‘안전’이었습니다.

감염병 예방을 위해 비대면 수업이 시행되면서 Zoom과 같은 거울 세계 메타버스가 급성장하였습니다. 게다가 행사는 온라인 생방송으로 유튜브를 타고 송출되었습니다. 전시는 가상전시장을 구축하여 온라인에서 관람하였습니다. 이러한 과정에서 우리는 급속히 디지털 세상으로 이주하였습니다. 이렇게 코로나19 이전에는 ‘불가’라고 여겼던 일이 ‘가능’한 일이 되었습니다. 가장 큰 변화는 온라인 수업을 통해 초, 중, 고, 대학생들이 학력을 인정받았다는 점입니다. 이제 대학과 기업 교육 현장에서는 메타버스 플랫폼에서 에듀테크를 실현하려는 움직임을 보입니다. 초, 중, 고에서도 마찬가지입니다. 이제 메타버스의 가상현실, 증강현실, 거울 세계, 라이프로깅을 적용하여 그간 교육 현장에서 해결 불가능하다고 생각했던 문제 해결의 실마리를 함께 찾아가 보면 좋겠습니다.

CHAPTER

01 메타버스 르네상스

01. 메타버스로 입주

인간에게 암흑의 시대였던 중세를 마감하고 르네상스 시대를 연 계기는 전 유럽을 덮쳤던 흑사병이었습니다. 현재 코로나19는 세계인에게 메타버스의 시대를 열고 디지털 세상으로 이주시키는 디지털 르네상스의 계기가 되었습니다. 이미 우리는 물리적 공간보다도 디지털 공간에서 생활하는 시간이 많아졌습니다. 사회적 거리두기의 시행으로 물리적 공간에서 하던 일들을 디지털 세상에서 더 편리하게 할 수 있다는 사실을 알게 되었습니다. 좀처럼 생활 방식을 바꾸지 않던 어른들도 앱으로 식품을 구입하고, 코로나 백신을 예약합니다. 게다가 현실의 나와 아바타의 나 이렇게 다양한 캐릭터로 살아가는 즐거움에 빠져 있습니다.

요즘 저는 물리적인 공간에서 업무를 보고 있을 때도 이 공간에 있는 것이 맞는지 의문이 들 때가 있습니다. 스마트폰에서 울리는 카카오톡으로 사람들과 업무를 합니다. 재택근무를 하면서도 화상회의를 하며 같은 공간에 있는 것과 마찬가지로 업무를 진행합니다. 또한 정규 방송 시간에 맞춰 TV를 시청하지 않게 되었습니다. 실시간 뉴스는 8시 뉴스보다 빠르게 정보를 주고 있고, 지상파 방송국도 유튜브에 먼저 속보를 올립니다. 드라마나 예능 그리고 다큐멘터리 시청은 웨이브나 넷플릭스 같은 OTT를 활용합니다.

거의 다수가 디지털 세상에서 생활하다 보니 물리적인 공간에서 사람들의 움직임에 주의를 더 기울이게 됩니다. 사람들은 분명 물리적 공간에 있지만, 스마트폰을 보거나 채팅을 하고 있기 때문입니다. 눈앞의 길을 보고 물리적 공간을 인지하는 시간보다 디지털 공간에서 스마트폰을 활용하여 상호작용하는 시간이 많습니다. 그러다 보니, 옆에 자동차가 있는지 사람이 있는지조차 인식하지 못합니다. 앞에 있는 물체를 보지 못해 넘어지는 사람, 앞사람과 부딪히는 사람도 눈에 띕니다. 또 주변을 살피지 않고 신호등 없는 건널목을 건너는 보행자들도 많습니다. 운전자들도 마찬가지입니다. 신호를 기다리는 짧은 정차 시간에도 휴대폰을 보고, 문자를 확인하고, 심지어 게임을 하기도 합니다. 유튜브나 왓챠, 넷플릭스 영화를 보면서 운전하는 경우는 흔합니다. 물리적 공간이 우선인지, 디지털 공간이 우선인지도 모르겠습니다.

우리는 왜 스마트폰과 PC 안의 디지털 세상에서 많은 시간을 보내게 된 것일까요? 결론은 편리하고 재미있기 때문입니다. 카카오톡으로 원거리의 친구와 대화하고 화상으로 미팅도 합니다. 친구들과 음성채팅을 하면서 게임도 함께하니 PC방으로 나갈 일도 없습니다. 무료 웹툰과 웹소설도 보고 사전에 설정한 카테고리에서 뉴스를 제공받습니다. 게다가 새로운 영상, 이미지, 텍스트 콘텐츠를 마구마구 추천해 줍니다. 배가 고파질 때면 귀신같이 알고 내가 좋아할 만한 음식을 추천해주기도 합니다. 생수를 구매하는 주기에 맞춰 가장 저렴한 생수를 추천해주고, 관심 있는 스포츠 브랜드의 세일 정보를 주기도 합니다. 흥미로운 내용만 쏙쏙 골라서 보여주는 유튜브는 시간과 장소에 상관없이 무한대로 콘텐츠를 제공합니다. 네이버 다시 보기 기능의 경우에도 광고만 시청하면 유료 콘텐츠를 무료로 볼 수 있습니다.

이렇게 물리적 공간과는 달리 디지털 공간은 와이파이와 스마트폰 같은 디지털 도구만 있으면 입주 비용에 대한 부담이 없습니다. 시간적·공간적 제한도 없습니다. 게다가 디지털 공간은 현실 속의 내가 아닌 또 다른 나를 아바타로 설정하고 활동할 수 있습니다. 익명성이 보장되니 여러 개의 아바타나 닉네임으로 현실의 나를 숨기고 활동할 수 있습니다. 현실과 다른 초월적인 나로 살아갈 수 있는 재미까지 주고 있는 공간이 바로 디지털 세상입니다. 그리고 디지털 세상을 메타버스라고 부르기 시작했습니다.

디지털 세상을 통칭하는 용어가 요즘 흔히 들리는 메타버스입니다. 메타버스란 현실 세계를 의미하는 'Universe(유니버스)'와 '가공, 추상'을 의미하는 'Meta(메타)'의 합성어로 3차원 가상현실를 뜻하는 말입니다. 과거 메타버스는 아바타가 살아가는 가상현실, 실감형 VR 등으로 이해했지만, 이제는 초월적인 나로 살아갈 수 있는 모든 공간을 통칭한다고 할 수 있습니다. 『메타버스』의 저자 김상균 교수는 메타버스를 가상 세계로만 한정하는 것이 아니라 스마트폰, 컴퓨터, 인터넷 등 디지털 미디어에 담긴 새로운 세상, 디지털화된 지구라고 설명하고 있습니다.

02. 소설이 현실이 되어버린 메타버스 시대

이렇게 코로나19 이전부터 우리 일상에 존재해 왔던 언택트 세계를 메타버스라고 할 수 있습니다. 어른들도 청소년들도 이미 많은 시간을 메타버스에서 지내고 있습니다. 단 자신이 주로 시간을 보내는 메타버스 플랫폼이 서로 다를 뿐입니다. 메타버스 세계는 가상현실(Virtual Reality)에 한정되어 있었습니다. 지금도 많은 사람은 메타버스를 가상현실이라고 정의합니다. 하지만 현재는 확장된 개념으로 메타버스라는 단어를 사용하는 경우가 더 많습니다. 메타버스라는 용어를 처음 사용한 사람은 닐 스티븐슨(Stephenson, Neal)이라는 소설가입니다.

[그림 1-1] Snow Crash

메타버스는 1992년 그의 소설 『스노 크래시(Snow Crash)』로부터 온 것입니다. 이 책은 최근 국내에서 재출간되었습니다. 이렇게 메타버스와 아바타라는 단어가 처음 사용되고 전파된 곳이 미래 연구소의 논문이나 보고서가 아닌 SF소설이었다는 사실이 저는 너무 흥미진진합니다. 누군가의 상상 속 이야기가 현실이 되고, 또 빠르게 공유되고 즐길 수 있는 콘텐츠가 된다는 것 자체가 신나는 일입니다. 소설가 닐 스티븐슨은 소설을 쓰면서 미래를 상상하고 미래에 발생할 수 있는 문제들을 스토리로 다루면서 그저 마음껏 상상력을 펼쳤을 것입니다. 우리는 기술의 발달로 그 상상이 실현된 현재에 살아가게 된 것뿐입니다.

게다가 메타버스라는 가상현실은 시간적·물리적으로도 제한이 없습니다. 밤에 문득 잠에서 깨어났을 때도, 정적만이 흐르는 이른 새벽에도 누군가는 메타버스에서 활발하게 활동하고 있습니다. 말 그대로 가상공간이 진정한 지구촌이 된 것입니다. 이른 새벽에도 나는 나의 아바타 중 하나로 다양한 활동을 즐길 수 있습니다. 현실에서의 나는 중학생이지만 디지털 세계 속의 나는 세 개의 필명을 가진 웹소설 작가일 수도 있습니다. 재미있는 사실은 실제로 플랫폼에서 진행하는 많은 웹소설 경진대회에서 나이 제한이 없는 때 중·고등학생이 당선되는 경우가 많다는 것입니다. 요즘 중국에서는 중·고등학생들이 쓴 웹소설이 텐센트라는 메타버스 플랫폼에서 소위 대박이 나는 사례도 많다고 합니다. 어른들보다 어린 학생들의 상상력이 훨씬 뛰어날 것도 같습니다.

메타버스 안에서는 나이의 제한도 크게 없고, 현실의 나와 다른 모습의 내가 생활할 수 있습니다. 특히 어리거나 젊은 세대들이 즐기는 인스타그램, 유튜브, 틱톡, 카카오스토리, 인터넷 카페, 온라인 게임, 로블록스 등 이 모두가 메타버스이며, 그 안에서 우리는 다양한 모습으로 생활하고 있는 것입니다. 변화한 시대에 우리가 주목해야 할 점은 경제의 축이 이제 물리적 공간이 아닌 디지털 공간으로 이동했다는 것입니다. 이로써 파생되는 사회적인 시스템 변화에 주목하고 교육을 위한 메타버스를 구현해야 합니다.

03. 메타버스의 4가지 주요 유형

기술 연구 단체인 ASF(Acceleration Studies Foundation, www.accelerating.org)는 메타버스(Metaverse)를 구현하는 4가지 유형을 증강현실, 라이프로깅, 거울 세계, 가상현실로 구분하였습니다. 최근에는 기술의 발달과 더불어 유형이 혼합된 형태의 메타버스가 등장하면서 구분 자체도 큰 의미가 없어 보입니다. 김상균 교수님의 저서 『메타버스』에서 인용하여 각 용어의 의미를 간략히 살펴보겠습니다.

1) 증강현실(Augmented Reality: AR)은 스마트폰이나 태블릿 PC와 같은 디바이스에서 실제 환경에 가상의 사물이나 정보를 합성하여 보이게 하는 기술입니다. 영상, 이미지, 정보 등이 합성되어 보일 수 있습니다. 가장 유명한 사례로 GPS 기반 증강현실 (AR) 게임인 포켓몬 고(Pokémon GO)가 있습니다.

2) 가상현실(Virtual Reality: VR)은 컴퓨터 그래픽으로 가상의 사이버 공간을 구축한 것입니다. 현실과 전혀 연계가 없는 가상의 사회, 세계관, 인물이 등장하고 생활할 수 있습니다. 또한 최근까지도 메타버스는 이 가상현실과 같은 의미로 여기기도 했습니다. 가상공간 안에 상호작용을 실현하여, 현실 세계와 같거나 현실 세계에서 불가능한 상황까지 실제 상황처럼 체험할 수 있도록 구축되기 때문입니다.

3) 거울 세계(Mirror World)는 현실 세계를 복사하되 정보성과 편의성을 더한 상태를 말합니다. 대표적인 것이 구글 지도입니다. 현실의 지도를 보여주고 있지만, 지도 안의 상점의 영업시간, 식당의 메뉴와 가격까지 정보와 편의성을 더하고 있습니다. 우리가 많이 사용하는 카카오 내비게이션, 배달 앱, 부동산 앱 등이 대표적인 거울 세계입니다. 최근 학교 교실을 대체하는

Zoom도 거울 세계로 분류됩니다.

4) 라이프로깅(Lifelogging)은 자신의 삶에 관한 다양한 경험과 정보를 기록하여 저장하고 공유하는 활동을 의미합니다. 페이스북, 인스타그램, 카카오스토리, 트위터와 같은 SNS가 대표적인 라이프로깅의 사례입니다. 카페에 글을 올리고, 블로그를 관리하는 것도 라이프로깅입니다. 아날로그 시대로 치면 일기를 쓰는 것이 대표적인 라이프로깅이었다고 할 수 있습니다.

사실 구글 지도에 방문한 장소가 뜨면 평점을 매기는 것, 글을 남기는 것은 거울 세계이자 라이프로깅입니다. 최근 몇 가지 플랫폼을 가지고 메타버스 플랫폼의 어떤 유형인가를 분류하는 경우를 보았는데, 사실 대부분 플랫폼은 메타버스화되고 있고 각 기술이 복합적으로 사용되기 때문에 분류하는 자체가 큰 의미는 없습니다. 단, 용도에 맞게 최적화되어 있는 메타버스를 적절히 활용하면 됩니다.

04. 메타버스의 교육 활용 사례

최근 성균관대학교에서는 메타버스에서 '제1회 세계성균한글백일장' 행사를 열었습니다. 성균관대는 메타버스 플랫폼 이프랜드(ifland), 원격 화상회의시스템 줌(Zoom), 개방형 학습 플랫폼인 엑스 캠퍼스(eX-campus) 등을 활용하여 본 행사를 진행했습니다. 먼저 이프랜드에서는 아바타를 등장 시켜 백일장 사전행사가 진행되었습니다. 그리고 시험은 Zoom을 활용하여 실시간 시험 감독을 진행하며 공정하게 이루어졌습니다.

마지막으로 엑스 캠퍼스에서는 학생들이 원고지에 자필로 작성한 답안을 사진 파일로 저장해 제출하기 위해 사용되었습니다. 별도의 플랫폼을 만들면 이 세 가지 기술을 모두 통합할 수 있지만, 이프랜드(ifland), 줌(Zoom) 그리고 엑스 캠퍼스(eX-campus)를 사용하면 플랫폼 사용료가 거의 들지 않아서 운영진만으로도 충분히 세계적인 행사를 성공적으로 치를 수 있다는 예시를 보여 주었습니다.

[그림 1-2] 성균관대학교 제1회 세계성균한글백일장 ifland 행사

최근 코엑스나 킨텍스에서 진행하던 전시 행사를 가상전시관이나 게더타운에서 진행하는 것도 대표적인 메타버스의 구축 사례입니다. 내가 세계 어느 곳에 있든 장소에 구애받지 않고, 행사에도 참여하고 세미나도 들을 수 있습니다. 게다가 우리는 디지털 세상에서 실명 대신 닉네임을 사용하고 아바타의 모습으로 활동할 수 있습니다.

이 외에도 영화과 학생들의 영화시사회를 유튜브에서 진행할 수 있지만, 아바타를 등장 시켜 ifland에서 진행할 수도 있습니다. 또 학생이 만든 동영상을 시청할 수도 있습니다.

[그림 1-3] 게더타운 내에 조성된 IAC 운영자 회의 및 기업 홍보부스 공간
자료: NIA, 출처: 정보통신신문(http://www.koit.co.kr)

05. 메타버스 플랫폼 비교

(1) 로블록스(Roblox)

2006년도에 첫 출시된 로블록스는 미국 Roblox Corporation에서 만든 온라인 게임 기반의 3D 가상 플랫폼입니다. 로블록스 스튜디오에서 루아 코딩을 통해 사용자가 직접 게임을 만들고 다른 사용자들이 게임을 플레이하는 오픈 월드 메타버스 플랫폼입니다. 초기 버전에서 진화를 통해 2018년 모바일에 최적화되었고, 코로나19 이후 메타버스가 스포트라이트를 받으면서 전 세계적으로 가입자들이 폭발적으로 증가하였습니다. 현재 누적 회원 수가 10억 명 이상이며, 기업가

치는 42조에 달할 정도로 엄청난 가치를 가지고 있습니다. 이에 걸맞게 전 세계에서 동시에 수많은 접속자의 트래픽을 감당할 정도로 안정화되고 있으며, 다양한 언어 UI를 제공하고 있습니다. PC, 모바일뿐 아니라 Xbox와도 연동하여 서비스를 지원하고 있습니다. 온라인 게임 기반의 가상 플랫폼답게 가입자 중 초등학생의 비중이 제일 크며, 미국은 초등학생의 70%가 이용하고 있는 것으로 나타났습니다. 코로나19로 비대면 수업이 지속되면서 집에서 보내는 시간이 많다 보니 소통의 공간과 게임이 만나는 온라인 게임 기반의 메타버스 플랫폼이 폭발적인 수요로 이어진 결과라고 생각합니다.

로블록스의 특징은 제공되는 모든 게임이 로블록스 스튜디오를 통해 이용자가 직접 게임 콘텐츠를 제작한 것으로 유저들이 콘텐츠 생산자이자 소비자라는 점입니다. 아바타뿐만 아니라 게임, 아이템들을 로벅스로 구매하고, 판매할 수 있습니다. 로벅스라는 자체 가상화폐는 실제 화폐로도 바꿀 수 있습니다.

제페토나 이프랜드의 아바타는 예쁘고 개성 넘치는 사람 외형의 아바타인데, 로블록스 아바타는 디테일이 떨어지지만 사람, 로봇, 동물 등 다양한 캐릭터의 3D 아바타를 선택할 수 있습니다. 로블록스 스튜디오는 사용자가 무한한 상상력을 펼칠 수 있을 만큼의 다양하고 복잡한 기능을 제공합니다. 로블록스 스튜디오에서는 게임프로그램에서 많이 사용하는 루아(Lua)라는 스크립트 개발언어를 기반으로 다양한 게임을 제작하고 직접 컨트롤할 수 있습니다. 그렇기 때문에 로블록스 스튜디오를 3D 교육 도구로 이용하여 게임 코딩 교육에 활용하거나 스토리 창작을 통한 애니메이션 영상물을 만들고, 시뮬레이션을 통해 물리 수업 도구로도 충분히 활용할 수 있습니다.

로블록스 및 스튜디오 이용은 무료지만, 프리미엄 멤버십, 그룹(커뮤니티) 생성, 게임패스 등의 유료 서비스들이 다수 존재합니다. 주로 게임을 즐기면서 이용자 간에 소통하지만, 창작 활동, 아바타 간의 상호작용을 통한 다양한 행사들도 로블록스의 가상세계에서 이루어지기 때문에 메타버스의 특성을 잘 나타내고 있습니다. 로블록스에서 미국 노동절, 메모리얼데이, 할로윈데이, 블랙프라이데이 등 다양한 기념일 행사가 진행되었으며, 아바(Abba) 콘서트 및 인기 레퍼 릴 나스

엑스(Lil Nas X)가 가상콘서트를 열어 많은 관객을 모았습니다. 최근 한국 내의 입지를 확대하기 위해 로블록스 한국법인이 설립되었으며, KB국민은행과 손잡고 로블록스 내에 금융체험관을 구축할 예정이며, 가상 영업점을 통해 실제 금융거래까지 이어질지는 지켜봐야 할 것입니다.

(2) 제페토(ZEPETO)

미국의 로블록스가 있다면, 네이버 자회사인 네이버 Z 코퍼레이션이 2018년에 출시한 제페토를 한국의 대표적인 메타버스 플랫폼으로 꼽을 수 있습니다. 현재까지 누적 회원이 2억 명 이상이며, 기업가치는 2조 이상으로 보고 있습니다. 모바일 앱으로 서비스 중이며, 아바타를 통해 가상세계에서 얼굴인식(표정), 증강현실(AR) 기반으로 다른 이용자들과 소통하거나 가상현실을 경험할 수 있는 3D 가상 소셜 플랫폼입니다. 비유하자면, 인스타그램에 나를 대신해 3D 아바타가 가상현실의 일상 및 활동 등을 공유하고, 다른 아바타들과 소통한다고 보면 됩니다. 정교하고 개성 넘치는 다양한 사람 외형의 아바타 및 패션 아이템을 보유하고 있어 10대들의 소셜 활동 및 놀이문화 공간으로 자리 잡고 있는 메타버스 플랫폼입니다. 제페토 이용자 중 90%가 해외 이용자이고, 그중 80%가 10대입니다. 디테일하고 잘 구현된 3D 아바타와 AR 기술을 접목하여 사용자의 표정까지 아바타에 표현할 수 있다는 장점이 있으며, 아바타를 이용해 사진 및 영상으로 제작하여 공유할 수 있습니다.

제페토는 스튜디오를 통해 아바타에 관련된 아이템 등을 이용자가 직접 제작하고 판매할 수 있습니다. 또한 빌드잇으로 가상공간(월드)도 직접 이용자가 만들고 공유할 수 있습니다. 제페토에는 3D 전신 인식기술을 탑재하여 아바타의 동작을 내 아바타가 똑같이 따라 할 수 있는 댄스 따라하기 등의 AR 게임 서비스를 제공하고 있습니다. 이를 엔터테인먼트 회사들이 적극적으로 활용하여 BTS, 블랙핑크 등의 멤버를 아바타로 구성하여 팬 사인회를 진행하였으며, 뮤직비디오 퍼포먼스에 내 아바타가 같이 참여할 수 있습니다.

제페토 가입 및 서비스 이용은 무료이지만, 대부분의 패션 아이템 등은 유료로 서비스되고 있습니다. 사용자들이 아바타를 꾸밀 수 있는 다양한 아이템을 제공하기 때문에 이를 기업들이 적극적으로 마케팅에 활용하고 있으며, 글로벌 패션 브랜드인 구찌, 디오르, 나이키 등이 가상 부스를 만들어 브랜드를 홍보하고 유료 아이템을 판매하는 등 비즈니스 모델로도 활용하고 있습니다. 또한 한국관광공사 주관으로 한강공원을 테마로 한 가상공간을 구현하여 국내외 이용자들에게 한국의 명소를 소개하고 가상공간을 체험할 수 있도록 서비스하고 있습니다.

(3) 게더타운(Gather.town)

게더타운은 2020년에 미국 스타트업 회사인 Gather Presence에서 출시하였습니다. 2차원 가상공간 템플릿을 제공하며, 아바타를 통해 동료들과 협업할 수 있는 기능들이 특화된 가상 오피스 플랫폼입니다. 코로나19로 비대면이 활성화되면서 사용자들이 Zoom 같은 화상 서비스를 많이 이용하고 있습니다. 게더타운은 가상 오피스 공간을 접목한 메타버스 플랫폼이며, 회사의 재택근무를 위한 가상공간, 비대면 강의, 콘퍼런스 행사가 가능하며, 친목을 위한 동호회 모임 및 랜선 파티 등으로도 활용할 수 있습니다. 이러한 목적에 맞춰 모바일에서는 제한된 기능을 제공하며, 주로 PC 버전의 크롬과 파이어폭스에 최적화되어 있습니다. 게더타운은 25명 이하의 소규모 인원이 사용하면 무료로 지원하며, 동시 접속 500명까지 사용자당 3달러(일 단위), 7달러(월 단위)로 비교적 저렴하게 서비스하고 있습니다.

아바타 및 가상공간이 2D로 만들어져 다른 메타버스 플랫폼보다 매우 단순하며, 아바타 선택의 폭도 넓지 않습니다. 리소스를 너무 많이 사용하거나 속도 저하를 배제하기 위해 2D로 단순화시켰을 것으로 예상됩니다. 하지만 비디오, 오디오, 실시간 채팅 서비스를 지원하며, 오피스, 강의실 등의 가상공간을 사용자가 직접 꾸미고, 수업 및 업무용으로 활용 가능한 아이템들의 배치가 자유롭다는 장점이 있습니다. 아바타는 키보드의 상하좌우 방향키를 이용하여 공간을 이동할 수 있으며 같은 공간에 있는 아바타와 서로 대화가 가능합니다. 아바타들이 서로 근접해 있으면 비디오와 오디오가 켜지면서 서로 대화를 할 수 있고, 거리가 멀어지면 비디오와 소리가 끊기기 때문에 서로 대화를 할 수 없습니다. 실제 근무 공간에서 타인과 소통을 하는 방식과 비슷하다고 볼 수 있습니다.

또한 맵을 통해 각 아바타가 어느 공간에 있는지 동선을 파악할 수 있습니다. 이러한 특징으로 많은 기업에서 재택근무를 위한 업무용으로 게터타운을 활용하고 있습니다. 부동산 직방의 경우, 실제 직원들의 사무공간을 없애고 게더타운을 통해 가상 오피스를 마련하여 직원들이 재택근무를 하고 있습니다. KB 금융타운, 과기부 AI 데이터 구축사업 협약식, LG 이노텍과 롯데건설은 채용설명회를 게더타운에서 진행하였습니다.

(4) 이프랜드(ifland)

이프랜드는 메타버스 플랫폼 시범 서비스를 진행한 후 2021년 8월에 SK텔레콤에서 출시되었습니다. 다양한 아바타 및 가상 테마 공간을 제공하며, 콘텐츠를 공유하여 음성으로 소통할 수 있는 3D 소셜 커뮤니케이션 플랫폼입니다. 제페토가 한국의 메타버스의 성공사례가 되면서 SK텔레콤에서도 최근에 론칭하였습니다. 이프랜드는 메타버스의 후발 주자로 제페토보다는 서비스 기능이 아직 빈약한 편이지만, SK텔레콤은 2020년에 마이크로소프트사와 협력하여 아시아 최초로 혼합현실(MR) 캡처 스튜디오를 오픈하였으며, VR 기기인 오큘러스 퀘스트2의 공식 판매처이기도 합니다. 추후 3D 홀로그램을 활용한 실감 콘텐츠들을 확보하고 SK텔레콤의 기술력을 이프랜드에 담을 것으로 예상합니다.

이프랜드는 제페토와 마찬가지로 모바일앱에서 다운로드가 가능하며, 퀄리티 높은 아바타 및 아이템을 제공하고 있습니다. 아직은 초기 단계로 아바타를 꾸미는 아이템들을 무료로 제공하고 있으나 추후 서비스가 확대되면서 유료로 아이템을 제공할 것으로 보입니다.

이프랜드는 한 개의 가상공간(랜드)에 최대 131명이 동시 접속할 수 있으며, 공개(비공개)설정이 가능합니다. 콘퍼런스홀, 공원, 카페, 교실, 운동장, 영화관 등 다양한 테마의 가상공간을 선택할 수 있으며, 각 테마 공간마다 맵 파일이 사용자 기기에 다운로드됩니다. 사용자들은 랜드(채팅

방)를 개설하고, PDF 또는 영상자료를 공유할 수 있습니다. 공지 등록 및 호스트를 설정하여 강의도 진행할 수 있습니다. 또 토크쇼 및 설명회, 입학'졸업식도 진행할 수 있습니다. 올해 초 세계 최초로 메타버스 입학식(순천향대학교)이 이프랜드를 통해 개최되었습니다. 또한, K팝 팬 미팅, 연고대 교류전 응원 행사 등의 대규모 행사가 이프랜드에서 열릴 예정입니다.

단, 행사, 세미나, 모임의 진행 성격과 규모에 따라서 적합한 메타버스 플랫폼이 있습니다. 다음 표에는 게더타운, 제페토, 로블록스, 이프랜드라는 대표적인 플랫폼을 비교해보았습니다. 130명 이하가 세미나나 행사를 진행하게 된다면 제페토, 로블록스, 이프랜드를 할 수 있습니다. 그 이상의 규모로 행사를 진행하게 된다면, 게더타운이나, 별도의 플랫폼과 서버를 구축하면 됩니다. 특히 게더타운은 기존에 우리가 사용하던 웹사이트를 연동할 수 있는 기능이 잘 설계되어 있어서 최근 가장 많이 활용하고 있는 메타버스 구현 플랫폼입니다.

플랫폼	로블록스(Roblox)	제페토(Zepeto)
운영 기업	• Roblox Corporation(US)	• 네이버 제트(KR, 3D 전신 인식기술 탑재, 영상인식 AI 기술개발 중)
지원기기	• PC, 모바일 앱 동시 지원	• 모바일 앱
출시 및 가입자	• 2006년 출시되었으나, 2018년 모바일 최적화 등을 개편하면서 급속성장 • 누적 회원: 10억 명 이상(기업가치 42조)	• 2018. 8월 출시 • 누적 회원: 2억 명 이상(기업가치 2조)
주요 특징	• 로블록스 스튜디오를 통해 자신이 게임을 만들고 다른 사용자들이 플레이할 수 있는 오픈 월드 온라인 게임 기반의 3D 가상플랫폼. • 다양한 3D 게임 콘텐츠 및 아이템 보유. • Xbox 등과 오큘러스 3D 장비와 연동하여 게임참여 가능. • 미국 초등학생 70% 이상이 이용	• 아바타를 통해 가상세계에서 얼굴인식(표정), 증강현실(AR) 기반으로 다른 이용자들과 소통하거나 가상현실을 경험할 수 있는 3D 가상 소셜 플랫폼. • 다양한 아바타 외형 및 패션 아이템 보유 (유료) • 10대들의 소셜 활동 및 놀이문화 공간. • 90%가 해외이용자, 80%가 10대임.
주요 기능	• 로블록스 스튜디오를 통해 게임,아이템 및 장비 액세서리 등 생성, 게임, 아이템 • 로벅스(자체 가상화폐) 서비스 운영 ※ 실제 화폐와 교환 가능 • AR 게임 및 콘텐츠 생성 가능 • 가상공간을 생성할 수 있는 파티 플레이스 서비스	• 제페토 스튜디오를 통해 패션 아이템을 제작/판매 가능. • AR 콘텐츠 게임, SNS 기능이 강화되어 있음. • 빌드잇으로 가상공간(월드)도 직접 제작 가능. • 댄스 따라 하기 등의 AR 게임 제공
주요 활용처	• 기업 홍보(가상테마관, 아이템 판매) • 콘퍼런스, 콘서트, 기념일 행사 • 로블록스 스튜디오를 교육 도구로 이용, 게임 코딩교육(루아 코딩)과 시뮬레이션을 통해 물리 이론 활용	• 엔터테인먼트(팬 사인회, 콘서트, 신곡발표, 영화홍보) • 가상공간 체험(놀이공원, 한강공원, 남산타워, 런웨이 등) • 기업 브랜드 광고
비용	• 서비스 자체는 무료, 부분 유료화(유료 게임, 유료 멤버십 및 아이템 구매 등)	• 서비스 자체는 무료, 아이템 구매는 유료
적용 사례	• 미국 노동절, 메모리얼데이, 할로윈데이, 블랙프라이데이 등의 대규모 이벤트 진행 • 아바 콘서트, 게임 콘퍼런스 등	블랙핑크 팬 사인회, BTS/블랙핑크 아바타 퍼포먼스 뮤직비디오, 한국관광공사에서 한강공원 가상 테마 공간 구현, 국내외 이용자들에게 한국 명소 소개

플랫폼	게더타운(Gather.town)	이프랜드(ifland)
운영 기업	• Gather Presence(US)	• SK텔레콤(KR, 아시아 최초 혼합현실 캡처 스튜디오 오픈, 오큘러스 퀘스트2 공식 판매처)
지원기기	• PC(크롬, 파이어폭스)에서 최적화, 모바일 제한된 기능	• 모바일 앱(제페토보다 높은 사양에서 지원)
출시 및 가입자	• 2020년 출시 • 누적 회원: 500만 명 이상	• 2021.7월 출시
주요 특징	• 2차원 메타버스 오피스 형태의 가상공간을 제공하며, 아바타를 통해 동료들과 협업 기능들이 특화된 가상 오피스 플랫폼. • 기업들의 재택근무를 지원하는 업무용으로 활용을 많이 하고 있음.	• 다양한 아바타 및 테마의 가상공간을 제공하며, 직접 주체와 가상 테마 공간을 선택하여 콘텐츠를 공유하며 음성으로 소통할 수 있는 3D 소셜 커뮤니케이션 플랫폼(채팅서비스 등 기능 확대 준비 중)
주요 기능	• 가상 오피스, 강의실을 직접 꾸미고 공간 아이템 배치 가능. • 비디오, 오디오, 실시간 채팅 지원. • 아바타가 공간(방향키)을 이동하면서 같은 공간에 있는 아바타와 서로 대화 가능 ※ 아바타들이 근접해 있으면 소리가 커지고, 거리가 멀어지면 비디오와 소리가 끊김.	• 다양한 아바타 및 패션 아이템 보유(무료) • 한 개의 가상공간(랜드)에 131명 동시 접속 가능 ※ 가상 테마 공간마다 Map 파일이 사용자 기기에 다운로드됨.
주요 활용처	• 회사 재택근무용 가상 오피스 • 가상 수업, 강의, 콘퍼런스 행사 • 랜선 파티 등	• 아바타 토크쇼, 설명회 • 대학교 입학/졸업식 • 브랜드 가상광고 • 콘서트, 페스티벌 등 행사
비용	소규모 인원(25명 이하)은 서비스 무료, 동시접속 500명까지 유저당 3달러(일 단위), 7달러(월 단위)	서비스 자체는 무료, 현재 아이템은 무료 서비스 중이나 추후 유료 아이템 전환 예정
적용 사례	• KB 금융타운, 과기부 AI 데이터 구축사업 협약식, LG이노텍/롯데건설 채용설명회, 숭실대 캠퍼스, 부동산 직방 재택근무 구현(실제 사무공간 없앰.)	• 순천향대 입학식, 성균관대 성균관백일장 대회 개최, • K팝 팬 미팅, 연고대 교류전 응원 행사 등의 대규모 행사(예정)

06. 디지털 네이티브(Digital Native)들의 메타버스

많은 사람이 제공하는 정보가 온라인으로 공유되다 보니 실시간으로 정보는 쏟아집니다. 누구나 의견을 올리고 정보를 공유할 수 있게 된 플랫폼이 발전하다 보니, 온라인에서는 오프라인보다 더 분주하게 사람들의 움직임이 일어납니다. 게다가 온라인상에서 사람들의 움직임은 데이터로 저장됩니다. 『교실이 없는 시대가 온다』라는 도서 서문에는 태어날 때부터 엄청난 정보에 노출되는 디지털 네이티브들에게 가장 중요한 것은 지식의 암기가 아닌 동기부여, 즉 '무엇을 배우느냐'가 아니라 '왜 배우느냐'라고 말합니다. 특히 배워야 할 이유가 자신과 관련이 있을 때 학생들은 비로소 최고의 학습 성과를 낼 수 있습니다.

디지털 세상에서 더 많은 경험을 쌓고 있는 디지털 네이티브들은 기성세대와는 다르게 생각합니다. 그들은 같은 상황에서 다른 상상을 할 수 있습니다. 디지털 네이티브들은 이미 전시나 행사를 떠올리면 기성세대와는 달리 이프랜드와 제페토를 상상할지도 모릅니다. 회의하자고 하면 Zoom을 떠올립니다. 학생들은 이미 온라인의 편리성에 매료되었고 메타버스를 즐기고 있습니다. 앞으로 사회적 거리두기 단계가 완화되더라도 오프라인 전시, 행사에서는 메타버스를 함께 이용할 것입니다. 학교에서도 온라인 수업을 병행하거나 온라인 플랫폼에서 영상, 이미지 등을 오프라인 수업에 더 많이 활용하게 될 것입니다. 이미 우리의 교육과 메타버스가 어떻게 연결되어 있는지 주요 사례를 들어 보겠습니다.

올해 대학에 입학한 민지는 메타버스에서 입학식을 했습니다. 아바타를 고르고 친구들과 상호작용하면서 입학식에 참여했지만, 공간은 가상공간입니다. 옆 친구와 채팅도 하고 손을 흔들며 인사했지만, 친구의 진짜 얼굴은 모릅니다. 친구가 선택한 아바타만 볼 수 있기 때문입니다.

사회적 거리두기가 완화되더라도 대학은 입학식을 온 오프라인 하이브리드로 진행할 가능성이 큽니다. 메타버스를 이용하면 원거리에 있는 가족들이 온라인으로 입학식에 참석할 수도 있고,

어떤 사람이 입학식에 참여했는지도 한 번에 집계될 수 있기 때문입니다.

민지가 대학에 입학한 이후에도 학교에 간 것은 채 10번도 안 됩니다. 오프라인 수업은 온라인화되었고, Webex와 Zoom을 활용해 수업하고, 중간·기말 고사도 치렀습니다. 조교는 사이버 캠퍼스에서 학생들의 과제를 관리합니다. 코딩 과제를 제출하면 API가 정답과 오답을 바로 알려주는 숙제 검사 시스템도 사이버 캠퍼스에 도입되었습니다. 학생이 제출한 에세이도 시스템 안에서 유사도 검사를 하고, 인용 자료를 비교하며 표절 여부를 체크합니다. 민지는 ifland에서 동아리 행사를 했고, Gather.town에서 아바타를 만들어 개최한 학술대회에 참가했습니다. 이제 학교에 간다고 해도 온라인 시스템이 그리울 것 같습니다. 그 이유는 매우 익숙해졌기 때문입니다.

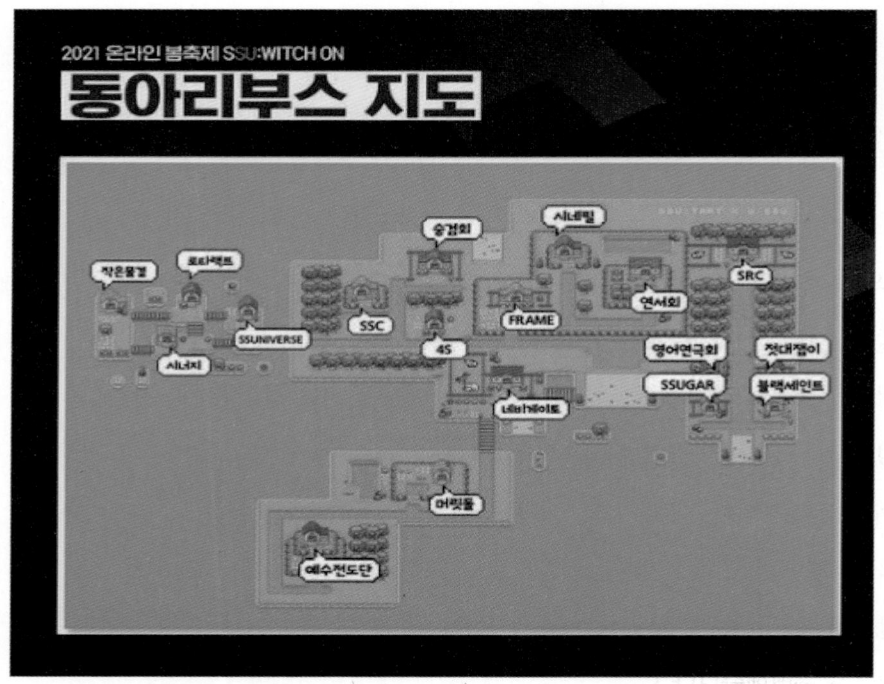

[그림 1-4] 게더타운을 활용한 숭실대학교 온라인 봄 축제 '숭실타운'

이제 대학생들은 온라인 수업이 아닌 오프라인 수업은 수강 신청을 꺼린다고 합니다. 우선 코로나19라는 감염병의 확산이 두렵기 때문이지만, 학생들에게 솔직한 의견을 물어보면, "학교 가기 귀찮아서"라고 대답합니다. 외출 준비를 하지 않아도 되고, 온라인 녹화 수업의 경우 수업을 듣는 시간을 마음대로 조절할 수 있기 때문입니다. 교수들과 학생들은 모두 저마다 메타버스를 활용한 편리함에 익숙해지고 있습니다. 학교에 가지 않는 대학생들은 대학로 상권, 신촌 상권, 건국대 상권의 고객이었습니다. 고객을 잃은 오프라인 상권들은 황폐해져 가고, 학생들은 집에서 배달 앱을 활용하여 음식을 주문해 먹고, 메타버스로 구축된 학교에 다니면서 미래를 준비하고 있습니다.

07. 콘서트, 웹툰, 웹소설 메타버스

BTS의 팬인 지영이는 위버스(weverse)와 인스타그램(instargrm)을 통해 실시간으로 BTS 멤버들의 일상을 공유합니다. 하트도 달고, 댓글도 달면서 소통합니다. 얼마 전에는 BTS의 온라인 유료 콘서트에 참여했습니다. '방방콘 The Live'로 90분간 라이브 방송을 다른 팬들과 함께 소통하며 보았습니다. 실시간 댓글을 달면서 콘서트를 즐겼는데, 해외에 있는 팬들과 번역기를 활용해서 언어의 장벽은 전혀 느끼지 못했습니다. 공연이 끝나고도 우리는 메타버스를 나오지 못했습니다. 팬들끼리 후기를 공유하는 채팅창은 수억 개의 댓글이 순식간에 달렸습니다. 우리의 흥분된 감정은 더 증폭되었습니다. 세계인들과 함께 BTS를 응원하고 정보를 교환했습니다. 즉흥적으로 굿즈도 구매했습니다. 이렇게 메타버스에서는 BTS를 언제든 만날 수 있고, 팬들과 만나 소통하기도 합니다. 메타버스는 불이 꺼지지 않는 24시간 지구촌입니다.

최근 코로나19의 확산으로 BTS는 연이어 월드투어 콘서트를 취소하고 있습니다. 대신 온라인 콘서트를 열고 있고, 이제 팬들은 무료로 유튜브를 시청하는 형태의 공연뿐 아니라, 메타버스를 활용한 유료 콘서트의 매력에 푹 빠져 있습니다. 해외에 있는 BTS의 팬들도 국내에 있는 팬들도 비행기를 타고 이동할 일도, 자가격리를 할 일도, 호텔에 묵을 일도 전혀 없습니다. 오히려 오프라인으로 만났더라면 대화하지 않았을 글로벌 팬들까지 하루 일 댓글을 달고 공감하는 데 여념이 없습니다.

웹소설 작가를 꿈꾸는 윤주는 매일 아침 카카오페이지에서 무료 웹소설을 읽는 것이 하루의 시작입니다. 다 읽은 웹소설에 대해 하트를 달고, 평점을 메기고, 댓글을 남깁니다. 그리고 네이버 웹툰으로 가서 요일 웹툰을 봅니다. 평점을 메기고 댓글을 남기는데 오늘따라 웹툰의 내용이 부실한 것 같습니다. 10점 만점에 8점을 주었습니다. 1,000캐시가 도착했다는 알림이 옵니다. 재빨리 다음 화 3편을 결제해서 연이어 봅니다. 다행히도 다음 화들은 스토리 전개도 빠르고, 그림도 성의껏 잘 그린 것 같습니다. 10점 만점에 10점을 연이어 메깁니다.

이렇게 메타버스에서 사람과 사람, 어쩌면 아바타와 아바타 사이에 정보 교류나 소통이 실시간으로 이루어지고, 기술의 발달로 그 방법도 쉬워지고 지고 있습니다. 그리고 교육을 설계하는 어른들보다 학생들이 이러한 메타버스 플랫폼에 익숙합니다. 그리고 메타버스 안에는 VR(가상현실)의 콘텐츠만 있는 것이 아닙니다. 영상도 있고, 이미지, 게임, 스토리 등 모든 것을 담을 수 있습니다. 따라서 메타버스를 교육에 통합하여 에듀테크를 실현할 수 있습니다.

우리 학생들에게 경험해주고 전해주고 싶은 양질의 콘텐츠가 가득 담긴 메타버스를 구축하고, 그 안에서 지역이나 소득의 격차 없이 기술과 지식을 경험할 기회를 제공할 수 있습니다. 앞서 설명해 드렸듯이 메타버스는 인터넷만 된다면 누구나 접속해서 자신의 콘텐츠를 공유할 수 있습니다. 양질의 교육콘텐츠를 담은 메타버스를 구축하고, 그 안에 학생들이 즐길 수 있는 콘텐츠를 가득 담고, 개인 맞춤형 추천으로 관심 있는 콘텐츠를 찾아보며 전문성을 강화할 수 있는 교육환경을 구축하는 것이 필요합니다.

메타버스는 그간 진행해 왔던 STEAM 교육, 메이커 교육, SW 교육, 인공지능 교육 등에서 개발된 소프트웨어 콘텐츠를 담을 수 있습니다. 또 메타버스 안에서 학생들에게 개인 맞춤형으로 제공할 수도 있습니다.

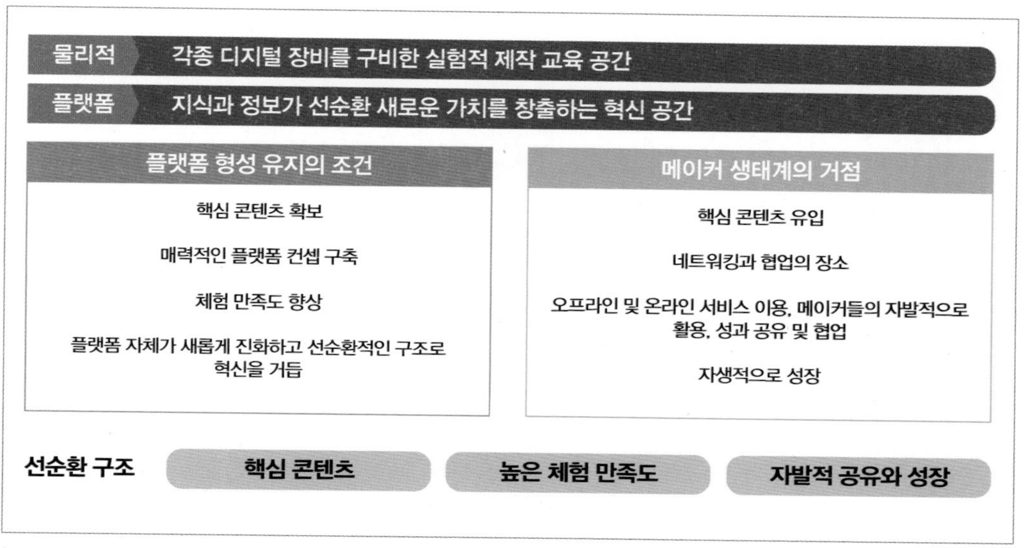

[그림 1-5] 메이커 스페이스 선순환 성장 모형과 일치하는 메타버스 플랫폼 성장모형

08. 에듀테크(EduTech)

우리는 4차 산업혁명으로 촉발된 디지털 전환(Digital Transformation)의 시대를 살아가고 있습니다. 디지털 전환은 전통적인 운영 방식과 서비스 등을 디지털화하는 혁신을 의미합니다. 대부분의 산업 분야에서 사물 인터넷(IoT), 클라우드 컴퓨팅, 인공지능(AI), 빅데이터 솔루션 등을 기존 운영 방식에 접목하고, 정보통신기술(ICT) 기반의 플랫폼을 구축하고 활용하여 시스템

을 혁신하고 있습니다. 또한, 일자리 구조가 변화하면서 교육 혁신도 선진국을 중심으로 급속히 추진되고 있습니다. 교육 혁신의 사조 중 하나인 에듀테크(EduTech)는 교육(education)과 기술(technology)의 합성어입니다.

에듀테크(EduTech)=교육(education)+기술(technology)

[그림 1-6] CCS: Classroom Care System

에듀테크는 4차 산업혁명에 따른 교육 혁신의 하나로 첨단 기술을 기존 학습 시스템에 통합하는 전 과정을 포함합니다. 에듀테크는 교육 분야에서의 디지털 전환을 의미한다고도 할 수 있습니다. 정보통신기술(ICT)과 빅데이터, 인공지능(Artificial Intelligence) 등 4차 산업혁명 기술과 교육이 만나는 모든 경우가 에듀테크에 해당합니다. 따라서 학습자 중심의 교육, 교사의 교수 학습, 평가, 학교 행정 업무의 경감, 교육의 효과성 증진을 목표로 하는 교육 전 분야가 에듀테크 연구·개발의 대상이 됩니다.

사실 코로나 이전까지는 사실 학생들의 첨단 기술에 대한 지식과 호기심을 키울 수 있도록 테크놀로지 통합형 학습이 에듀테크라고 여기며 주목받아 왔습니다. 미국, 유럽, 중국, 한국에서 에듀테크 관련 첨단 기술 개발이 이루어지며, 학교 수업 시간에 에듀테크를 어떻게 통합할 것인가에 대한 논의도 활발했습니다. 특히 개별화 교육, 학습자 맞춤형 교육의 중요성이 대두되면서 에듀테크는 효율적인 개인화된 학습을 가능하게 하고, 평가의 공정성에 기여하며, 학생들의 흥미를 강화하고 학습 자료의 전달 방식을 개선하여 기존의 강의식 수업이나 도제식 수업의 한계를 극복하는 전략으로 연구되었습니다.

09. 메타버스와 에듀테크

우리나라의 경우 세계 최고의 스마트폰 보급률(92%)에 힘입어, 테크놀로지는 이미 학생들의 생활 속의 일부로 자리 잡고 있습니다. 4차 산업 분야의 일자리 증가로 일찍부터 자녀가 테크놀로지에 익숙해지기를 바라는 학부모와 학습자들의 교육 수요도 에듀테크의 발달에 기여했습니다. 이미 유아기부터 스마트 기기에 익숙한 학생들은 테크놀로지를 활용할 때 더 즐겁게 학습할 수 있었기 때문입니다. 교육학적 관점에서도 테크놀로지를 통합하여 학습하는 것은 학습자들의 상황적 흥미를 증진하며, 디지털 리터러시(Digital literacy)를 강화할 수 있다는 장점이 주목받아 왔습니다.

[그림 1-7] AR(Augmented Reality) 수업

국내에서는 학습에 대한 몰입도를 높이는 실감형 콘텐츠(VR, AR, 멀티미디어)와 기능성 게임(Serious Game) 분야 그리고 3D 프린터나 레이저 커팅 등을 활용한 메이커 교육 분야가 에듀테크로 발전하고 있었습니다. 특히 실감형 콘텐츠 분야는 유아교육 관련 콘텐츠 형태로 가장 많이 개발되었습니다. 유아들이 스마트폰, 태블릿, PC에서 활용할 수 있는 영상, 실감형 콘텐츠를 탑재한 애플리케이션, 교육용 게임들이 국내 대기업들이 주도하는 에듀테크 산업의 중심이었습니다. 결과적으로 유아 콘텐츠는 태블릿PC, 인공지능 스피커의 보급과 더불어 가장 활성화된 에듀테크 분야로 중국과 동남아에 수출되고 있는 수준입니다. 이후 소프트웨어 교육에 대한 필요성이 제고되면서 학교 내의 ICT 수업 환경 조성 및 초, 중, 고, 대학까지 코딩 교육의 확대로 소프트웨어 교육 분야에서 에듀테크 연구·개발이 최근까지 가장 많이 주목받아 왔습니다. 그간 정부 주도로 소프트웨어 교육 콘텐츠, 인공지능 콘텐츠들이 개발되고 학교 현장에 무료로 보급되었지만, 실제 수업 시간에 사용한 사례는 많지 않습니다.

국내에서 온라인 수업 분야 에듀테크가 활성화된 영역은 외국어교육 분야였습니다. 외국어 학습의 경우 영어 인증시험을 목표로 하는 수요가 많아서, 개인의 학습 진도를 점검하면서 수준별 맞춤형 교육 플랫폼을 개발하고 첨단 기술을 접목해 왔습니다. 최근에는 인공지능을 활용해서 개인의 발음을 교정하고, 대화하듯 영어 회화를 학습하기도 합니다.

또한, 특정 개인이 취약한 문법이나 독해 분야를 점검해서 유사한 문제를 반복해서 제공해주는 학습 서비스도 가능해졌습니다. 또 노트북과 태블릿PC 보유율의 증가는 온라인 학습 콘텐츠의 보급률을 높이는 데 기여하고 있습니다. 최근 코로나 사태로 인해서 우수한 온라인 학습 시스템을 갖춘 교육 플랫폼들은 오프라인 학습자까지 역유입되는 효과를 거두며 성장과 도약의 기회를 맞게 되었습니다.

코로나의 확산은 이렇게 원격교육, 비대면 수업에 활용할 수 있는 테크놀로지 도구로서 에듀테크 분야의 연구를 가속하고 있습니다. 교육부에서는 2020년부터 디지털 뉴딜의 교육 분야 추진을 위한 비대면 교육 긴급 지원, 대학 원격교육 지원센터 건립, ICT 고도화를 추진하는 데 막대한 예산을 투입하기도 하였습니다.

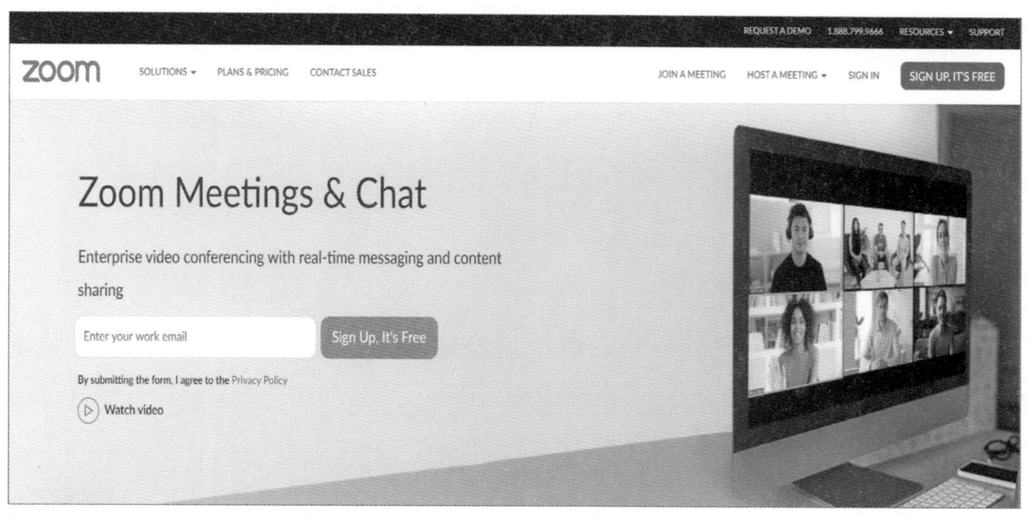

[그림 1-8] 실시간 쌍방향 수업 도구로 활용하고 있는 Zoom 화면

또한, 온라인 수업 분야에서 실시간 쌍방향 수업의 대중화도 이루어졌습니다. 미국에 본사를 둔 중국 스타트업이 개발한 Zoom은 현재 대표적인 실시간 쌍방향 수업 도구로 활용되고 있습니다. Zoom은 코로나19 사태의 발발 이후 하루 접속자가 2억 명이 넘을 정도로 폭증하면서 기업가

치도 상승했고, 급속히 기술에 대한 투자가 이루어지면서 Zoom 안에서 구현할 수 있는 원격수업 도구들도 추가되고 있습니다. 또한, 구글 meet로 학생들이 비대면 상태에서 팀 프로젝트를 수행하는 등 온라인 상호 작용을 지원하는 도구로서의 에듀테크도 급속히 발달하게 되었습니다.

10. 메타버스로 가능한 혁신 교육

콘텐츠 크리에이터=매타버스 프로슈머

덕후, 프로슈머라는 개념은 메이커 운동이 활발하던 5~6년 전부터 가장 많이 사용되었습니다. 메이커(Maker)는 창작자를 의미하고, 다양한 도구를 활용하여 창의적인 만들기 활동을 하는 사람을 메이커라고 정의하였습니다. 과거 우리나라에서는 3D 프린터를 활용하여 시제품을 제작하던 사람들을 메이커라고 불렀습니다. 제조, 창업자를 일컫는 말로도 사용되었습니다. 하지만 지금은 온라인, 오프라인을 망라하여 창작하며 창직하는 사람을 메이커라고 하는 편이 더 적합합니다. 제조한다는 것은 판매될 제품을 만든다고 가정하면 판매는 오프라인보다 현재 온라인에서 더 많이 이루어집니다. 제품의 배송만 물리적인 공간에서 이루어질 뿐입니다.

게다가 웹소설, 웹툰, E-BOOK, 이모티콘, 아바타 꾸미기, VR 가상전시관, AR, 온라인 공연 티켓처럼 배송이 필요 없는 온라인 콘텐츠들에 대한 소비도 증가했습니다. 톡이나 문자, 이메일로 전송받은 코드로 온라인에서 콘텐츠를 소비합니다. 물론 공연의 경우 프로그램 북이나 굿즈들을 오프라인을 통해 선물로 보내주기도 합니다. 온라인 콘텐츠의 소비자는 온라인 콘텐츠의 생산자가 되기도 합니다. 웹소설을 쓰기도 하고, 웹툰을 그리기도 합니다. 이모티콘을 만들어서 판매하기도 합니다.

이러한 온라인 콘텐츠 제작자들도 메타버스의 시대에는 메이커의 범주 안에 들어가며, 오히려 오프라인보다 온라인에서 활발하게 경제활동에 참여하고 있습니다. 아래 표는 메이커 분야를 10가지로 나누고 있습니다.

1번 홈인테리어는 최근 '모두의 집'이라는 애플리케이션이 인기를 얻고 있습니다. 실제 인테리어한 사례를 3D 이미지로 보고 관련 제품을 구매하는 사례가 늘고 있습니다. 3번 홈베이킹의 경우에도 유튜브에서 베이킹 과정을 공유하면 그 영상을 보고 제품을 예약하여 구매하는 라이브 커머스가 활성화되고 있습니다. 결국, 제조기술자로 여겨지던 메이커들이 유튜버로 나서게 되었고, 와디즈나 텀블벅 같은 크라우드 펀딩에서 리워드로 제품을 판매하게 되면서 온라인에서 메이커들은 하나의 콘텐츠 제작자로 활동하게 되었습니다.

순서	메이커 분야
1	홈인테리어: 홈패션, 패브릭, 가구, 인테리어 소품
2	수공예/예술: 의류/가방/모자, 장신구/잡화, 생활용품, 목공, 도자기/클레이, 조형/조작
3	홈베이킹: 쿠키 클레이, 슈가 크래프트, 클레이 케이크, 수제 초콜릿, 데코레이션
4	리폼(재활용): 박스 리폼, 의류 리폼, 생활용품 리폼, 페트병/플라스틱 리폼, 가구 리폼
5	원예/농업: 정원, 화단, 텃밭, 농원, 수경재배, LED 식물농장, 새싹재배, 양봉
6	놀이: 과학 상자, 종이접기, 블록(레고), 프라 모델, 피겨/미니어처, 아트토이, 디오라마, 다이캐스트, 인형
7	야외: 자동차, 오토바이, 자전거, 캠핑용품
8	IT 기기: 드론, 로봇 RC 자동차/헬기/비행기/배/기차, 사물인터넷 기기(웨어러블, 스마트 홈), 증강/가상현실 기기
9	디지털 제작: 3D프린팅/모델링, 레이저 커팅, CNC 활용 제작
10	전기·전자 제작: 마이크로컨트롤러(아두이노 등), 싱글 보드 컴퓨터(라즈베리 파이 등), 프로그래밍 언어(스크래치, 리눅스 등) 활용 제작

초보 메이커는 취미와 재능을 가지고 출발합니다. 오랜 시간 취미로 즐기고 만들기에 집중하며 몰입하는 과정을 거쳐 행복함과 자신감을 얻게 됩니다. 미국에서는 창고에서 메이커 활동을 가장 많이 했었습니다. 공구를 사서 소소한 가구나 제품을 제작하기도 하고, 자동차, 자전거를 조립하기도 했습니다. 이들은 자신의 아이디어를 구체화하는 데 필요한 기능을 자발적으로 습득하고, 자신의 작품을 지인과 나누며 우연한 기회에 판매에 성공하게 됩니다. 이 순간부터 전문 메이커 단계로 진입하였다고 볼 수 있습니다.

우리나라에서 가장 많은 비중을 차지한다는 목공예 메이킹의 경우 취미로 시작하기 위해서는 나무의 종류, 가공 방법 등 처음부터 배울 것이 많습니다. 재료를 구매하는 손쉬운 경로를 파악하고, 색다른 제작 기술을 적용하면서 개인의 노하우를 발전시키게 되면 독창적인 제작기법의 적용도 가능해집니다. 소품을 만들던 목공 메이커는 나이가 들면서 나무집을 짓는 활동으로 이어지는 경우가 많았습니다. 자연으로 돌아가 나무로 집을 짓고 흙으로 마감하는 친환경 집짓기에 도전하는 목공 메이커들은 자신의 노후에도 메이커 활동을 지속하며 행복과 성취를 느끼며 살아갑니다.

전자 공학을 전공하고 프라 모델을 취미로 가지고 있던 IT 분야 메이커는 아두이노를 활용하여 움직이는 프라 모델을 개발하기도 합니다. 프라 모델에 동작성을 부여하기 위해서 위치 감지 센서, 모터 등의 부품을 구매하여 장착하다 보니 장난감으로의 제품화 가능성도 발견하게 됩니다. 이러한 맥락으로 전문 메이커들은 취미로 제작하던 제품들을 생산하고 또 재료들을 소비하는 프로슈머의 형태를 띠게 됩니다. 전문 메이커가 창업자로 성장하는 단계를 한눈에 볼 수 있도록 도식화하면 다음 그림과 같습니다.

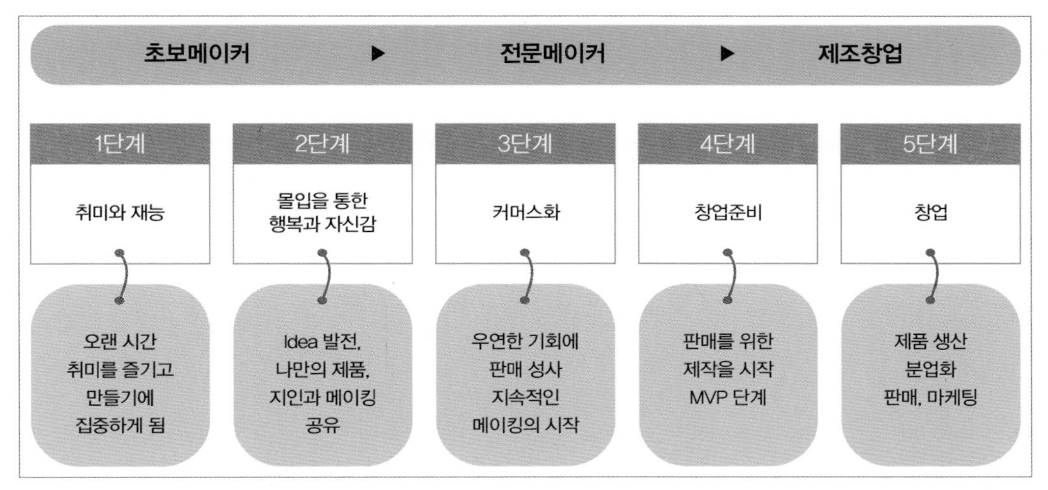

[그림 1-9] 4차 혁명 시대의 메이커 성장 단계

이렇게 초기에 취미와 재능으로 시작된 메이커 활동의 경우 오랜 시간 만들기를 하게 되면서 몰입하고, 행복을 느끼며 만들기에 대한 자신감을 갖게 됩니다. 또한, 자신의 아이디어를 발전 시켜 나만의 제품을 구상하고 지인과 아이디어들을 공유하며 제작에 대한 자신감을 얻기도 합니다. 이러한 메이커들은 최근 인스타그램이나 카카오스토리, 포털사이트 카페를 통해 자신의 작품들을 공유하거나 자랑하기가 쉬워졌습니다. 메타버스에 스스로 채널을 만들어서 활용하는 경우도 많습니다. 우연한 기회에 판매가 성사되면 성취감도 배가되고, 부수입도 창출할 수 있습니다.

전문 메이커들은 단순한 취미에 머무르지 않고 메이커 페어(Maker faires)와 같은 오프라인에서 자신의 제작물을 선보이고, 온라인에서도 판매하며 피드백을 받기도 합니다. 그리고 피드백을 받은 결과로 다시 시제품을 보완하여 출시하는 메이커 창업 활동으로 전문 메이커 활동을 통해 수입 창출과 자아실현을 경험합니다. 시제품이 개발되고, 판매가 이루어지면 4, 5단계로 진입한 프로슈머가 되는 것입니다. 그리고 이러한 프로슈머들은 메타버스를 활용하면 전 세계로 자신의 제품을 판매할 수 있습니다. 요즘 같은 상황에서는 웹소설이나 웹툰 같은 무형의 제품이 더 판매하기가 쉬울 것입니다. 글로벌 메타버스를 타고 덕후들의 생산품은 더 큰 부가가치를 창출하고 있습니다.

11. 메타버스 시대와 프로슈머형 크리에이터

[그림 1-9]에서 볼 수 있듯이 메타버스 시대의 전문 메이커는 단순 물품 제조업자가 아닌 온라인 프로슈머로 정의할 수 있습니다. 메이커 활동의 일부가 온라인 공간이 되는 것입니다. 과거에 메이커들이 제품을 제작하여 오프라인에 매장을 열었다면, 이제는 인스타그램을 통해서 개인 대 개인으로 판매하기도 하고, 네이버 카페에서 판매하기도 하며, 와디즈, 텀블벅과 같은 크라우드 펀딩 사이트에서 리워드 형식으로 제품을 제공하기도 합니다. 또한, 메이커스 위드 카카오를 활용하여 판매하거나 톡딜을 할 수도 있으며, 유튜브에서 라이브방송을 하는 라이브커머스를 구축하여 운영합니다. 과거에는 판매처가 오프라인 공간으로 찾아오는 소비자이거나 특정 홈쇼핑에 입점한 소비자에 한정되었다면 이제는 좋은 제품이라면 입소문을 탑니다. 정말 좋은 제품이고, 혁신적인 제품이며 가격마저 착하다면 따로 홍보할 필요가 없을 만큼 확실한 소문이 빠른 메타버스가 구축되어 있습니다.

이제 전문 메이커는 첨단기술을 활용하는 상상가, 제조사, 생산자이며 소비자의 역할을 동시에 수행하면서 자신의 제품을 스스로 혁신합니다. 그리고 자기 제품을 좋아할 소비자가 있는 플랫폼이 어딘지 누구보다 잘 알고 있습니다. 자신의 제품에 대한 애착이 강하고 또 스토리텔링을 통해 가치를 부여할 수도 있으며, 소비자의 피드백을 받으면 개선점을 가장 빠르게 반영할 수 있습니다.

결국, 메타버스에서 팔리는 제품을 개발하는 것은 전문 메이커의 안목에 달려 있습니다. 전문 메이커들의 아이디어는 오랜 기간 자신의 경험에서 나오는 노하우, 예술 작품, 생활에서 불편함을 개선할 수 있는 도구, 자신의 전문적인 기술을 적용한 제품 등 매우 다양합니다. 또한, 자신의 메이커 활동에 몰입하다 보니 세상에 없는 우수한 메이커 결과물을 탄생시킵니다. 이러한 전문 메이커들의 특별한 산출물들은 이제 물리적인 제품을 넘어, 디지털 콘텐츠로 확산하고 있습니다.

블록버스터 게임을 즐기고, 아이템을 소비하던 시대에서 누구나 게임을 만들어 파는 시대가 왔습니다. 로블록스의 '탈옥수와 경찰'은 대표적인 사용자가 게임을 만들어 판 사례입니다. 해당 게임을 만든 사용자는 알렉스 발판츠(Alex balfanz)인데, 당시 9세였습니다. 그는 로블록스에서 만난 친구 'asimo3089'와 함께 게임을 제작했고, 그가 만든 '탈옥수와 경찰'은 현재 로블록스에서 가장 인기 있는 게임 중 하나입니다. 해당 게임은 경찰, 죄수, 범죄자의 역할을 사용자가 부여받아 진행하는 롤플레잉 게임입니다. 이 게임의 최대 동시 접속자 수는 60만 명이며 매월 25만 달러(약 2억 8,242만 원)를 벌어들이는 것으로 알려졌습니다. 로블록스 게임 개발자 중 1만 달러 이상을 번 개발자는 1,000명을 넘는 것으로 알려져 있습니다.

[그림 1-10] 4차 산업혁명 시대의 메이커 성장 단계

이렇게 새로운 시대를 맞이하여 살고 있지만, 교육 혁신에 대한 아이디어를 정리할 때면 '대학입시'가 발목을 잡습니다. 여전히 교육 현장에서는 동일한 입시 위주의 교육이 이루어지고 있습니다. 앞서 로블록스로 게임을 개발하고 1만 달러 이상을 버는 사람들이 1,000명이 넘는다는 통계는 여전히 전인교육이라는 명목으로 반드시 학습해야 하는 기본교과 교육이 어디까지 필요한가에 대해 끊임없이 질문하게 만듭니다. 물론 교육의 목적은 우리나라의 경우 좋은 직업을 가지고 고소득을 보장받아 신분 상승을 하는 방법에 있다고 여겨지고 있습니다. 하지만 메타버스의 시대

를 맞아 기성세대들에게 한번 묻고 싶습니다. 성실히 학교 교육과정을 수행하고, 전문직을 갖는 것이 과거처럼 고소득과 신분 상승을 보장해 줄 수 있느냐는 것입니다. 고급 지식을 갖춘 화이트칼라의 입지는 인공지능의 발전과 더불어 급속이 사라지고 있습니다.

4차 산업혁명 시대를 맞아 온라인 플랫폼에서 엄청난 부를 축적하고 있는 유튜버들은 인간들의 지적(知的)·창조적 힘을 활용하여 콘텐츠를 만들어 배포합니다. 우리에게 있는 스마트폰은 콘텐츠 생산시설로 자리매김하였습니다. 개인의 콘텐츠들은 급속도로 공유되며 즉각적인 피드백을 받아 콘텐츠의 개발과 생산을 촉진합니다. 소득을 얻지 않더라도 사람들은 콘텐츠를 공유합니다. 왜 그런 일을 지속하는 것일까요? '재미' 있기 때문입니다. '재미'는 즐거움과 흥미를 불러일으키는 것으로 정의합니다. 메타버스의 시대에 재미가 직업이 되고, 소득이 되는 메커니즘에 대해서 설명하고자 합니다. 이러한 설명이 필요한 이유는 교육에서 메타버스를 설계할 때 반드시 '재미' 요소를 포함했으면 하기 때문입니다.

12. 메타버스 시대, '재미'는 직업이 되고 진로가 된다

'재미'의 사전적 의미는 즐거움과 흥미를 불러일으키는 느낌이나 분위기를 말합니다. 사실 우리가 시간을 들이고 돈을 지출하는 순간을 떠올려보면 '재미'와 관련이 있습니다. 먼저 우리가 가장 자주 지출하는 먹는 재미에 관해서 이야기해 보겠습니다. 배달 앱을 들여다보며 메뉴를 고르는 재미, 직접 맛을 느끼는 재미, 새로 문을 연 매장의 신메뉴를 발견하는 재미, 다른 사람들의 후기를 읽는 재미 등은 메타버스 플랫폼을 찾는 횟수, 머무르는 시간과 소비의 결정에 연결됩니다. 카카오톡을 할 때 단순하게 글을 쓰는 것보다 재미있게 대화하기 위해 이모티콘을 구매하기도 합니다. 메타버스에서는 아바타를 꾸미는 재미에 캐릭터의 옷과 장신구를 구매합니다. 물론 예뻐진 나의 아바타는 자기만족을 가져다줄 뿐 아니라 타인과 소통할 때 재미를 더해줍니다. 웹툰을 보는데 너무 재미있어서 무료로 오픈되는 시점을 기다리지 못합니다. 다음 회차가 빨리 보고 싶어서 용돈으로 캐시를 구매하는 데 주저하지 않습니다. 우리는 이렇게 재미를 위해서 시간과 비용을 소비합니다.

또한, 재미는 어떤 일에서의 좋은 성과나 보상에서 느끼기도 합니다. 게임을 하는데 아이템이 더 있으면 승리할 것 같고, 레벨이 상승할 수 있어 더 재미있을 것이라는 확신이 생기면 게임 머니를 사서 아이템을 구매합니다. 확보한 아이템은 좋은 성과를 제공해 줄 것이기 때문입니다. 매일 플랫폼에 방문하면 보상으로 포인트를 받아 게임머니로 쓰기도 하고, 웹소설과 웹툰을 보는 데 사용할 수 있습니다. 구상했던 웹소설을 무료로 연재하기 시작했는데, 사람들이 재미있다고 하트와 추천을 눌러주었습니다. 평점도 10점에 가깝습니다. 얼마 뒤 플랫폼 회사에서 계약하자는 연락을 받고 유료 연재를 시작하였다면 좋은 성과와 보상에서 오는 재미를 동시에 느낄 수 있습니다.

학교에서 수행평가로 모두에게 환경 글쓰기 대회에 참가할 글을 한 편씩 써 오라고 해서 억지로 썼습니다. 그런데 얼마 뒤 수상했다는 소식을 들었다면 그 또한 좋은 성과나 보람에서 오는 재미를 느낄 수 있을 것입니다. 맛집을 검색해서 갔는데, 줄이 너무 길고 시간은 없어서 그 근처 새로 생긴 음식점을 선택해 들어갔는데 대박 맛집을 발견하였습니다. 함께 간 친구들에게 금손이라고 칭찬을 받았다면 그것도 재미를 느낄 수 있는 순간입니다. 이렇게 자신이 선택했는데 그 결과가 좋고 보람을 느낄 때 우리는 재미를 느낍니다.

최근 정보의 급속한 공유로 인해 이른바 많은 사람이 관심 있는 콘텐츠를 SNS에 인증사진을 올리고 공유를 하는 것에 재미와 가치를 느끼는 사람도 많습니다. 얼마 전부터 곰표 밀맥주와 아이스크림 등이 대박 조짐을 보이면서 자사의 콘텐츠나 제품을 역발상으로 전환하여 판매하는 경우도 많아졌습니다. 많은 사람에게 회자되면서 나도 '경험'해 보고 싶다는 욕구가 강하게 밀려듭니다. '경험'에 대한 욕구로 매장에 물건이 들어오면 바로바로 판매되기 때문에 돈이 있어도 구매할 수 없는 경우도 있습니다. 소비 전문가는 이러한 현상을 “맛보다 재미를 추구하는 가치 소비”라고 설명한 바 있습니다. 비록 맛은 내 취향이 아니더라도 모두가 관심 있어 하고 먹어보고 싶어 하는 곰표 밀맥주를 먼저 먹어봤다는 것도 SNS에 자랑하면서 성취감과 보람을 느낄 수 있는 재미 아이템인 것입니다.

[그림 1-11] 사람들의 ‘경험’ 욕구로 인기를 끈 곰표 밀맥주와 팝콘

‘재미’를 주고 소득을 올리는 대표적인 분야는 유튜브 크리에이터입니다. 유튜브 콘텐츠가 가지는 특성에 관해 설명해 보겠습니다. 영상물, 소설, 웹툰, 시나리오 등 무형의 상상력에서 유형의 결과물을 생산하는 창작자를 의미합니다. 한국고용정보원이 발표한 2016년 조사 결과는 2021년 현재의 직업군 변화와 일치하며 많은 시사점을 줍니다. 물론 인공지능이 대체하지 못할 직업에 대한 연구 결과이지만, 메타버스 시대의 직업군을 대변해 주고 있습니다. 인공지능이 대체하지 못할 직업 중 1위는 화가, 조각가였고 5위는 애니메이터 및 만화가였습니다. 현재 소프트웨어 개발

자 못지않게 고소득층으로 분류된 직업군입니다.

2020년 방송된 드라마 '이태원 클라쓰', '쌍갑포차', '경이로운 소문', '여신강림' 은 모두 웹툰이 원작이라는 공통점이 있습니다. 2020 최고의 흥행 웹툰 '여신강림'의 야옹이 작가는 자신의 SNS로 미모를 뽐내며 더 명성을 얻었습니다. 우리나라와 아시아권을 필두로 SNS 팬덤이 형성되며 웹툰 판권도 눈 깜짝할 사이에 팔려나가며 현재 웹툰 작가들은 최고의 전성기를 인기를 누리고 있습니다.

네이버 웹툰 김준구 대표는 2021년 8월 18일 온라인으로 진행된 기자간담회(밋업)에서 "네이버 웹툰은 첨단 정보기술(IT)과 콘텐츠가 결합한 글로벌 스토리테크 플랫폼"이라고 소개했습니다. 네이버 웹툰도 메타버스입니다. 전 세계 600만 작가들이 웹툰을 만들고 매월 1억 6,700만 명이 보는 웹툰·웹소설 IP를 영화와 드라마로 영상화해서 메타버스 콘텐츠로 확장할 것이기 때문입니다. 제페토에 네이버 웹툰에 있는 캐릭터를 활용해 영상을 즐기는 공간이 구축될 것입니다.

인공지능으로 대체될 확률이 낮은 직업 3위에 올라 있는 '작가' 도 창작 결과물이 그림 또는 글만 다를 뿐 메타버스의 콘텐츠 크리에이터라는 공통점을 가지고 있습니다. 이러한 작가와 창작자들은 자신들의 필력을 인정받으며 메타버스에서 팬들과 소통하고 있습니다.

인공 지능으로 대체될 확률이 낮은 직업

사람의 감성과 창의성에 기초한 예술 관련 직업과 인간과 소통이 필요하거나 사람간의 공감이 필요한 직업은 사라질 가능성이 낮다.

01	화가 및 조각가	11	패션 디자이너	21	대학교수
02	사진 작가 및 사진사	12	국악 및 전통 예능인	22	마술사 등 기타 문화 및 예술 관련 종사자
03	작가 및 관련 전문가	13	감독 및 기술 감독	23	출판물 기획 전문가
04	지휘자 · 작곡가 및 연주가	14	배우 및 모델	24	큐레이터 및 문화재 보존원
05	애니메이터 및 만화가	15	제품 디자이너	25	영상 · 녹화 및 편집 기사
06	무용가 및 안무가	16	시각 디자이너	26	초등학교 교사
07	가수 및 성악가	17	웹 및 멀티미디어 디자이너	27	촬영 기사
08	메이크업 아티스트 및 분장사	18	기타 음식 서비스 종사원	28	물리 및 직업 치료사
09	공예원	19	디스플레이어 디자이너	29	섬유 및 염료 시험원
10	예능 강사	20	한복 제조원	30	임상심리사 및 기타 치료사

(2016년, 한국고용정보원)

[그림 1- 12] 인공지능으로 대체될 확률이 낮은 직업 30위

이렇게 웹툰, 웹소설 시장이 게임 시장만큼 커지면서 온라인 플랫폼을 개발하고 유지하고 보수하는 직종의 인력이 많이 부족하게 되었습니다. 웹과 앱 등 메타버스 관련 사업군이 급속히 성장하면서 인력 수요와 공급의 불균형 때문에 소프트웨어 개발자들의 이직을 막으려는 기업들의 보상 경쟁도 치열해지고 있습니다. 또 확장되는 분야가 VR·AR 분야입니다. VR·AR을 활용해서 실감 나는 메타버스를 구현할 수도 있고, 해외 연수를 가지 않아도 영어교육을 하거나, 화학물질의 위험 없이 과학실험을 하기도 합니다. 온라인 교육 플랫폼에서 수학 문제를 풀고, 책을 읽고, 영어를 공부하면 메타버스 시대에 필요한 교육을 받는 것일까요? 그건 아닙니다. VR·AR은 테크놀로지로 메타버스 시대에 교육적으로 활용이 가능한 기술적 인지적 도구일 뿐입니다. 이제 메타버스의 시대에 우리는 근본적으로 어떤 교육이 미래지향적인 교육인가에 대해서 고민하고 교육 콘텐츠를 재구성할 필요가 있습니다.

정재승 교수는 『정재승의 인간 탐구 보고서』에서 "인공지능 시대에는 다른 사람보다 한 줄 더 앞에 서는 게 중요하지 않습니다. 아이들을 한 줄로 세우는 교육이 계속되면 가장 앞에 서 있는 건 인공지능이 될 테니까요(2019. 10. 14)"라고 말했습니다.

13. 메타버스 자유학기제에서 진로 탐색

메타버스 시대에는 어떤 교육이 필요한 교육일까요? 그에 대한 결론을 정리해 보면 다음과 같습니다. 이제 수학, 국어, 영어 등 좋은 대학을 가기 위해 필요한 지식을 학습하는 것만으로는 경쟁력이 없습니다. 누구나 알고 있는 지식보다는 나의 재능 영역과 관련된 지식, 정보를 꾸준히 스스로 향상할 수 있도록 해야 합니다. 부족한 능력을 채우는 활동이 아니라 자신만의 재능을 극대화하는 데 시간을 투자하는 것이 메타버스 시대에 필요한 교육일 것입니다.

따라서 메타버스 시대 필요한 교육은 참여자가 자신이 누구이고 무엇을 좋아하는지 탐구할 수 있는 '유의미한 경험'을 제공하는 교육이라고 말하고 싶습니다. 메타버스는 유의미한 경험을 제공할 수 있는 모든 기술의 집합체입니다. 예를 들어 다양한 직업군을 경험할 수 있는 '자유학기제' 메타버스가 구축된다면, 학생들은 교육의 격차를 줄이면서 다양한 직업군을 체험할 수 있을 것입니다.

자유학기제(자유학년제)

학생들이 진로 교육을 받을 수 있도록 교과 시간을 예·체능 활동에 집중하는 학기제를 말한다. 중학생을 대상으로 한 자유학기제는 중간고사, 기말고사를 보지 않고 다른 교육 활동을 통해 진로 교육을 집중적으로 받게 하는 제도이다. 일반적으로 중, 고등학교 교과 과정에는 중간, 기말고사가 있고 그 성적이 고교 또는 대학 입시에 결정적인 영향을 미치게 된다. 학생들 입장에서는 시험 성적에 중점을 둘 수밖에 없는데, 이렇다 보니 정작 자신의 진로 문제에 대해서는 고민하거나 학습할 기회가 없다는 문제가 늘 지적되어 왔다. 이러한 배경 가운데, 자유학기제는 단순한 공부에서 그치지 않고 학생들이 미래의 진로를 결정하는 데 도움을 주려는 목적으로 추진되었다. 자유학기제 기간에는 시험이 없는 대신 예술, 체육, 토론, 동아리 프로그램 같은 활동에 집중하게 되는데, 그 결과가 생활기록부에 기록되지만, 고교 입시 성적에는 반영되지 않는다.

메타버스 시대는 물리적 공간에서의 많은 생활이 디지털 공간으로 이동하여 어쩌면 이전보다 자유롭고 편리하게 생활할 수 있게 되었습니다. 이러한 생활 방식의 변화가 사회적인 변화와 경제의 변화로 이어져 직업군의 변화를 가속하고 있습니다. 따라서 웹서비스를 기획하고 개발할 수 있는 직업군, 메타버스 시대의 유망 직업군을 꼽으라면 단연 플랫폼 콘텐츠 크리에이터입니다. 콘텐츠 크리에이터로 우리에게 가장 익숙한 예는 유튜버들입니다. 유튜버들이 무엇을 생산하여 디지털 세상에 공급하나요? 영상화한 콘텐츠입니다. 그런데 영상에는 어떤 콘텐츠를 담고 있느냐가 중요합니다. 결론적으로 구독자에게 '재미'를 줄 수 있는 콘텐츠가 인기를 얻어 입소문도 나고 그래서 광고도 붙고 크리에이터에게 커다란 소득을 안겨줍니다.

재미있는 콘텐츠란 어떤 콘텐츠일까요? 이해하기 쉬운 대표적인 사례는 '백종원의 요리비책' 입니다. 개인적으로 백종원 씨를 존경하는 이유는 요리연구가, 기업가이지만 거침없이 자신의 요리 레시피를 세상에 공개하고 공유한다는 점입니다. '백종원의 요리비책' 에는 비빔밥을 따뜻하게 먹는 법, 아귀찜, 코다리찜 등의 요리법 그리고 만능 간장 등 소스 만드는 법이 공개되어 있습니다. 구독자 수는 2021년 5월 기준으로 자그마치 496만 명입니다. 사실 우리의 삶에서 먹는 것을 빼놓을 수 없습니다. 우리는 아침, 점심, 저녁 식사를 합니다. 하루에 최소 세 번은 음식을 접하게 되는 것이지요. 요리는 많은 사람에게 '재미'를 줄 수 있는 콘텐츠이며, 백종원 씨의 집밥 콘셉트가 언택트 시대를 맞아 그 필요성과 흥미를 더하여 인기를 끌고 있습니다. 백종원 님처럼 요리를 소개하는 분들도 많지만, 정말 많은 조회 수를 보여주는 분들은 '먹방'을 찍어 올리는 것입니다. 기상천외한 양의 음식을 먹어 치우는 '먹방'이 인기 있는 이유에 대해 잠시 생각해 봤는데, 대리만족이 아닐까 싶기도 합니다.

또한, 우리 어린이들과 청소년들이 좋아하는 게임방송 유튜버들이 있습니다. 게임을 좋아하고 즐기던 사람들이 게임을 중계하는 방식으로 시작한 유튜브 콘텐츠들인데, 유저들의 '게임' 대전을 중계하기도 하고, 새로운 게임을 소개하기도 합니다. 게임을 플레이하던 것에서 더 나아가 게임을 함께 즐기는 것이지요. 이러한 분야는 TV 방송으로 치면 예능입니다. 유튜브에서 요즘은 웹 예능도 인기를 끌고 있습니다. 저도 장성규 님이 만든 유튜브 채널 '워크맨'을 보는데, TV에서는 볼 수 없는 병맛 개그들을 볼 수 있는 웹 예능은 속도감 있는 진행으로 우리를 몰입하게 만듭니다.

유튜브 콘텐츠를 볼 때의 가장 큰 장점은 '광고'를 보는 대신 '무료'로 시청할 수 있다는 점입니다. 물론 재미있게 영상을 보고 있는데 광고 때문에 짜증이 날 때도 있습니다. 유튜브 프리미어 서비스에 가입하면 광고를 안 보는 방법이 있지만, 대부분 사람은 무료로 콘텐츠를 시청합니다. 이렇게 유튜브는 누구나 자신의 콘텐츠를 업로드하고 공유할 수 있다는 장점 때문에 가장 널리 활용하는 플랫폼입니다.

그다음 요즘 가장 핫하게 떠오르고 있는 웹소설, 웹툰 작가들이 대표적인 플랫폼 콘텐츠 크리에이터라고 할 수 있습니다. 메타버스 교육 플랫폼에는 콘텐츠를 제작하고 공유할 수 있는 서비스가 포함되어야 합니다. 중국에는 1천만 명이 넘는 웹소설 작가들이 활동하고 있는데, 많은 사람이 투잡으로 일을 하고 있습니다. 낮에는 직장에 다니고, 저녁에 글을 써서 올리는데 대박이 나서 웹소설 작가에 집중하기 위해 회사를 나오는 경우도 많다고 합니다. 우리나라의 경우에도 '김비서가 왜 그럴까?'를 쓴 정경윤 작가는 원래 직업이 약사였습니다. 약국을 운영하면서 취미로 쓴 웹소설이 대박이 나면서 전업 웹소설 작가가 되었다고 합니다. '김비서가 왜 그럴까?'는 드라마로도 제작되었고, 웹툰으로도 만들어졌으며, 영문판으로 번역되어 미국의 웹소설 플랫폼에서도 팔려나가고 있습니다.

문피아라는 웹소설 플랫폼에 다니는 후배와 함께 2018년에 웹소설과 웹툰 작가를 인터뷰해서 성장 과정에 대한 연구논문을 학술지에 발표한 적이 있습니다. 웹소설 작가 네 명, 웹툰 작가 네 명을 인터뷰해서 설문 결과를 분석하며 여덟 명 작가의 공통점을 발견하게 되었습니다. 바로 자신들이 웹툰, 웹소설의 덕후였고 또 소비자라는 것입니다. 아침에 일어나면 요일 웹툰을 읽던 고등학생은 어느 날 자신도 웹툰을 그려보고 싶다고 생각하게 됩니다. 일주일 동안 설레며 기다렸던 다음 회차의 연재 웹툰이 대실망을 안겨주었습니다.

게다가 웹툰을 읽는 도중에 멋진 스토리도 떠올랐습니다. 평소 수학책에 그림 그리기를 즐기던 그 학생은 유튜브에서 태블릿 활용법을 보고, 저가의 태블릿을 사서 자신의 PC에 연결합니다. 시작이 반이라는 말처럼 이렇게 내디딘 김에 자신의 인스타그램에 웹툰을 올렸는데, 친구들의 반응이 너무 좋았습니다. '재미있다', '꼭 연재해라', '웹툰 작가 **보다 네가 낫다' 등등 실시간으로 쏟아지는 칭찬에 웹툰을 그리는 일에 재미가 더해졌습니다. 자신감도 생기고 계속 웹툰을 그려서 이번엔 네이버 웹툰에 무료연재로 올립니다. 그리고 얼마 후 제작사에서 연락을 받고, 계약하여 유료연재 작가가 됩니다. 이렇게 웹툰을 소비하던 덕후들이 웹툰 작가가 되는 경우가 대부분입니다.

메타버스 시대는 사실 덕후들을 위한 기회의 시대입니다. 메타버스는 시간, 공간의 제약이 없어서 덕후들이 생산한 제품과 콘텐츠만 좋다면 세계적으로 팔려나갑니다. 메타버스 시대가 덕후들을 위한 시대인 이유를 세 가지로 설명해 보겠습니다.

첫째, 덕후들은 해당 분야에 대한 안목을 가지고 있습니다. 웹소설을 예로 들면, 우선 덕후들은 소설을 많이 읽으면서 자연스럽게 프롤로그만 읽고도 '재미있겠다, 인기 있겠다'라는 예측이 가능합니다. 이러한 예측은 그간 많은 웹소설을 읽으면서 자연스럽게 체득한 것입니다. 우선 웹툰을 좋아하고 웹툰을 즐겨 읽게 되면서 자연스럽게 웹툰의 구성을 보는 안목이 생깁니다. 웹소설, 웹툰을 만드는 회사의 채용 공고를 보면 대부분 '덕후'를 모신다는 문구가 있습니다. 콘텐츠 분야 대학에서도 웹툰, 웹소설의 히트작들을 분석하는 수업을 많이 하는 것은 '안목'이 있어야 '기획'을 할 수 있기 때문입니다.

둘째, 덕후들은 '덕력'을 스스로 키웁니다.

덕후들의 덕력이라는 것은 어떤 분야를 열성적으로 좋아하여 그에 관한 지식과 경험을 쌓거나 관련된 물품 따위를 수집한 정도를 말합니다. 한 마디로 덕질한 분야에 대해서 지식과 경험이 그 누구보다 풍부한 전문가의 경지에 다다라 있다는 뜻입니다. 억지로 학습하라고 하지 않아도 스스로 관련 정보를 찾고 쉴 새 없이 공부합니다. 그래서 자신의 전공과 전혀 무관한 분야의 덕력을 쌓아 전공보다 더 다양한 지식을 갖게 되는 경우가 허다합니다. 뒤에서 더 설명하겠지만 빠르게 변하는 세상에서는 전공이나 학위를 가지고 해당 분야의 전문성을 말하기는 어렵습니다. 특정 분야에 대한 최신 지식까지 지속해서 쌓아가는 것뿐 아니라 해당 분야의 경험은 혁신적인 기획의 소재가 될 것입니다.

셋째, 덕후들은 해당 분야에 대한 프로슈머입니다. 덕력을 쌓기 위해, 지식과 경험을 쌓기 위해서는 소비도 필요합니다. 한 예로 자신이 웹소설 덕후라고 가정해 봅시다. 최근 '중증외상센터 골든아워'라는 웹툰으로 소위 대박이 난 한산이가라는 필명을 가진 이낙준 작가는 본업이 이비인후과 의사입니다. 본업은 의사이지만, 청소년 시기부터 소설을 좋아하고, 웹소설을 구매해서 많이 읽었다고 합니다. 소설을 많이 읽는다는 것은 스스로 웹소설과 웹툰을 소비하는 것입니다. 우리가 웹소설을 읽기 위해서는 플랫폼에 결재해야 합니다. 소장용으로 책도 구입하고, 또 웹소설도 구입하고, 최신 인기작들도 구매해서 읽는 모든 소비 활동은 덕력이 되고, 자신이 새로운 소설을 구상할 때 탄탄한 기초가 됩니다. 이렇게 소비자이자 작가로서 생산까지 하는 생산자의 개념을 더하면 프로슈머입니다. 결국 소비자의 역할과 생산자의 역할을 동시에 한다는 것입니다.

14. 고교학점제를 실현할 수 있는 메타버스

최근 교육 혁신방안으로 고등학교 시기에는 고교학점제가 적용됩니다. 2022년 특성화고에 먼저 도입되고 시범적으로 일부 일반계고에 도입되지만, 2025년부터 전체 고등학교에 본격 시행 예정인 제도입니다. 고교학점제는 학생 맞춤형 교육을 통해 잠자는 교실을 깨우겠다는 취지로 시행을 준비 중인 제도이며, 학생들이 자신이 원하는 수업을 선택해서 들을 수 있고, 이는 졸업학점에 반영됩니다.

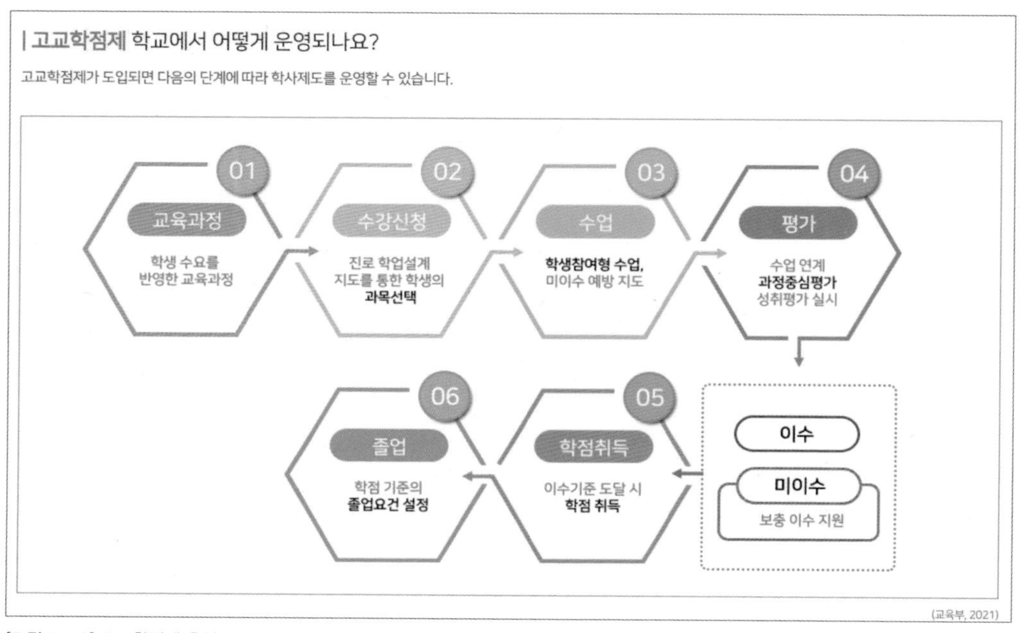

[그림 1-13] 고교학점제 운영 체계

사실 지금까지는 획일적인 교육으로 학생의 학습 동기와 흥미를 유발하기 어려웠습니다. 그래서 고교학점제는 학생의 과목 선택권을 보장하는 진정한 학생 맞춤형 교육을 실현함으로써 학생의 학습 동기와 흥미를 불러일으킵니다. 대학에 점수를 맞춰 가는 방식이 아닌, 스스로 진로를 설계할 수 있도록 하는 데 그 목적이 있습니다. 교육에 메타버스를 도입한다면 고교의 경우 고교학점제를 메타버스 플랫폼에 태워 혁신적으로 운영하는 것을 추천해 드리고 싶습니다. 사실 고교학점제 메타버스 플랫폼을 구축하면 현재 논의되는 대부분의 고교학점제 도입에 대한 문제를 해결할 수 있습니다. 이미 코로나19 상황을 거치며 온라인을 활용하는 수업을 학점으로 인정하게 되면서, 플랫폼에 대한 논의는 이루어지고 있다고 알고 있습니다. 사실 고교학점제의 도입 이유가 메타버스를 교육에서 도입해야 하는 이유와 같다는 점은 우리가 주목해야 할 부분입니다.

고교학점제는 왜 필요한가요?

학생 맞춤형 교육을 통해 잠자는 교실을 깨울 수 있습니다.

획일적인 교육을 통해서는 학생의 학습 동기와 흥미를 유발하기 어렵습니다. 고교학점제는 학생의 과목 선택권을 보장하는 진정한 학생 맞춤형 교육을 실현함으로써 학생의 학습 동기와 흥미를 불러일으킬 수 있습니다.

미래 사회에 필요한 역량을 기르는 데 필요합니다.

직업 세계가 급변하는 미래 사회에서는 자신의 진로를 스스로 개척하고 자기주도적으로 학습하는 역량이 필요합니다. 고교학점제는 학생들이 스스로 자신에게 필요한 배움이 무엇인지를 찾게 함으로써 진로 개척 역량과 자기 주도적 학습 습관을 길러줄 수 있습니다.

학생 개개인의 다양성을 지원하는 데 필요합니다.

학습의 속도가 다르고 학습의 목표도 다른 학생들을 수직적으로 서열화하는 것은 학생들의 학습 의욕을 저하시킵니다. 고교학점제는 학생선택형 교육과정 운영을 통해 다양한 능력과 적성을 가진 학생 개개인의 역량을 최대한 발휘할 수 있도록 지원합니다.

15. 메타버스 시대의 교육

메타버스 시대는 정보가 빠르게 공유됩니다. 새로운 지식과 정보의 생산은 부가가치를 창출할 수 있습니다. 최근 저자가 총괄 PM으로 기획, 운영했던 메타버스 행사인 2020 산학협력 EXPO(www.uicexpo.org) 진로체험의 날에 김상균 교수를 첫 온라인 강연자로 초청했습니다. '메타버스에 올라타라!'라는 제목으로 강연을 해주셨고 그즈음 발간된 『메타버스』는 현재까지 베스트셀러에 랭크되어 있습니다. 온라인 행사에 수많은 강연자를 온라인으로 초대했지만, 유독 김상균 교수님은 크로마키 영상으로 합성하여 인상적인 강연을 만들어 주셨습니다. 특히 기억에 남는 것은 영상을 메일로 보내면서 남기신 그분의 생각이었습니다. "되도록 많은 사람이 이 강연을 보고 메타버스에 올라탈 기회를 얻기를 바란다"라며 자료를 널리 공개하면 좋겠다고 하셨습니다.

당시 저는 이메일을 받고 정말 놀라웠습니다. 행사에 참여했던 대부분의 강연자와 김상균 교수님은 메일로 정반대의 의견을 보냈기 때문입니다. 대부분의 강연자는 자신의 강연 영상뿐 아니라 강연 하이라이트 영상까지 행사 직후 삭제를 요청했습니다. 다른 강연에도 같은 콘텐츠를 사용하므로 유튜브에 공개되면 안 된다는 게 그 이유였습니다. 놀라웠던 점은 행사 전체 후기 하이라이트 영상에 1초 정도 담긴 자신의 키워드를 삭제해달라고 재차 요청했다는 것입니다. 그 덕분에 영상 담당자는 하이라이트 영상, 후기 영상을 모두 삭제하느라 진땀을 뺐습니다. 하지만 김상균 교수님은 다른 분들과 반대였습니다. 자신의 콘텐츠를 먼저 외부로 공유해 달라고 요청하셨습니다. 물론 김상균 교수님은 다른 강연에서 유사한 자료를 사용했습니다. 이분들 간의 사고는 어떤 차이점이 있을까요?

메타버스의 시대에는 수많은 정보가 생산되고 공유됩니다. 따라서 대부분의 강연자는 오프라인으로 강연을 하고 강연료 수입을 얻습니다. 사실 한 사람의 전문 분야는 동일하고 강연 레퍼토리가 비슷하기 때문에 온라인 강연을 한 후 유튜브에 해당 강연 영상이 올라오면, 자신의 소득원을 잃을 수 있다고 생각하는 경우가 일반적입니다. 그래서 강사들은 자신의 강의 PPT나 영상 자료가 온라인에 떠도는 것을 싫어합니다. 하지만 김상균 교수님의 경우 메타버스 시대에 어떤 방식으로든 자료는 공유된다고 생각합니다. 어차피 공유될 바엔 더 많은 사람이 정보를 습득하여 자신의 콘텐츠가 활성화되고 확산하기를 바란다는 것입니다. 물론 확산 중인 정보나 콘텐츠는 저작권 문제, 아이디어 도용 문제에 노출되게 됩니다. 하지만 새로운 콘텐츠, 유익한 콘텐츠를 지속해서 발굴하고 공유하는 유튜버이자 강연자라면 이미 이전 콘텐츠의 도용에는 초월하게 됩니다. 무한히 새로운 콘텐츠를 생산할 수 있다고 생각하기 때문입니다.

16. 학교는 이제 메타버스와 공존

온라인으로 학교에 접속해서 우리는 무엇을 하나요? 진행하는 수업이나 내용은 크게 다르지 않습니다. 선생님의 강의를 듣고 수행평가 과제를 전달받습니다. 그리고 많은 선생님은 이제 온라인에서 수업에 몰입할 방법을 연구하고 있습니다. 아무래도 교실에 있을 때보다 학생들이 딴짓하기가 쉬워졌으니까요. 여러분은 PC에서 Zoom으로 접속하고, 휴대폰으로 게임을 하고 싶은 충동을 억누르고 있지는 않나요? 그런데 이것은 매우 자연스러운 현상입니다. 우리는 물리적 제약이 없는 공간에서 언제든 온라인에 접속할 수 있고, 그 충동을 억제하기 어려운 것은 더 재미있고 흥미로운 정보가 온라인에 있기 때문입니다. 이미 우리 학생들은 그 사실을 알아버린 것뿐입니다.

화상 미팅 플랫폼은 코로나로 인해 대면 회의를 할 수 없게 되면서 급부상하였습니다. 카메라와 마이크를 사용해 화상으로 회의할 수 있고 채팅을 통해서도 의견을 주고받을 수 있습니다. 이미 학교에서는 Zoom을 통해 수업하고 있으며 선생님 한 명이 자신의 화면을 공유해 수업 자료를 설명하는 식으로 운영하고 있습니다. 참여자인 학생들은 자신의 카메라를 켜 해당 수업을 듣고 있는 모습을 선생님에게 보여주고 음성과 채팅으로 수업에 참여합니다.

Zoom, Google Meet, Cisco Webex, MS TEASMS 등 다양한 화상 플랫폼이 사용되고 있습니다. 모두 다 직관적인 UI 형태를 가졌으며 제공하는 기능 또한 유사합니다. 만약 100~300명의 사용자가 접속하거나 서비스가 끊기지 않는 것이 중요하다면 Zoom 혹은 Webex를 고려하시면 좋습니다. 두 서비스 모두 무료 버전이 있지만 40분만 이용할 수 있고 그 이후부터는 Pro 버전을 구매해 사용해야 합니다. 반면 Google Meet 같은 경우에는 무료 플랫폼으로 사용 시간에 제한이 없습니다. 다만 무료 버전에서 녹화기능은 사용할 수 없습니다.

17. 게더타운의 차별점

게더타운은 2D 아바타 기반의 가상 미팅 플랫폼입니다. 게더타운은 입장하기 전부터 그림과 같이 자신만의 고유 캐릭터를 설정합니다. 캐릭터와 옷을 변경하는데 종류가 다양하며 사용자는 선호하는 캐릭터를 쉽게 커스터마이징할 수 있습니다.

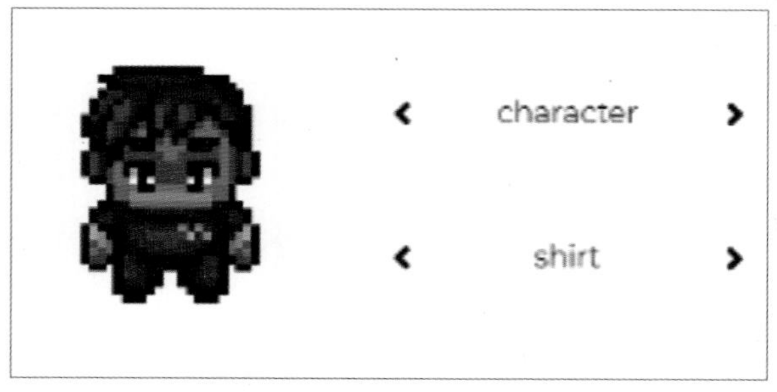

[그림 1-14] Gather.town 입장 전에 설정한 고유 캐릭터

게더타운은 정형적인 온라인 미팅 플랫폼과는 다르게 아바타 중심이며 실제 세상과 비슷하게 구현하기 위해 노력한 흔적이 곳곳에 보입니다. 예를 들어 공간이 분리되어 있으면 현실에서와 마찬가지로 다른 사람의 얘기를 듣지 못합니다. 게더타운에서는 운영자가 공간을 지정할 수 있고 해당 공간 안에 들어와야 이야기를 듣고 참여할 수 있습니다. 참여자는 캐릭터를 상하좌우 방향키로 직접 움직여서 공간 안에 들어갈 수 있습니다.

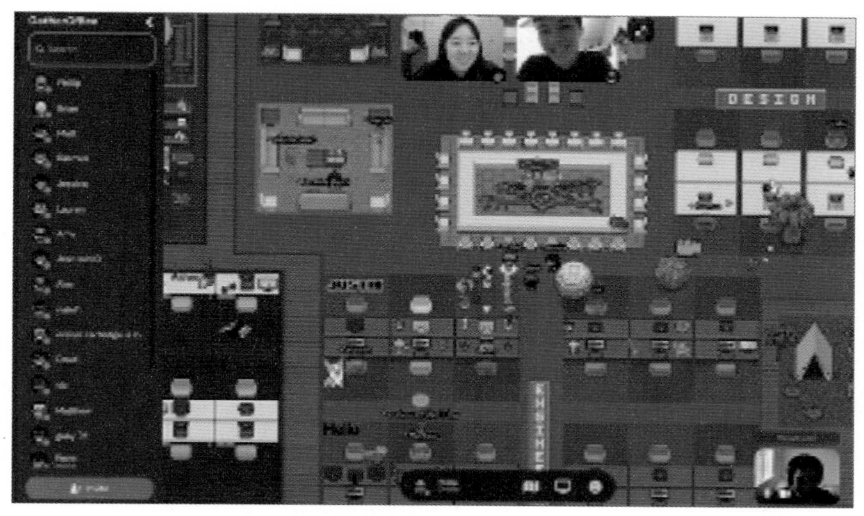

[그림 1-15] Gather.town은 홈오피스에 최적화된 플랫폼이다.

게더타운은 아바타라는 가상화된 형태를 직접 마주하기 때문에 실제 같은 공간에 있다는 착각을 사용자에게 불러일으킵니다. 게더타운이야말로 홈오피스에 최적화된 플랫폼이라고 생각합니다. 실제 현실 세계의 사무실 공간을 온라인으로 옮겼고 사용자들은 그 온라인상에서 자신의 아바타로 활동합니다. 사무실 공간이 부서별로 분리된 것처럼 운영자는 게더타운 내의 구역을 나눌 수 있고 구역마다 개성 있는 효과를 줄 수도 있습니다. 디자인 구역 같은 경우에는 모닥불 타는 배경음악을 설정할 수 있고, 개발 부서 같은 경우에는 물이 흐르는 소리를 설정할 수 있습니다.

[그림 1-16] Gather.town에서는 아바타와 같은 공간에 있다는 착각을 불러일으키게 만든다.

과거에는 학교에 가서 교과서에 있는 지식을 학교 선생님들을 통해서 전달받았습니다. 그 외의 교과 지식을 전달받는 통로는 부모님, 과외 선생님 그리고 오프라인 학원이었습니다. 그러다가 온라인 학원이 생겨났습니다. 초창기 고등학생이나 대학생 혹은 그 이상을 대상으로 하는 온라인 학원은 어학, 재수, 각종 자격시험, 공무원 시험을 준비하는 수험생들을 대상으로 활성화되었습니다. 그리고 코로나19 이후 온라인 학원은 오프라인 학원에서도 동시에 운영하는 시스템이 되었습니다. 확진자가 나올 경우 집 안에서 원격수업을 하는 일은 이제 자연스러워졌습니다.

여전히 다수의 어른은 교과 공부에만 집중하라고 하고, 부족한 교과목을 보충하며 내신의 중요성만 강조합니다. 우리나라에서는 "내신이 신이다"라는 말이 진리로 여겨지고 있는 것이 현실입니다. 하지만 온라인 환경, 디지털 환경에서도, 메타버스 시대에서도 내신이 그만큼 중요할까요? 아직은 대학 입시를 위해서 내신은 중요하다는 점에 반기를 들지는 않겠습니다.

18. 디지털 네이티브의 메타버스 라이프

교육학자이자 미래학자인 마크 프렌스키(Marc Prensky)는 1979년 이후에 태어난 사람들을 '디지털 네이티브'로 지칭하면서, 자신의 논문 (Digital Natives, Digital Immigrants Part 2: Do They Really Think Differently?)에서 "교육이 맞닥뜨린 가장 큰 문제는 교사가 시대에 뒤처진 디지털 이전의 언어를 가지고, 거의 완전한 디지털 언어를 사용하는 이들을 가르치려 한다는 점이다"라고 말했습니다. 학생들에게 기존까지의 지식 전달 시스템은 흥미를 느끼지 못하고 있습니다. 이미 영상, 이미지, 게임과 채팅에 익숙한 학생들은 텍스트 중심이고, 교사의 강의 중심인 수업에 더 흥미를 잃을 수 있습니다.

Zoom을 사용하거나, Gather.town을 사용하면 달라질까요? 대면 수업이 아니라 비대면 디지털 도구를 사용한다는 것 외에는 다를 것이 없습니다. 디지털 도구를 사용하는 것 자체도 사실 학생들에게 흥미로운 경험의 계기가 될 수 있습니다. '교과서' 산업은 전통 교육 기관에 과정을 중개하는 패키지 과정 제공 산업으로 변모하고 있습니다. 지리적으로 보호되는 시장은 세계화되고 있으며, 기관은 국제 시장으로 진출하게 됩니다. 또한 청소년들의 디지털 라이프를 이해하지 못하고 강제로 제한하기도 합니다.

우리는 교육에서 놓치고 있는 것이 무엇인지에 대해서도 점검해 보아야 합니다. 디지털 네이티브들은 "문해력(literacy)이 부족하다"라는 말을 많이 합니다. 문해(文解)는 문자해득(文字解得)이라고도 하는데, 문자를 읽고 쓸 수 있는 일 또는 그러한 일을 할 수 있는 능력을 말합니다. 쉽게는 말하기, 듣기, 읽기, 쓰기와 같은 언어의 모든 영역이 가능한 상태를 의미합니다. 유네스코는 "문해란 다양한 내용에 대한 글과 출판물을 사용하여 정의, 이해, 해석, 창작, 의사소통, 계산 등을 할 수 있는 능력"이라고 정의했습니다.

최근 학생들이 글자를 읽고 해석하는 데 문제가 있다는 지적을 많이 합니다. 그래서 독해 관련 사교육을 받는 경우도 있습니다. 하지만 저는 부족한 능력을 보충하는 형태의 교육이 필요하다고 생각하지만, 재미있는 영상, 이미지가 넘쳐나는 시대에 글자를 읽고 해석하는 능력을 억지로 배양하는 것이 효율적인가에 대해 생각을 합니다. 디지털 네이티브에게 익숙한 이미지와 영상, 테크놀로지 플랫폼 같은 디지털 네이티브 언어와 그들에게 익숙한 메타버스를 활용하여 교육 콘텐츠를 제공하는 것이 효율적입니다.

19. 교육에 메타버스를 활용하는 또 다른 장점

교육에 메타버스를 왜 적용하라고 하는지에 대해 좀 더 설득력을 얻어보고자 메타버스의 장점을 정리해 보았습니다.

1) 교육격차를 줄일 수 있습니다.

대체로 우리는 좋은 선생님을 만났을 때 해당 교과 과목을 잘하게 됩니다. 요즘 가장 비싼 집에 산다는 모 1타 강사의 경우 모두가 인정하는 '수학'을 잘 가르치는 선생님이기에 오프라인 수업까지도 줄을 서서 수업을 들을 것입니다. 메타버스가 교육격차 해소에 도움이 될 것이라는 생각은 앞선 논의를 읽으셨다면 모두가 공감하시리라 생각됩니다. 메타버스는 시간과 공간에 대한 제약 없이 자신을 드러내지 않고도 콘텐츠에 접근할 수 있는 플랫폼입니다. 따라서 교육 메타버스 안에 정부 주도로 최고의 콘텐츠들을 탑재하고, 개인의 관심사에 따라서 서비스한다면 교육격차 해소에 도움이 됩니다. 또 지역의 경계를 넘어 유저 간에 소통할 수 있고 주변의 눈치를 보지 않고 질문도 던질 수 있습니다.

2) 시대적·사회적 요구에 맞는 인재양성이 가능합니다.

첨단 기술에 대한 흥미를 돋울 수 있습니다. 대한민국은 인적 자원에 대한 가치가 높은 나라입니다. 석유나 희토류가 대량 매장되어 있다면, 인구가 많기라도 하다면 교육 메타버스 활성화에 박차를 가하자고 주장하지 않았을 것입니다. 그간은 반도체와 IT 기술이 우리나라의 경제를 책임지고 있었다면, 이제는 메타버스 플랫폼을 통한 콘텐츠가 우리나라를 세계적인 IT 강국으로 이끌 수 있습니다. 이미 그러한 조짐은 많은 곳에서 발견되고 있습니다. 게임, 웹소설, 웹툰, 영상 콘텐츠 시장의 선진국으로 발돋움하고 있습니다. 따라서 시대적 사회적인 요구에 부응하는 인재양성이 가능해질 수 있습니다.

3) 상상력의 발현

역사학자 유발 하라리는 자신의 저서 『사피엔스』에 다음과 같이 썼습니다.

"7만 년 전, 호모 사피엔스는 아프리카의 한구석에서 자기 앞가림에만 신경을 쓰는 별로 중요치 않은 동물이었다. 이후 몇만 년에 걸쳐 이 종은 지구 전체의 주인이자 생태계의 파괴자가 되었다."

어떻게 인간이 지구의 주인이 될 수 있었을까? 호모 사피엔스가 세상을 정복한 성공 비결은 사고방식, 의사소통 방식에 기인한 인지 혁명에 있다고 하라리는 설명하고 있습니다. 특히 유발 하라리는 인간 언어의 가장 독특한 측면은 허구를 말할 수 있는 능력이라고 보았습니다. 존재하지 않는 것을 상상하고 이를 언어로 소통하는 것은 호모 사피엔스의 사유능력 때문에 가능했습니다. 인간은 호기심을 갖고 끊임없이 '왜?'라는 질문을 던집니다. 메타버스는 그 왜라는 질문에 대답하고 있고, 또 다른 질문을 생산하면서 발전하고 있습니다. 메타버스에 머무르는 이유는 끊임없이 새로운 정보를 제공하고, 궁금증을 해결하며, 흥미로운 정보를 제공하기 때문입니다. 상상의 출발점이고, 또 상상력을 펼칠 수 있는 장이 될 수 있습니다. 특히 우리나라처럼 물리적인 자원이 부족한 나라의 경우 상상력을 발휘한 무형의 자산은 문화가 되고, 유형의 자산으로 축적됩니다.

20. 메타버스 활용 교육을 위한 제언

호모 사피엔스는 상상하고 이성적으로 사고하면서 인간은 물질세계와 생명체의 본질과 원리를 알아낼 수 있었고 과학적 발견을 통해 방대한 지식과 학문 체계를 축적할 수 있었습니다. 과학발전은 호모 사피엔스의 사유능력과 지혜 덕분입니다. 이를테면 호모 사피엔스는 과학을 하는 인간이라고 해도 무방할 것입니다. 인류문명 발전의 원동력은 과학이지만 과학지식은 그냥 놔두면 기초 원리에 불과합니다. STEAM 융합 교육을 장려하면서 쌓아놓은 방대한 교육 프로그램, SW 교육 프로그램, 인공지능 콘텐츠들을 교육 메타버스에 탑재하면 꿰어낸 보배가 될 수 있습니다. 또 그 안에서 어떤 콘텐츠들이 학생들에게 흥미 있는 콘텐츠인지 알 수 있고, 어떤 전문가가 그 메커니즘을 잘 알고 좋은 콘텐츠를 생산하고 있는지 알 수 있습니다.

과학지식을 활용해 새로운 것을 만드는 것을 기술이라고 합니다. 새로운 것을 만들고 발명하는 것은 인간의 또 다른 본성입니다. 만드는 인간, 도구의 인간이라는 의미의 호모 파베르(Homo Faber)는 특히 근대산업사회로 들어오면서 더욱 설득력이 있습니다. 인간이 다른 동물과 구별되는 근본적 차이점을 공작(工作) 본능에서 찾은 것인데, 메타버스는 이러한 공작 본능, 상상을 통한 생산 본능을 자극하므로 더욱더 학습자 주도적인 교육을 할 수 있게 합니다.

교육에 메타버스를 도입할 때 체크리스트

1) 학생들에게 유의미한 경험을 제공해줄 수 있는 콘텐츠를 탑재하고 있는가?

2) 개인 맞춤형으로 설계되었는가?

3) 교사, 학생이 개인의 콘텐츠를 공유할 수 있는가?

4) 교육적으로 해로운 콘텐츠를 차단할 수 있는가?

5) STEAM 교육, SW 교육, 인공지능 교육을 고려하였는가?

PART 1을 마무리하며_김구 선생님의 '문화강국'

2015 개정 교육과정은 "인문학적 상상력, 과학기술 창조력을 갖추고 바른 인성을 겸비하여 새로운 지식을 창조하고 다양한 지식을 융합하여 가치를 창조할 수 있는 창의융합형 인재상"을 미래사회의 인재로 제시하고 있습니다. 창의융합형 인재들이 메타버스에서 만들어가는 상상력을 더하게 되면 대한민국은 전 세계가 사랑하는 '문화강국'이 되리라는 행복한 상상을 하게 됩니다. 이미 세계적인 아이돌 BTS가 메타버스에서 전파하는 콘텐츠, 아카데미상을 석권한 영화감독과 배우들, 메타버스를 타고 전 세계로 팔려나가는 OTT 콘텐츠 등이 그 근거를 보여주고 있기 때문입니다.

스토리텔링을 공부하면서 『매혹적인 스토리텔링의 탄생』을 쓰신 김태원 관장님(안양 김중섭 미술관 관장)의 추천으로 『백범일지』를 알게 되었습니다. 김태원 관장님은 '선덕여왕', '주몽'과 같은 드라마를 기획·제작하신 분인데, 그분이 소개한 '문화강국'은 미래 교육의 목표와도 일치한다는 생각이 들어서 소개하며 1장을 마무리하려고 합니다. 2장에서는 메타버스를 구축하는 툴에 대해 알아보겠습니다.

『백범일지』 초판본(1947) 중에서

나는 우리나라가 세계에서 가장 아름다운 나라가 되기를 원한다. 가장 부강한 나라가 되기를 원하는 것은 아니다. 내가 남의 침략에 가슴이 아팠으니, 내 나라가 남을 침략하는 것을 원치 아니한다. 우리의 부력은 우리의 생활을 풍족히 할 만하고, 우리의 강력은 남의 침략을 막을 만하면 족하다. 오직 한없이 가지고 싶은 것은 높은 문화의 힘이다. 문화의 힘은 우리 자신을 행복하게 하고, 나아가서 남에게 행복을 주겠기 때문이다. 지금 인류에게 부족한 것은 무력도 아니요, 경제력도 아니다. 자연과학의 힘은 아무리 많아도 좋으나 인류 전체로 보면 현재의 자연과학만 가지고도 편안히 가기에 넉넉하다. 인류가 현재에 불행한 근본 이유는 인의가 부족하고 자비가 부족하고 사랑이 부족하기 때문이다. 이 마음만 발달이 되면 현재의 물질력으로 이십억이 다 편안히 살아갈 수 있을 것이다.

인류의 이 정신을 배양하는 것은 오직 문화다. 나는 우리나라가 남의 것을 모방하는 나라가 되지 말고, 이러한 높고 새로운 문화의 근원이 되고, 목표가 되고, 모범이 되기를 원한다. 그래서 진정한 세계의 평화가 우리나라에서, 우리나라로 말미암아서 세계에 실현되기를 원한다. 홍익인간(弘益人間)이라는 우리 국조 단군의 이상이 이것이라고 믿는다. 우리 민족의 재주와 정신과 과거의 단련이 이 사명을 달하기에 넉넉하고 우리 국토의 위치와 기타의 지리적 조건이 그러하며, 또 일차 이차의 세계대전을 치른 인류의 요구가 그러하며, 이러한 시대에 새로 나라를 고쳐 세우는 우리의 시기가 그러하다고 믿는다. 우리 민족이 주연배우로 세계의 무대에 등장할 날이 눈앞에 보이지 아니하는가.

이 일을 하기 위하여 우리가 할 일은 사상의 자유를 확보하는 정치 양식의 건립과 국민교육의 완비다. 내가 위에서 자유의 나라를 강조하고 교육의 중요성을 말한 것이 이 때문이다. 최고 문화 건설의 사명을 달할 민족은 일언이 폐지하면 모두 성인을 만드는 데 있다. 대한 사람이라면 간 데마다 신용을 받고 대접을 받아야 한다. 우리의 적이 우리를 누르고 있을 때는 미워하고 분해하는 살벌 투쟁의 정진을 길렀었거니와 적은 이제 물러갔으니 우리는 증오의 투쟁을 버리고 화합의 건설을 일삼을 때다. 집안이 불화하면 망하고, 나라 안이 갈려서 싸우면 망한다. 동료 간의 증오와 투쟁은 망조다.

우리의 용모에서는 화기가 빛나야 한다. 우리 국토 안에는 언제나 춘풍이 태탕하여야 한다. 이것은 우리 국민 각자가 한번 마음을 고쳐먹음으로 되고, 그러한 정신의 교육으로 영속될 것이다. 최고 문화로 인류의 모범이 되기로 사명을 삼는 우리 민족의 각원은 이기적 개인주의자여서는 안 된다. 우리는 개인의 자유를 극도로 주장하되, 그것은 저 짐승들과 같이 저마다 제 배를 채우기에 쓰는 자유가 아니요, 제 가족을, 제 이웃을, 제 국민을 잘살게 하기에 쓰는 자유다. 공원의 꽃을 꺾는 자유가 아니라, 공원의 꽃을 심는 자유다.

우리는 남의 것을 빼앗거나 남의 덕을 입으려는 사람이 아니라 가족에게, 이웃에게, 동포에게

주는 것으로 낙을 삼는 사람이다. 우리 말에 이른바 선비요, 점잖은 사람이다. 그러므로 우리는 게으르지 아니하고 부지런하다. 사랑하는 처자를 가진 가장은 부지런할 수밖에 없다. 한없이 주기 위함이다. 힘든 일은 내가 앞서 하니 사랑하는 동포를 아낌이오, 즐거운 것은 남에게 권하니 사랑하는 자를 위하기 때문이다. 우리 조상네가 좋아하던 인후지덕이란 것이다.

이러함으로 우리나라의 산에는 삼림이 무성하고 들에는 오곡백과가 풍등하며 촌락과 도시는 깨끗하고 풍성하고 화평할 것이다. 그러니 우리 동포, 즉 대한 사람은 남자나 여자나 얼굴에는 항상 화기가 있고 몸에서는 덕의 향기를 발할 것이다. 이러한 나라는 불행하려야 불행할 수 없고 망하려 하여도 망할 수 없는 것이다. 민족의 행복은 결코 계급투쟁에서 오는 것도 아니요, 개인의 행복은 이기심에서 오는 것이 아니다. 계급투쟁은 끝없는 계급투쟁을 낳아서 국토에 피가 마를 날이 없고, 내가 이기심으로 남을 해하면 천하가 이기심으로 나를 해할 것이니, 이것은 조금 얻고 많이 빼앗기는 법이다. 일본의 이번 당한 보복은 국제적 민족적으로도 그러함을 증명하는 가장 좋은 실례다. 이상에 말한 것은 내가 바라는 새 나라의 용모의 일단을 그린 것이거니와 동포 여러분! 이러한 나라가 될진대 얼마나 좋겠는가. 우리네 자손을 이러한 나라에 남기고 가면 얼마나 만족하겠는가. 옛날 한토의 기자(箕子)가 우리나라를 사모하여 왔고, 공자께서도 우리 민족 사는 데로 오고 싶다고 하셨으며 우리 민족을 인(仁)을 좋아하는 민족이라 하였으니, 예에도 그러하였거니와 앞으로는 세계 인류가 모두 우리 민족의 문화를 이렇게 사모하도록 하지 아니하려는가.

나는 우리의 힘으로, 특히 교육의 힘으로 반드시 이 일이 이루어질 것을 믿는다. 우리나라의 젊은 남녀가 다 이 마음을 가질진대 아니 이루어지고 어찌하랴.

나는 일즉 황해도에서 교육에 종사하였거니와 내가 교육에서 바라던 것이 이것이었다. 내 나이 이제 칠십이 넘었으니 몸소 국민교육에 종사할 시일이 넉넉지 못하거니와 나는 천하의 교육자와 남녀 학도들이 한번 크게 마음을 고쳐먹기를 빌지 아니할 수 없다.

『백범일지』, 김구, 1947

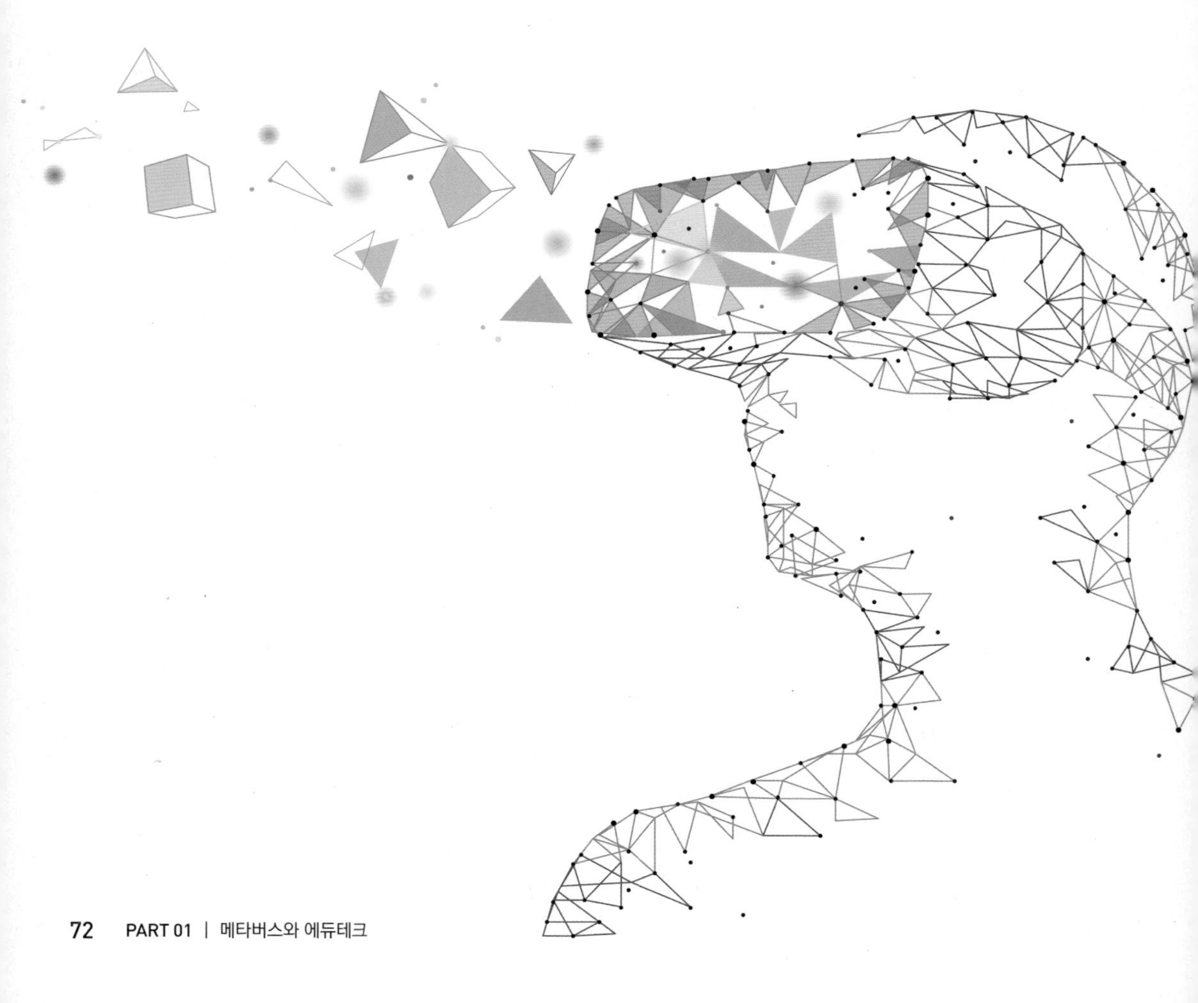

02

메타버스 거울 세계, 제페토, 이프랜드, 게더타운

이번 장에서는 세 가지 메타버스 플랫폼 서비스를 활용하여 메타버스를 손쉽게 구축하고 교육에 통합하는 방법에 대해서 알아보겠습니다. 이들 플랫폼은 가상 공간에서 아바타를 이용해 개인과 개인 간의 상호작용이 쉽다는 특성이 있습니다. 세 가지 플랫폼 모두 개인이나 소규모 행사에는 무료로 활용할 수 있습니다. 이전보다 개선된 디자인으로 아바타를 선택하고 꾸밀 수 있고, 모임이나 행사 규모에 맞는 가상공간을 선택하고 커스터마이징할 수 있습니다.

제페토, 이프랜드, 게더타운 순서로 메타버스 구축 플랫폼의 장점과 맵구성, 커스터마이징을 위한 핵심 메뉴들과 교육 현장에서의 활용 방법을 설명하겠습니다. 이미 유튜브 크리에이터들이 메타버스 만들기에 대한 이해를 돕는 영상을 많이 올려 주셨습니다. 검색해 보시고 또 이미 만들어진 링크로 참여도 하신 후 본 책을 보시면 이해가 더 쉬울 것입니다.

CHAPTER

01 제페토(ZEPETO)

01. 제페토 활용

제페토는 현재 가입자 수가 세계에서 가장 많고, 유명 상점들이 입점하여 아바타를 꾸밀 수 있는 아이템을 판매합니다. 크리에이터들도 자신만의 아이템을 만들어 팔며 수익을 창출하고 있습니다. 이미 1억 이상의 수익을 올린 제페토 크리에이터들도 등장했다고 합니다. 앞서 강조한 프로슈머가 활동하기 적합한 메타버스입니다.

[그림 2-1] 제페토 앱 설치 및 로그인

제페토는 모바일 기반

서비스이므로 앱부터 설치해야 사용할 수 있습니다. 먼저 앱스토어 또는 플레이 스토어에서 ZEPETO를 입력해 설치한 후 앱을 실행시킵니다. 회원가입을 한 후 로그인합니다.

제페토에 로그인하면 자신의 아바타를 만들 수 있습니다. 제페토는 3D 기반으로 캐릭터가 구성되어 있습니다. 머리, 눈, 코, 입, 옷, 체형, 피부색 등 다양한 옵션이 존재합니다. 사용자마다 자신만의 아바타를 다른 모양으로 구성할 수 있습니다. 하지만 특정 옵션은 캐시가 필요합니다. 제페토의 강점은 캐릭터가 가장 예쁘다는 것입니다. 제페토의 캐릭터는 제페토에 가입하는 가장 큰 이유가 되었고, 세계적인 브랜드의 입점으로 비용을 들여 아바타를 꾸미는 문화를 만들어가고 있습니다.

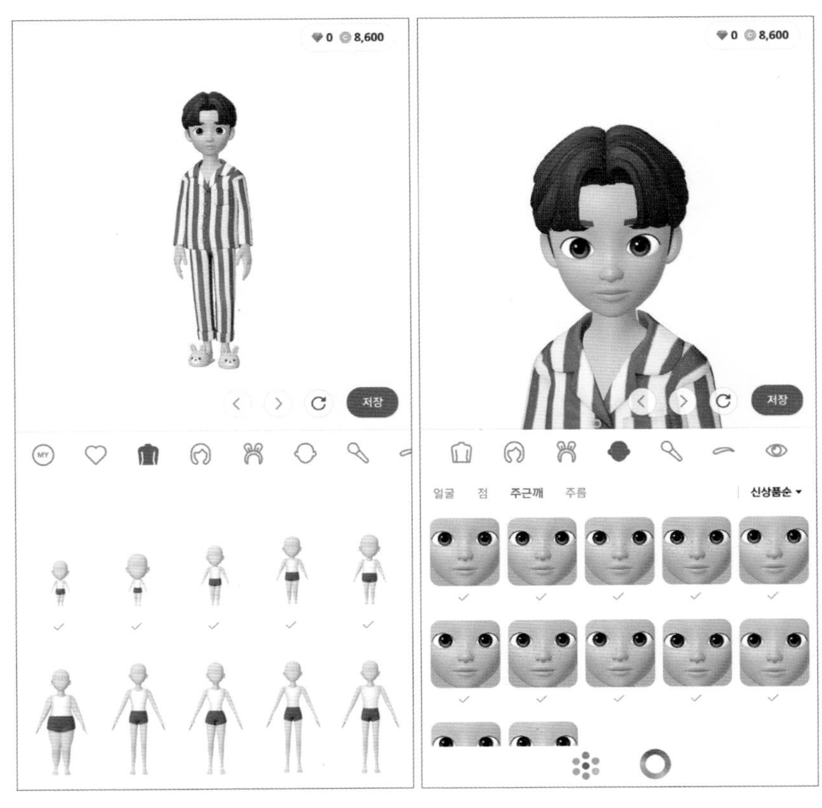

[그림 2-2] 제페토 아바타 설정 화면

캐릭터를 만들면 메인 페이지로 이동합니다. 제페토에서는 다양한 활동을 할 수 있는데 SNS같이 자신의 캐릭터를 찍어 주변 친구들과 공유할 수 있습니다. 하단의 두 번째 탭 월드 버튼을 클릭하면 즐길 수 있는 콘텐츠가 있습니다. Let's Play! 섹션에 동물 탐험대라는 게임을 해보겠습니다.

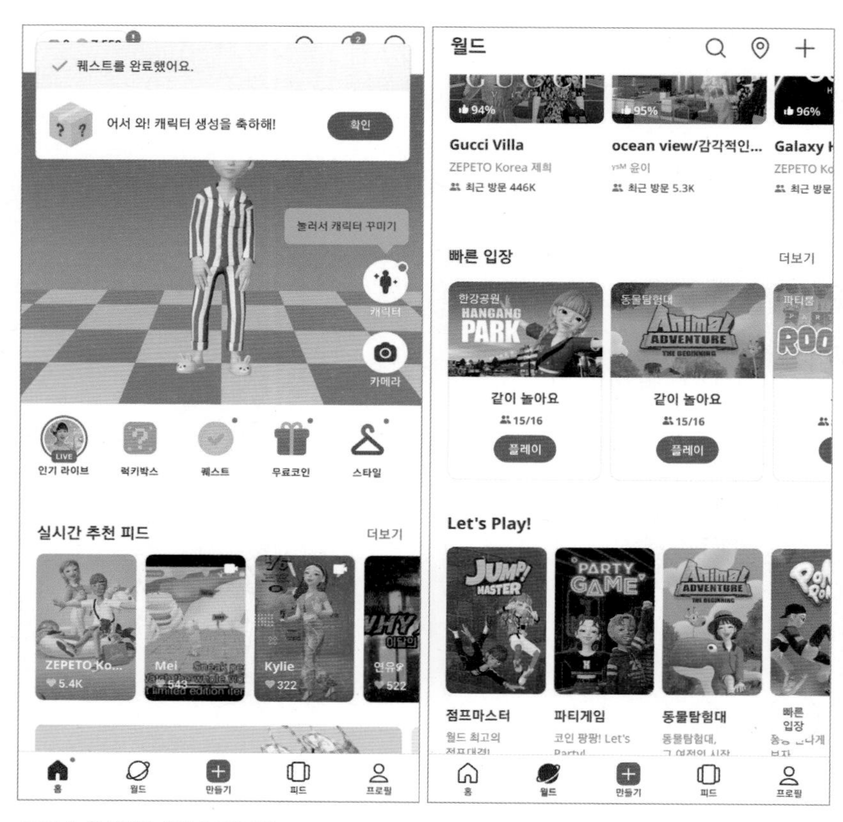

[그림 2-3] 제페토 화면과 주요 메뉴

동물 탐험대는 자신의 아바타로 맵의 이곳저곳을 돌아다니는 게임입니다. 게임의 보상으로 골드를 얻을 수 있고 사용자는 해당 골드로 캐릭터에 입힐 옷이나 포즈를 구매할 수 있습니다. 아래 이미지는 튜토리얼에 해당하여 사용 방법이 설명되어 있습니다.

[그림 2-4] 제페토 Let's Play! 동물 탐험대 튜토리얼

좌측의 조이스틱으로 캐릭터를 이동시킬 수 있고, 우측의 조이스틱으로 시점을 변경할 수도 있습니다. 게임 내에서는 채팅을 통해 서로 소통할 수 있습니다. 또한, 우측 하단의 카메라 버튼을 누르면 스크린 캡처가 되며 제페토 내의 SNS에 공유할 수 있습니다.

[그림 2-5] 제페토 Let's Play! 동물 탐험대 플레이 화면

02. 제페토를 이용한 특별활동 진행하기

먼저 월드 탭의 우측 상단에 플러스 버튼을 클릭하면 방 만들기 화면으로 넘어갑니다. 방 만들기의 상단에는 기본적으로 제공하는 템플릿이 있습니다. 하단에는 크리에이터들이 만든 맵들이 있고 원하는 것을 선택합니다. 한 방에 들어올 수 있는 최대 인원은 16명입니다. 저는 한강공원 맵을 선택하여 진행해 보겠습니다.

[그림 2-6] 제페토 월드 메뉴 및 방 만들기 화면

아래 이미지와 같이 한강공원을 볼 수 있습니다. 현재는 코로나19로 인해 갈 수 없지만, 온라인 상에서 과자도 먹을 수 있고 달리기 등 다양한 활동을 친구들과 할 수 있습니다.

[그림 2-7] 제페토 한강공원 체험

푸드트럭에 가서 클릭하면 캐릭터가 과자를 듭니다. 한강공원 내에서 다양한 액션들이 가능한데 또 다른 액션을 살펴보겠습니다.

[그림 2-8] 제페토 한강공원 푸드트럭

아래 이미지와 같이 벤치를 클릭하면 앉아서 치킨을 먹는 액션을 볼 수 있습니다.

[그림 2-9] 제페토 한강공원에서의 거울 세계 활동

[그림 2-10] 제페토 한강공원 CU 편의점

CU 편의점에서 버스킹 오브젝트를 클릭하면 노래하는 동작을 볼 수 있습니다. 이처럼 제페토 내에서 다양한 활동과 액션을 누릴 수 있고 음성으로도 소통할 수 있습니다. 코로나19 때문에 답답한 학생들에게 온라인으로 친구들과 소통 창구를 만들어 활동하면 상호 교류에 도움이 될 것입니다.

03. 제페토 커스텀 맵 만들기

커스텀 맵을 만들기 위해서는 제페토 스튜디오 홈페이지(https://studio.ZEPETO.me/kr/home/map)에 들어가 툴을 설치해야 합니다. 제페토 스튜디오를 설치하면 아래와 같은 화면을 볼 수 있습니다.

[그림 2-11] 제페토 스튜디오 홈페이지 메인

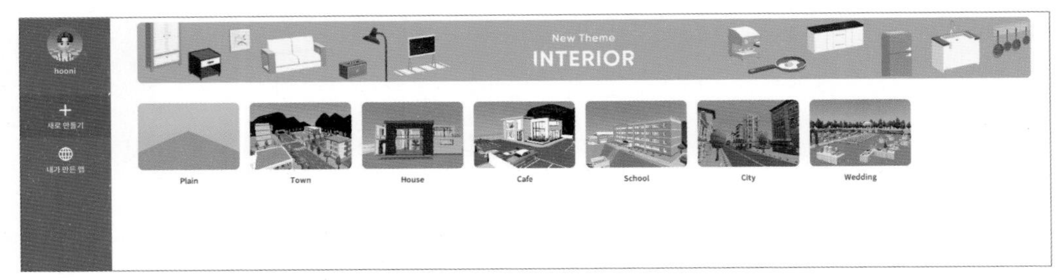

[그림 2-12] 제페토 스튜디오를 설치한 이후 인테리어 화면

두 번째에 있는 Town을 클릭하면 다음의 화면을 볼 수 있습니다. 좌측의 탭을 보면 오브젝트들을 선택해 배치할 수 있습니다.

[그림 2-13] 제페토 스튜디오 편집 화면

[그림 2-14] 제페토 스튜디오 오브젝트 배치와 Play

NPC를 차도에 배치해보았습니다. 그리고 우측 상단에 Play 버튼을 누르면 커스텀 맵을 체험해 볼 수 있습니다. 키보드의 상하좌우 버튼을 클릭하면 아바타를 움직일 수 있고 마우스로 시점을 변경하면서 체험할 수 있습니다.

이제 커스터마이징한 맵을 저장해 보겠습니다. 메뉴 버튼의 Save를 클릭하면 아래 화면과 같이 '저장할까요?'라는 메뉴가 보이면 저장 버튼을 누릅니다.

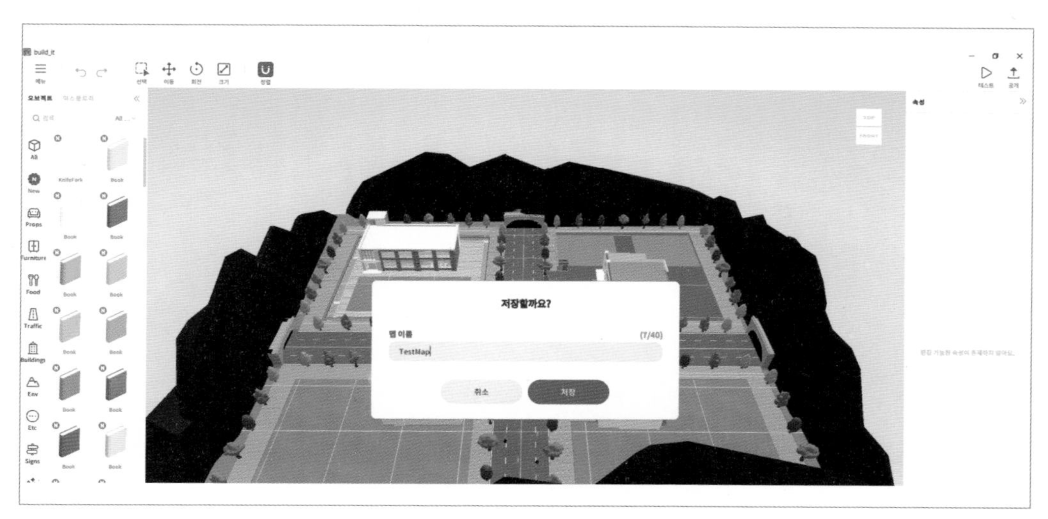

[그림 2-15] 제페토 스튜디오 편집 화면 저장

메뉴에서 홈으로 돌아가면 내가 만든 맵이 보입니다. 맵을 클릭하면 저장한 맵을 확인할 수 있습니다.

[그림 2-16] 제페토 스튜디오에 저장된 맵

TestMap에 마우스를 올리면 우측 상단에 '…' 버튼이 보입니다. 그 버튼을 클릭한 후 공개하기를 누르면 아래 화면을 볼 수 있습니다.

[그림 2-17] 제페토 월드에 공개설정

확인 버튼을 누르고 리뷰 신청하기를 누르면 검토를 받게 됩니다. 검토를 받은 후 통과되면 제페토 앱 내에서 맵을 사용할 수 있습니다. 제페토는 메타버스 안에서 사용자들이 생산자이자 소비자인 프로슈머로 활동할 수 있는 스튜디오를 구축하고 업데이트합니다. 아직 안정적이지는 않지만, 크리에이터가 소득을 올릴 수 있는 구조적인 시스템은 지속적으로 유저들을 유입시켜 가상세계를 더 크게 확장할 수 있습니다. 크리에이터들이 활용하기 편리한 스튜디오 시스템과 만족스러운 보상 시스템이 제공되리라 기대해 봅니다.

CHAPTER

02 이프랜드(ifland) 체험

01. 이프랜드 활용

이프랜드(ifland)는 아바타들끼리 함께 모여 상호작용하고 행사 콘텐츠를 즐길 수 있다는 장점을 가진 메타버스 서비스입니다. 영상이나 PDF를 업로드하고 함께 즐길 수 있습니다. 130인 이하가 참여하는 영화상영회, TV 프로그램 공유, 강의, 세미나, 노래방, 피칭행사 등에 매우 적합합니다.

이프랜드를 사용하기 위해서는 모바일 기반이기 때문에 앱스토어 또는 플레이스토어에서 다운을 받고 회원가입을 진행합니다.

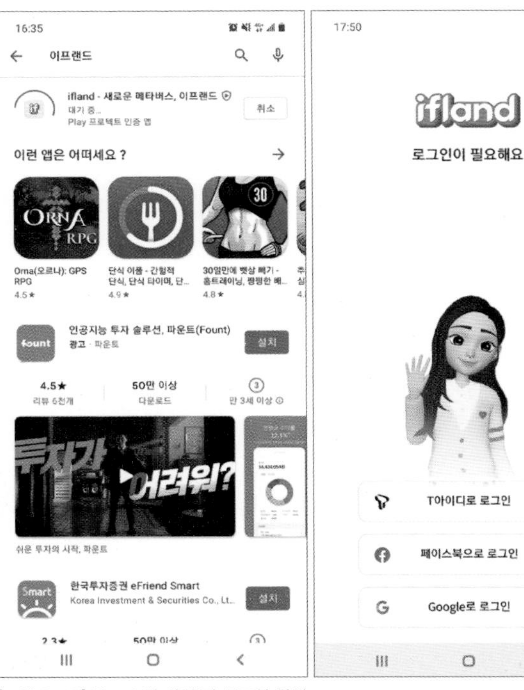

[그림 2-18] ifland 앱 설치 및 로그인 화면

로그인을 진행한 후에는 캐릭터와 아이디를 만듭니다. 캐릭터는 제페토와 마찬가지로 3D 형태로 정교하게 커스터마이징할 수 있습니다. 자신만의 개성이 드러나는 아바타를 만들고 자기소개를 등록할 수도 있고, 팔로워와 팔로잉 상태도 확인할 수 있으며, 여러 개의 아바타로 활동할 수도 있습니다. 이렇게 캐릭터와 아이디를 만들면 메인 화면으로 이동합니다.

[그림 2-19] ifland 자기소개 등록 및 메인 메뉴

메인 화면에는 참여자들이 공유해 둔 공간들이 있습니다. 매일매일 메타버스 행사가 업데이트됩니다. 만든 공간에 참여해 보겠습니다. 방에 입장하면 아래 이미지와 같이 3D 화면으로 된 방에 입장할 수 있습니다. 음성으로 서로 소통하며 3D 캐릭터가 자유롭게 돌아다닐 수 있습니다.

[그림 2-20] ifland 공간에 입장

또한 아래 화면처럼 유저가 가지고 있는 영상이나 음악을 플레이할 수 있습니다. 다른 유저들은 영상을 볼 수 있고, 음악도 들을 수 있습니다.

[그림 2-21] ifland 공간 안에서 영상 시청

02. 이프랜드를 이용해 행사 진행하기

이러한 공간을 직접 만들고 활용할 수 있는 방법을 알아보겠습니다. 메인 화면에서 우측 하단의 플러스 버튼을 누르면 새로운 공간을 생성할 수 있습니다. Land 만들기 화면에서 제공하는 템플릿은 콘퍼런스룸, 공원, 카페, 클럽, 타운 홀, 교실, 운동장, 거실, 영화관, 스포츠 룸, 카카오룸, 카트라이더 룸까지 다양하며 수시로 업데이트되고 있습니다. 콘퍼런스 홀을 누르고, Land 제목을 입력하면 새로운 공간이 만들어집니다. 시간을 설정할 수 있고, 대표 테크를 설정할 수도 있으며, 공개 여부를 확인할 수 있습니다. 지금 개발된 상태로 본다면 이프랜드가 아바타를 활용해서 행사나 강연을 간편하게 열기에 가장 편리합니다. 공간도 아름답고, 초대하기에도 편합니다.

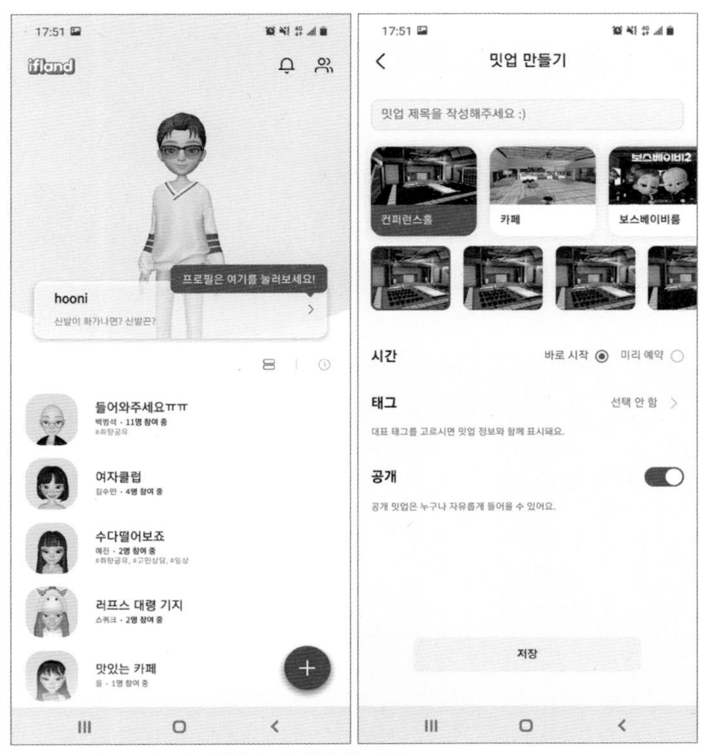

[그림 2-22] land 제목만 작성하면 바로 생성되는 공간

03. 이프랜드를 이용해 교실을 만들고 수업하기

다음과 같이 교실 공간을 선택하면 ifland라고 쓰여 있는 칠판에 제가 가지고 있는 영상이나 자료를 업로드할 수 있습니다. 우측 상단에 첫 번째 버튼을 누르면 영상과 자료를 선택할 수 있습니다.

[그림 2-23] ifland 교실

여기서 핸드폰에 가지고 있는 자료를 업로드해 수업을 운영하며 영상을 함께 볼 수 있습니다. 자료공유의 형태는 PDF와 MP4입니다.

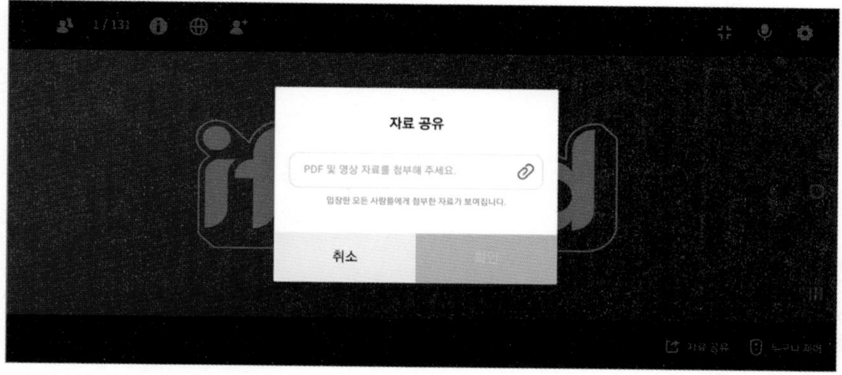

[그림 2-24] 호스트의 자료공유 화면

아래와 같이 칠판에 영상이 실행되고 사람들은 자리에 앉거나 서서 그 영상을 볼 수 있습니다. 참여자들과 소통할 수도 있습니다.

[그림 2-25] ifland 교실 수업 장면

교실 이외에도 콘퍼런스 홀을 선택해 발표할 수도 있습니다. 좀 더 웅장한 형태이며 많은 인원이 착석해 관람할 수 있습니다.

[그림 2-26] ifland 교실

학생들에게 과제를 주고 프로젝트 발표를 이프랜드에서 진행해보는 것은 어떨까요? 최대 130명이 동시에 접속할 수 있기 때문에 학생들에게도 의미 있는 추억이 될 수 있을 것입니다. 이미 이프랜드에 들어가면 여러 학교 이름을 찾아볼 수 있어서 반가웠습니다.

04. 행사 진행 시 발생하는 특징들

현재 시점에서 빈번하게 발생하는 문제점이 세 가지 있습니다.

첫째는 누구에게나 오픈된 공간에서 발생하는 돌발사고입니다. ifland의 랜드 또는 제페토의 월드에 공개된 방에는 누구나 들어갈 수 있습니다. 그래서 호스트가 유저의 입장을 막을 방법도, 불특정 유저의 마이크를 효율적으로 제어할 방법이 현재는 없습니다. 관리자가 지속적으로 퀄리티 컨트롤을 하면서 행사를 운영하는 것이 혁신적인 공간 구축보다 더 중요하게 여겨집니다.

두 번째는 모바일에서 아바타의 제어가 어렵다는 점입니다. 휴대폰의 3D 게임에 익숙한 사람들은 아바타를 잘 제어할 수 있겠지만, 그 외에는 대부분 아바타를 쉽게 제어하지 못합니다. 공간 여기저기서 갑자기 나타나 무턱대고 달리는 아바타들을 볼 수 있을 것입니다. 무대 위로 갑자기 뛰어오르기도 합니다. 따라서 참여 연령대를 고려해서 플랫폼을 선택하고 구축해야 합니다.

세 번째는 데이터 소모와 긴 로딩 시간이 문제입니다. 제페토나 ifland는 공간을 이동할 때마다 로딩이 걸립니다. 파일을 받아 설치하기도 하고 공간에서 제공하는 정보를 받기 위한 스트리밍이 진행되는 동안 데이터 소비도 큽니다. 5G가 가능한 디바이스와 장소가 아니면 속도로 인해서 답답함을 느낄 수 있습니다.

제페토와 ifland가 모바일만 지원하므로 데이터 소모가 극심하지만, 학생들과 원격으로 수업을 하면서 스마트폰이나 태블릿을 동시에 활용할 수 있습니다. 게더타운의 경우 PC와 모바일이 동시 지원되므로 원격 수업이나 교실의 거울 세계 구현이 더 효율적일 수도 있습니다. 단 게더타운은 모바일에서 오브젝트를 선택하지 못하는 등의 부분적인 서비스만 가능합니다.

이 책에서 소개하는 제페토, 이프랜드, 게더타운 모두 매일매일 업데이트가 이루어지고 있어서 아마 이 책을 여러분들이 읽고 계실 즈음에는 이러한 문제들이 해결되고 있으리라 기대해 봅니다.

CHAPTER

03 게더타운(Gather.town)

01. 게더타운의 장점

게더타운은 교육 현장의 거울 세계로 확장성이 가장 큽니다. 기존에 사용하던 웹사이트나 게시판, 증강현실, 가상현실 솔루션을 바로 연동하여 사용할 수 있으며, 2D 이미지를 활용하여 맵의 다양한 커스터마이징이 가능합니다.

가상공간을 아바타가 이동하기 때문에 실재감을 느낄 수 있고, 인접 거리에 있는 아바타와 카메라 그리고 마이크를 이용해서 소통할 수 있습니다. 가상 공간 안에 배치한 오브젝트에 기존에 활용하던 웹사이트들을 연동할 수 있어서 타 플랫폼보다 호환성이 높다는 장점이 있습니다. 영상의 경우 비메오, 유튜브 링크를 직접 연동할 수 있습니다.

Zoom을 활용해 보았다면 로그인하고, 카메라와 마이크를 켜고 참여자들과 소통하는 데 큰 어려움이 없을 것입니다. 아쉬운 점은 디자인인데, 이 부분은 맵 이미지를 업로드해서 커스터마이징할 수 있어서 단점으로 보기는 어렵습니다. 게더타운의 장점을 중심으로 정리해 보았습니다.

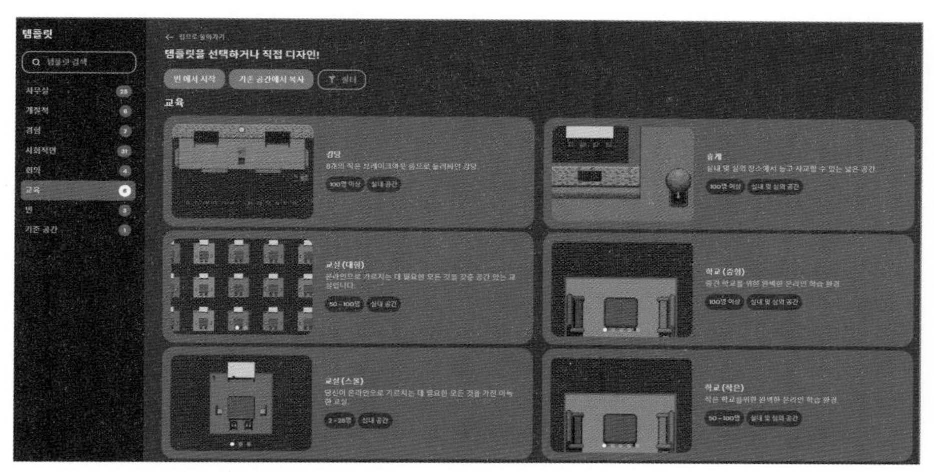

[그림 2-27] 교육과 관련된 맵 템플릿 제공

게더타운의 장단점 정리

	장점	단점
사용	앱을 다운로드하지 않고 바로 PC 웹상에서 가상공간을 구축할 수 있다.	모바일 지원에 기능 제한이 있다.
가격	25명까지 무료이고, 유료도 가격이 매우 저렴하다.	맵 디자인과 아바타의 디자인이 과도하게 단순하다.
참여 인원	130명 이상의 인원을 한 번에 수용할 수 있다.	PC게임에 익숙하지 않은 경우 아바타 움직임이 불편하다.
최적화	다양한 목적의 맵 샘플이 제공되고 선택하여 그대로 사용하거나 커스터마이징하여 사용할 수 있다.	모바일에 최적화되어 있기보다 PC에 최적화되어 있는데, 이는 단점일 수도 있고 PC 사용자의 경우 장점일 수도 있다.
실재감	아바타에게 다가가면 카메라와 마이크가 연결되어 자연스러운 소통이 가능하여 아바타들의 이동과 만남 과정에서 실재감이 있다.	아바타의 개성이 없어 이름을 보고 찾아야 한다.
호환성	기존에 개발된 서비스와의 호환이 잘되어 웹사이트 주소를 직접 연결하여 사용할 수 있다. 화이트보드, 영상, 게임, 가상전시관, Zoom과 게더타운 한쪽만 카메라 사용 가능 링크까지 연동해서 사용할 수 있다.	유튜브 영상의 경우 퍼가기 기능이 체크되어 있어야 플레이된다.

현재까지 개발된 플랫폼 중에서 500명이라는 가장 많은 인원이 한자리에 모일 수 있습니다. 강당을 활용하여 입학식, 졸업식 등을 할 수 있습니다.

강의장에 올라서서 교장 선생님의 인사 말씀도 들을 수 있고, 옆 친구와 선생님 몰래 수다를 떨 수도 있습니다.

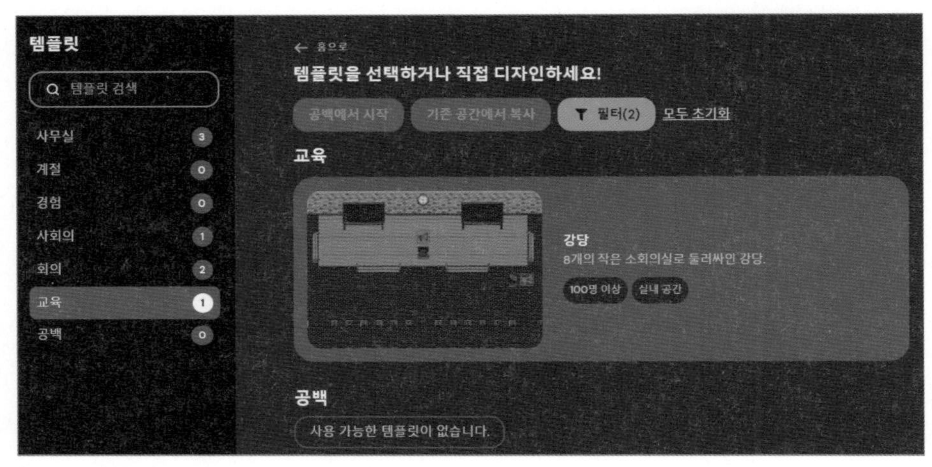

[그림 2-28] 게더타운의 템플릿 선택

02. 게더타운 요금제

게더타운은 현재 최대 25명까지 무료로 이용할 수 있습니다. 하지만 그 이상의 인원에 대해서는 시간별로, 최대 인원 500명까지 금액이 다릅니다. 요금을 지불하면 모두에게 이메일로 초대장을 보낼 수도 있고, 도메인을 이용할 수도 있습니다. 맵별로 최대 수용인원이 제시되어 있습니다. 최대 수용인원보다 많은 사용자가 입장할 수 있지만, 안정성이 보장되지 않는다는 경고메시지가 제시됩니다.

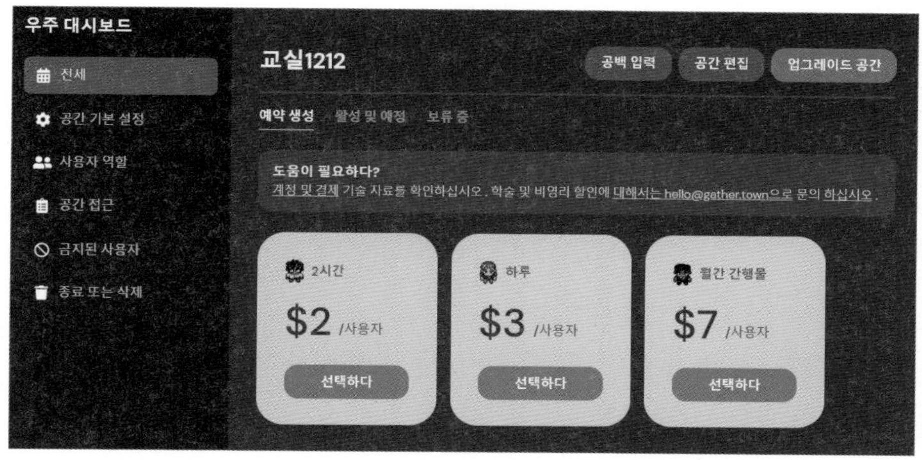

[그림 2-29] 게더타운 요금제

03. 게더타운에 로그인하기

게더타운을 사용하면 실제 생활처럼 커뮤니티를 만들고 그 안에서 사람들과 소통할 수 있습니다. 본 챕터에서는 게더타운을 이용해 메타버스 거울 세계 교실을 만들고, 수업을 진행해 보는 전 과정을 설명해 드리겠습니다. 또 게더타운을 활용하여 연수, 세미나, 전시나 행사를 할 수 있는 방법도 소개하겠습니다.

PC에서 즐겨 사용하는 포털사이트에서 게더타운이라고 검색하면 쉽게 검색됩니다. 게더타운 홈페이지(https://www.gather.town/)에 접속합니다. 최초의 접속자라면 우측 상단에 Sign Up 버튼을 클릭합니다. Sign Up 버튼을 클릭하면 로그인할 것인지 익명으로 만들 것인지 물어봅니다. 회원가입을 해서 로그인을 하는 방법과 회원가입을 하지 않고 이메일로 전송된 코드를 입력하는 방식(비회원)으로도 메타버스 공간을 구축하고 활용할 수 있습니다.

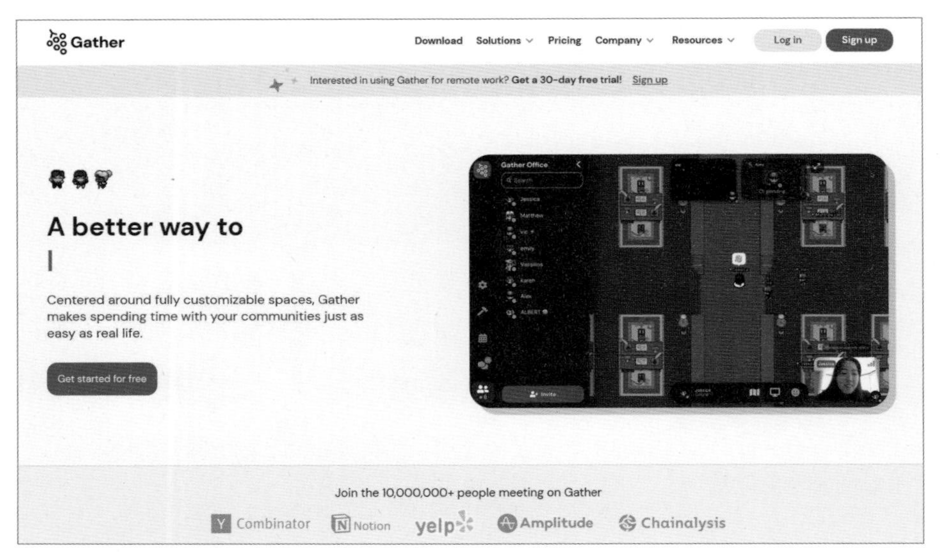

[그림 2-30] 게더타운 로그인 화면

우측 상단의 로그인 버튼을 클릭하면 이름, 이메일, 캐릭터 커스터마이징 화면이 보입니다. 캐릭터 커스터마이징은 캐릭터와 옷을 변경해 자신만의 개성 있는 아바타를 만들 수 있습니다.

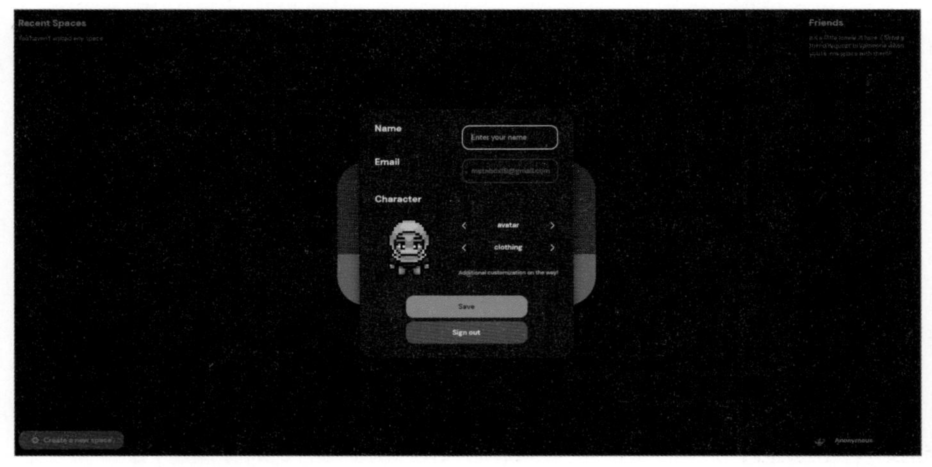

[그림 2-31] 게더타운 아바타 설정

(1) 한국어 번역 기능의 설정

게더타운은 미국에서 만들었기 때문에 현재 한국어 인터페이스를 지원하지 않습니다. 하지만 크롬 브라우저나 엣지에서 모두 한국어 번역기능을 적용할 수 있습니다. 하지만 공간의 의미인 Space를 우주로 번역하는 등 오히려 이해하기 어려운 예도 있어서, 영어 메뉴를 그대로 사용하는 것을 추천해 드립니다.

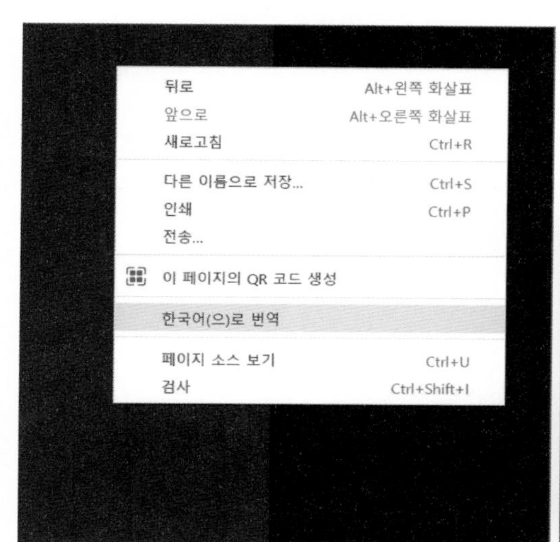

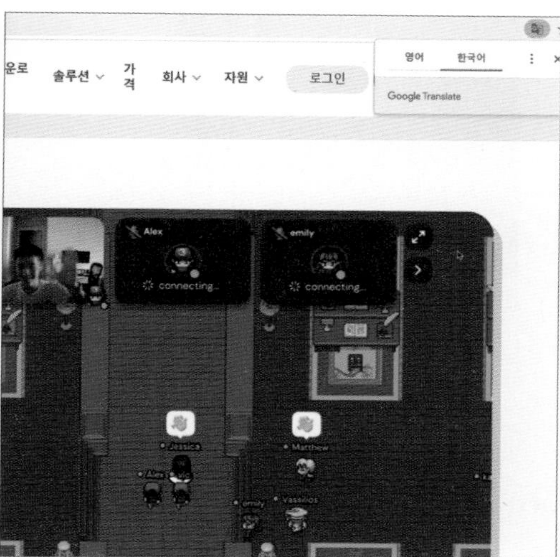

[그림 2-32] 게더타운 한국어 번역 기능의 실행

04. 템플릿 활용하여 공간 구축하기

(1) 템플릿 선택하기

자신만의 캐릭터를 설정한 후에는 Save 버튼을 클릭해 메인 페이지로 입장합니다. 메인 페이지로 입장하면 아래와 같은 화면이 나옵니다.

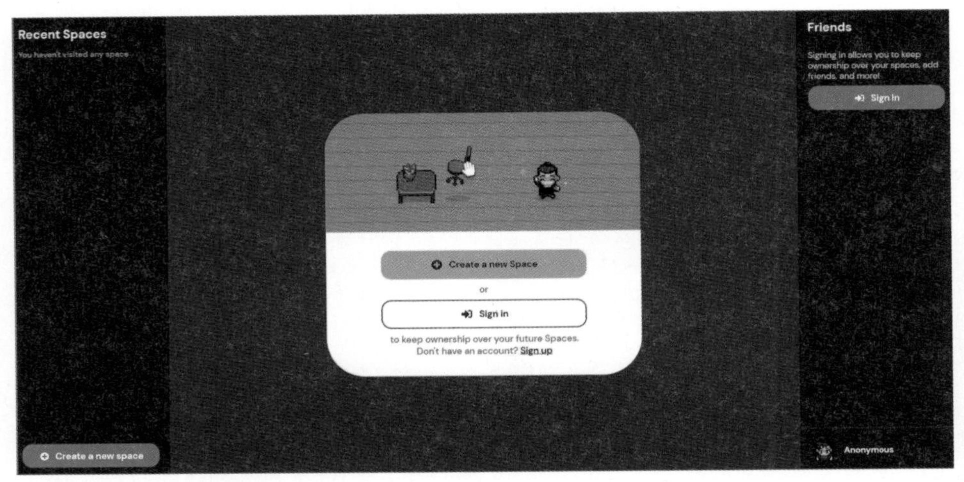

[그림 2-33] 게더타운 캐릭터 설정 후 화면

커스터마이징한 아바타는 우측 하단에 이름과 함께 표시됩니다. 우리는 학교 공간을 만들어 보려고 합니다. 좌측 하단에 Create a new space 버튼을 눌러 새로운 공간을 만들겠습니다.

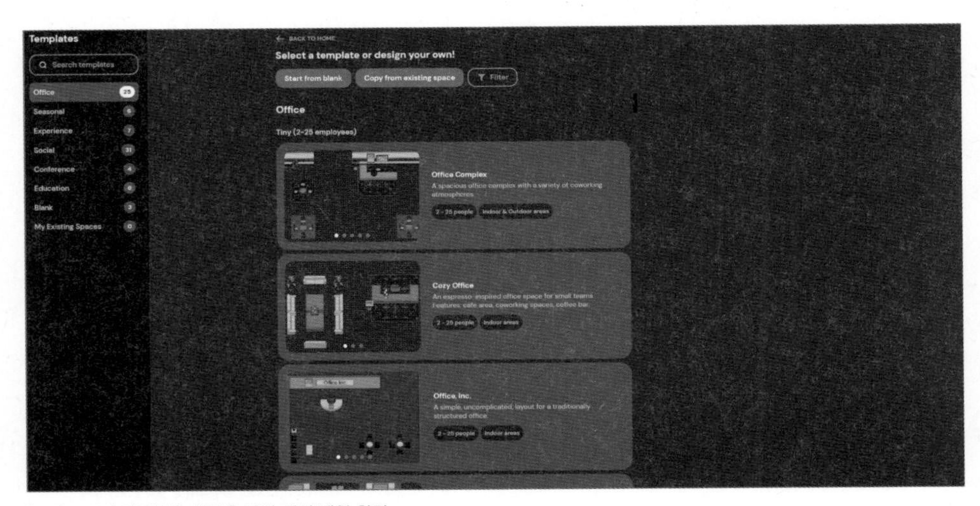

[그림 2-34] 게더타운 새로운 공간 생성 메인 화면

Create a new space 버튼을 누르면 게더타운에서 제공하는 템플릿 공간들을 볼 수 있습니다. 다양한 상황에 맞는 공간 템플릿을 사용하면 쉽게 자신만의 온라인 공간을 만들고 설정된 기능을 이용해서 바로 행사나 수업을 운영할 수 있습니다. 우선 좌측에 메뉴들을 볼까요? 어느 화면에서나 마우스 우측 버튼을 활용하여 메뉴를 모두 한글로 바꿀 수 있습니다.

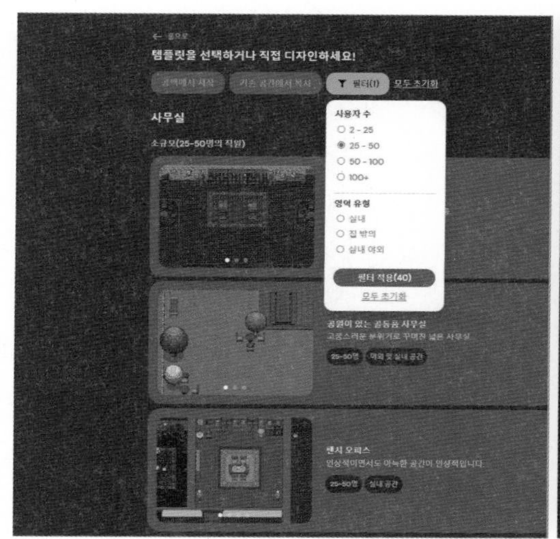

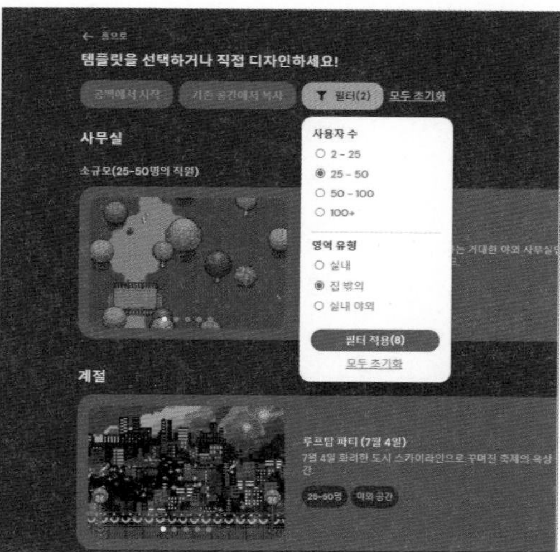

[그림 2-35] 게더타운 템플릿 필터 기능

필터 기능을 활용하면 원하는 템플릿을 더욱 효율적으로 찾을 수 있습니다. 옵션을 여러 개 체크할수록 내가 원하는 템플릿을 찾을 때 편리합니다. ifland보다 더 다양한 맵 템플릿이 구축되어 있고, 편집 후 사용할 수 있다는 장점이 있습니다.

우리는 좌측에 Education 버튼을 눌러 학교 교실과 비슷한 공간을 찾아보겠습니다. 여기서는 여러 템플릿 중 Classroom(small)이라는 템플릿을 사용해 교실을 만들겠습니다.

[그림 2-36] 게더타운 템플릿 선택하기(영어->한글)

(2) 카메라와 마이크와 스피커 설정

우측 하단에 Name your space에는 소문자 영어만 가능합니다. 저는 class_1이라는 이름을 사용해 만들겠습니다. 그리고 What are you building this space for?*에 Educators and student를 선택합니다. 그리고 Create space 버튼을 클릭합니다.

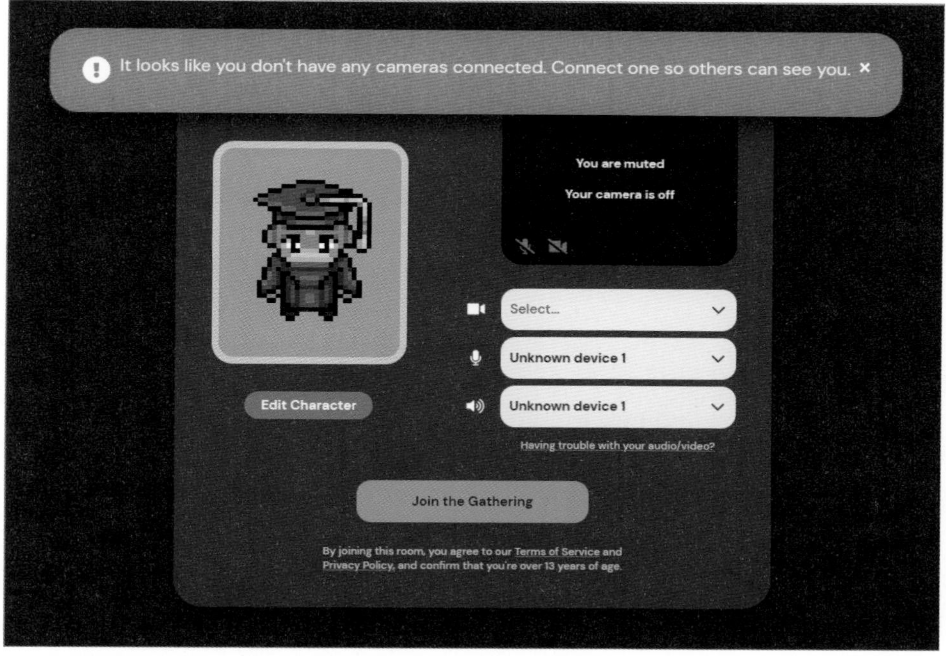

[그림 2-37] 게더타운 입장 시 카메라, 마이크, 스피커 자동 설정

Create Space 버튼을 클릭하면 위 그림과 같은 화면이 보입니다. 해당 화면은 공간에 입장하기 전 카메라와 마이크를 테스트하는 과정입니다. 카메라가 연결되지 않았다는 창이 떴네요. 카메라를 연결하지 않고도 입장할 수 있습니다.

카메라를 연결하고 테스팅이 문제없이 끝나면 Join the Gathering이라는 버튼을 눌러 입장합니다.

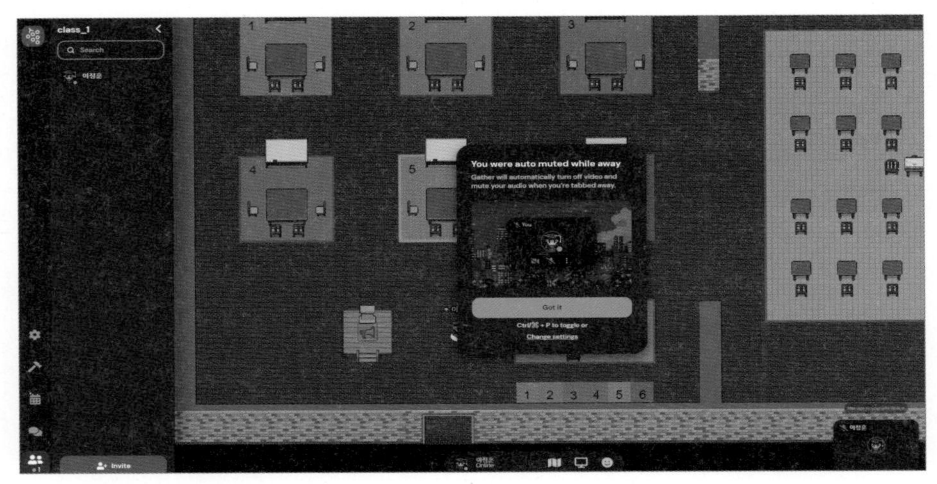

[그림 2-38] 게더타운 초기 입장

(3) 구축한 공간에 초대하기

입장하면 위의 이미지와 같이 템플릿에서 선택한 교실 화면이 보입니다. 키보드의 상하좌우 버튼을 통해 캐릭터를 이동시킬 수 있습니다. 이렇게 기존에 템플릿에서 선택한 교실을 원하는 대로 커스터마이징할 수 있습니다. 수업 진행 중에도 빌드업이 가능한 수준입니다.

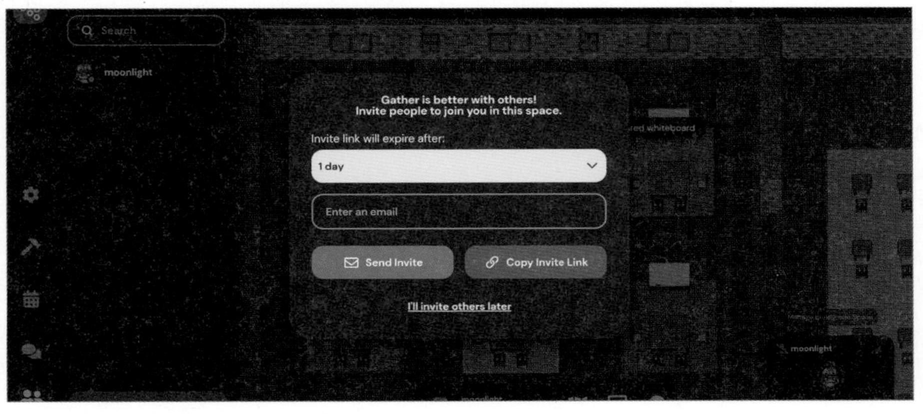

[그림 2-39] 게더타운 초대

게더타운은 상단의 URL을 복사하고 공유해서 입장하도록 할 수 있고, 좌측 하단의 초대(invite)를 누르면 이메일을 발송할 수도 있으며, 링크를 복사하는 버튼을 활용하여 URL 링크를 공유할 수 있습니다. 가장 많이 사용하는 방법은 URL 공유입니다. 카카오톡으로 URL을 바로 전송하는 경우에는 크롬으로 연결하라는 메시지가 뜹니다. URL을 복사해서 다시 크롬을 열고 붙이기를 해야 입장할 수 있습니다. 좀 번거롭지만, 이메일에 링크를 붙여서 공유하면 PC에 있는 엣지, 크롬 등의 브라우저에서 연결됩니다.

05. 게더타운 공간을 이용한 수업 진행

(1) 공간의 개인 메뉴

게더타운에서 제공하는 기능을 사용해 해당 공간에서 수업하는 방법을 설명하겠습니다. 앞 장에서 템플릿을 활용해서 자신만의 교실을 만들어 보셨을 것입니다. 교실 화면에서 하단 부분을 보면 아래 이미지를 볼 수 있습니다.

[그림 2-40] 게더타운 공간에서 하단 개인 메뉴

첫 번째 탭은 minimap으로 클릭하면 아래 이미지와 같이 현재 교실의 공간을 한눈에 볼 수 있습니다.

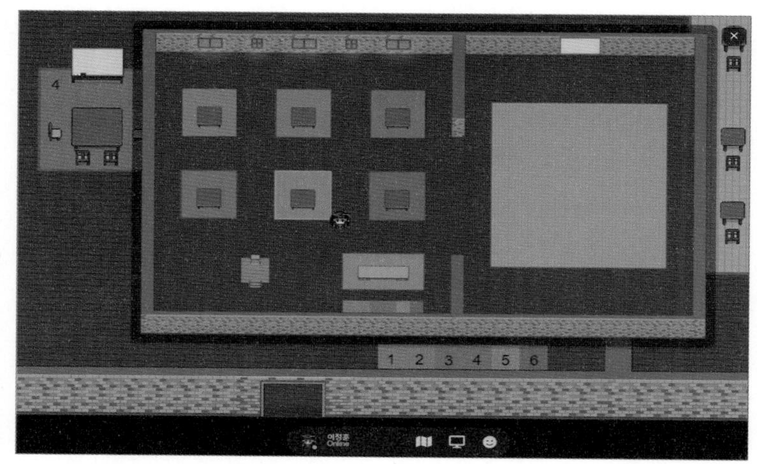

[그림 2-41] 게더타운 공간 한눈에 보기

두 번째 탭은 Screen Share로 화면을 공유합니다. 위의 그림과 같이 현재 컴퓨터의 실행화면을 학생들에게 공유해서 보여줄 수 있습니다. Zoom처럼 화면을 공유하고 영상, 웹사이트 모든 것을 공유할 수 있습니다. 단, 하단에 오디오 공유를 눌러야 공유된 화면의 소리가 모두에게 전달됩니다.

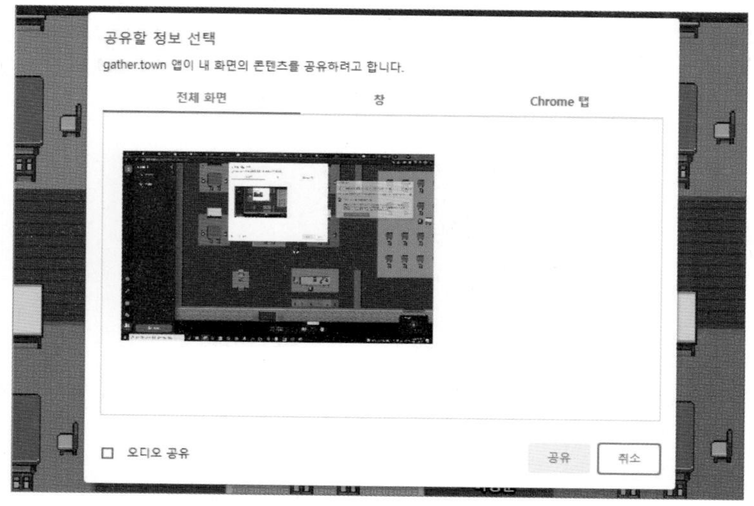

[그림 2-42] 게더타운 공간에서 화면 공유하기

세 번째 탭을 누르면 아래 그림과 같이 이모티콘이 아바타 위에 뜹니다. 그리고 교실의 책상 부분에 가면 같은 공간에 있는 학생들끼리 공유할 수 있는 메모장을 볼 수 있습니다. 키보드의 상하좌우 방향키로 아바타를 쉽게 이동시킬 수 있으며, 해당 메모장에 가서 키보드에서 X 키를 클릭하면 보드의 내용을 확인할 수 있습니다.

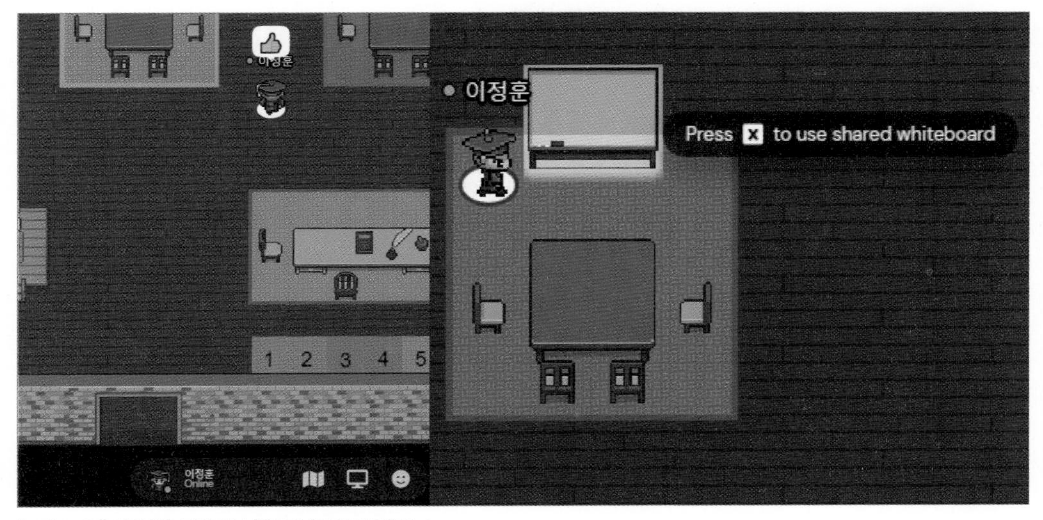

[그림 2-43] 게더타운 공간에서 화이트보드에 접근하기

(2) 화이트보드 활용하기

화이트보드에 가까이 가서 'X'를 클릭하면 아래 이미지와 같은 화면을 볼 수 있습니다. 메모장을 사용해 학생들이 그룹별로 조별 활동 수업을 진행할 수도 있습니다.

[그림 2-44] 게더타운 공간에서 화이트보드에 쓰기

(3) 게더타운에서 함께 영상 시청하기

이번에는 우측에 있는 큰 교실로 가보겠습니다. 교실의 거울 세계 템플릿입니다. 프로젝터 부분에 'X' 버튼을 클릭하면 유튜브 영상이나 업로드한 이미지 파일을 학생들이 시청할 수 있습니다.

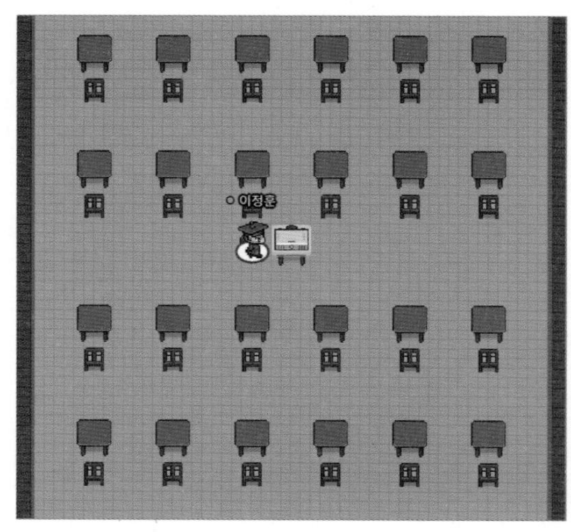

[그림 2-45] 게더타운 교실에서 수업하기

해당 프로젝터의 유튜브 주소는 사전에 올려두어야 합니다. 그 방법에 대해 알아보겠습니다. 화면 좌측 탭에 톱니바퀴 모양의 Setting 버튼을 클릭하면 아래와 같은 선택지를 볼 수 있습니다. 두 번째 탭의 Customize Space로 들어가 Open Mapmaker를 누르면 다음 화면으로 넘어갑니다.

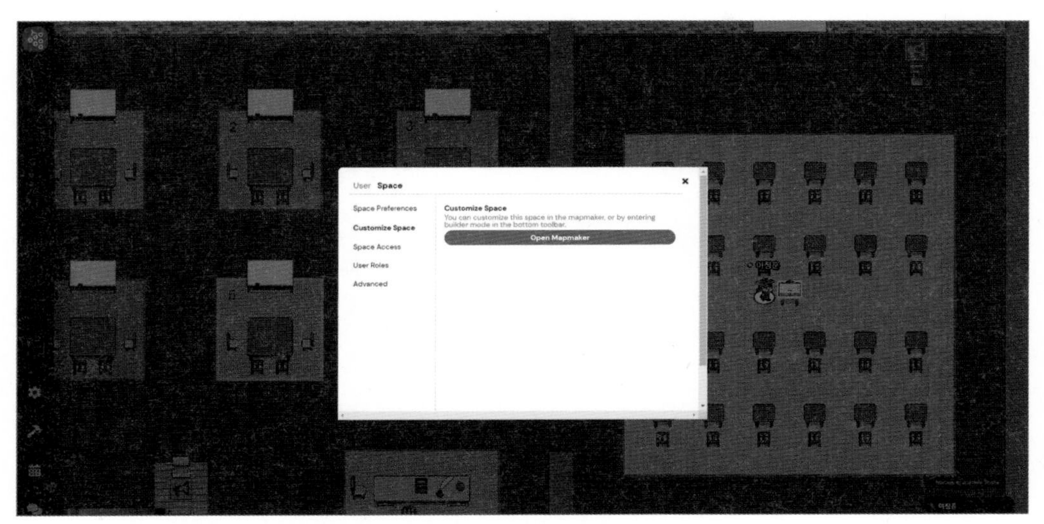

[그림 2-46] 게더타운 교실에서 공간 편집 화면으로 이동하기

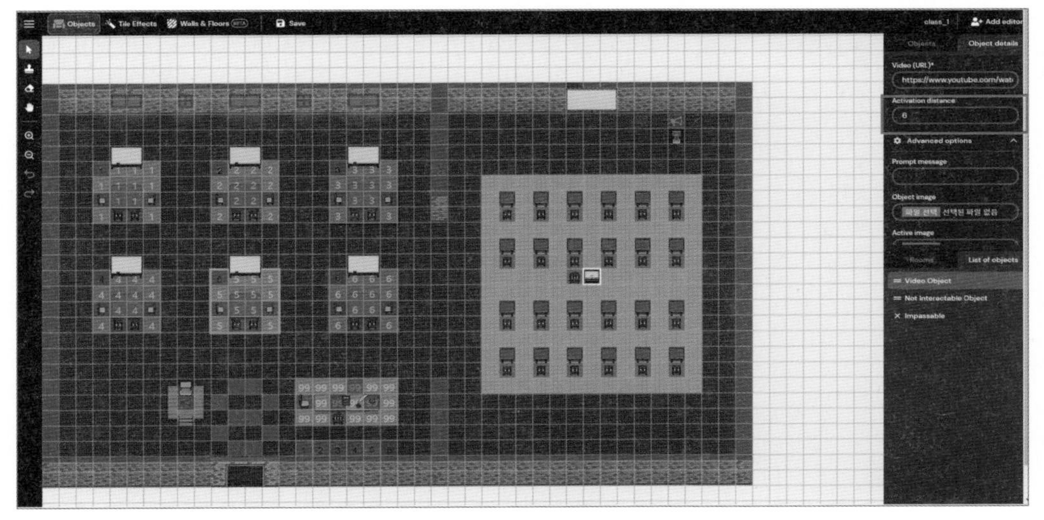

[그림 2-47] 게더타운 교실의 공간 편집 화면에서 비디오 설정하기

Open Mapmaker 화면은 교실 공간을 수정하는 곳입니다. 먼저 우측에 프로젝터 부분을 클릭합니다. 그리고 화면 우측 video(URL) 부분에 원하는 주소를 입력하고 화면 상단에 save 버튼을 클릭합니다. 그러면 수정사항들이 저장됩니다.

[그림 2-48] 게더타운 교실에서 비디오를 시청하는 화면

위의 그림과 같이 영상이 보이고 교실 공간에 있는 학생들도 함께 시청할 수 있습니다. 교실 공간에서 학생들은 프로젝터에 접근하여 'X' 버튼을 클릭하면 연동된 웹사이트로 이동하여 영상을 시청하게 됩니다.

06. 게더타운 공간 커스터마이징 Open Mapmaker

(1) 오브젝트로 교실을 함께 꾸미기

기존의 화상회의 플랫폼은 코로나19의 확산으로 인해 오프라인 대면 활동이 제한되면서, 대면 미팅의 대안으로 급속히 활용되었습니다. 학교 교실에서 이루어지던 수업은 거울 세계인 온라인 미팅 플랫폼(Zoom, Google Meet, Webex)에서 진행되고 있습니다. 아쉬운 점은 이전까지의 플랫폼들이 선생님 또는 발표자 주도의 강의를 참여자가 경청하는 방식에 최적화되어 있다는 점입니다. 대체로 화상회의 플랫폼들은 하나의 온라인 공간에서 카메라와 마이크를 이용해 호스트 주도로 참여자와 소통하는 일방향성입니다. 호스트와 참여자가 온라인상에서 얼굴을 맞대며 직접 소통하는 듯한 느낌을 받을 수는 있습니다. 참여자 간의 상호작용은 채팅창에서만 가능했습니다. 물론 채팅창에서 상대를 지정하여 댓글을 남길 수는 있었습니다.

지금까지 보신 것처럼 게더타운은 거울 세계의 교실 안에서 얼마든지 활동을 설계하고 콘텐츠를 추가하고, 교사와 학생, 학생과 학생 간에도 상호작용을 할 수 있습니다. 마인크래프트처럼 참여자들이 함께 맵을 편집하고 오브젝트를 추가할 수도 있습니다.

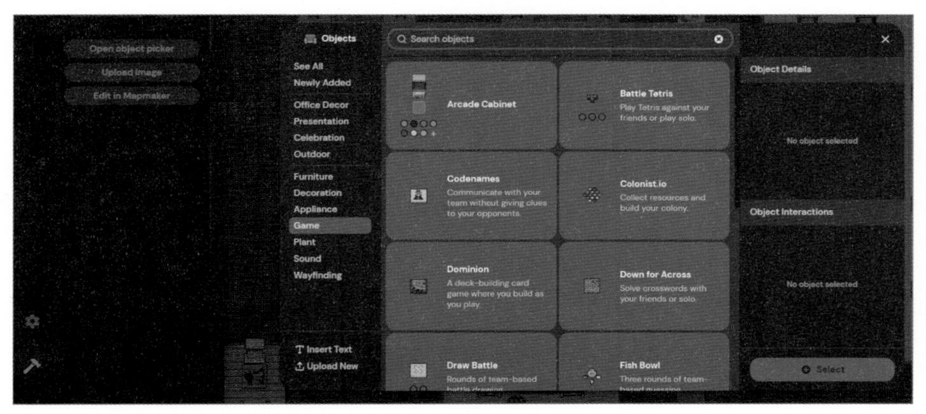

[그림 2-49] 게더타운에서 제공하는 다양한 오브젝트

오브젝트로 교실을 함께 꾸미는 방법에 대하여 설명하겠습니다. 화면 좌측에 망치 모양 build 버튼을 클릭합니다. 그리고 Open object Picker를 클릭하면 다양한 오브젝트를 선택할 수 있습니다. Game 탭을 누르면 게임 기능을 지원하는 오브젝트도 교실에 배치할 수 있습니다. 아래와 같이 온라인으로 접속한 학생들끼리 포커 게임도 할 수 있습니다. 이렇게 교실 중앙에 카드 게임을 할 수 있는 Object를 배치해 학생들의 즐길 거리를 제공할 수 있으니 재미있는 오브젝트를 두어 풍성한 교실 환경을 만들어보는 것을 추천해 드립니다.

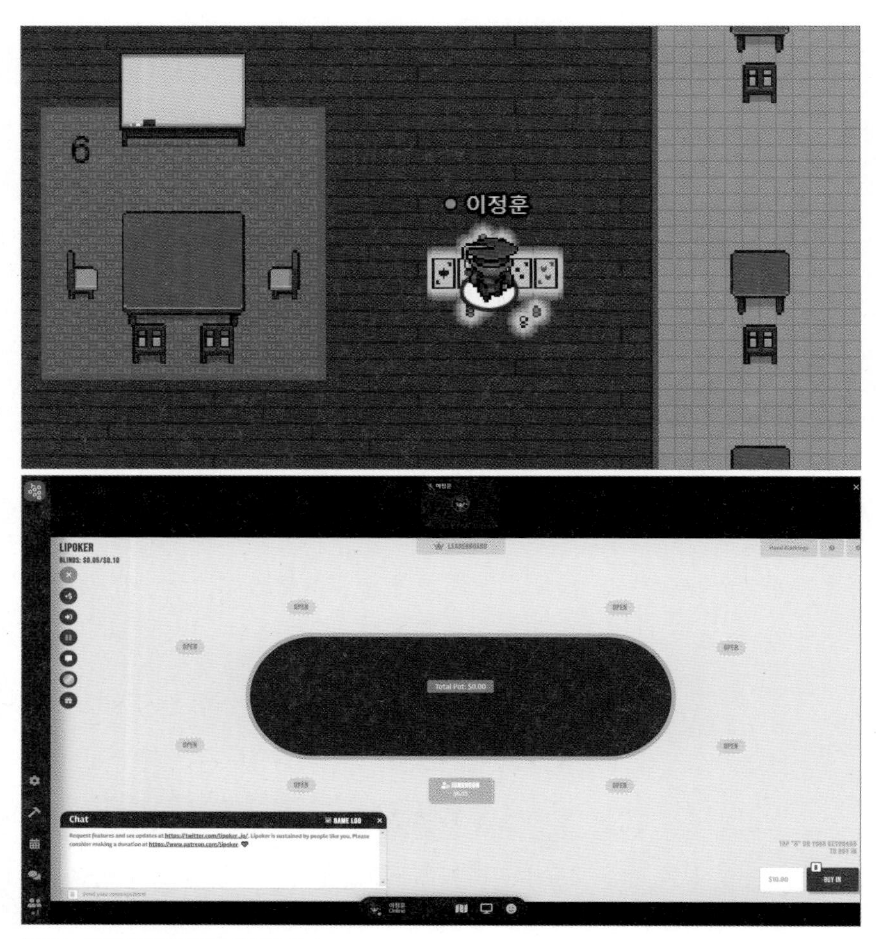

[그림 2-50] 게더타운에서의 포커 게임

(2) 안정된 수업 운영을 위한 유의사항!

학생들과 교실을 함께 꾸미고 싶다면 톱니바퀴 모양의 탭에서 글로벌 빌드를 ON으로 선택해 두면 됩니다. 공간에 참여한 모든 사람이 공간을 편집하고 저장할 수 있습니다.

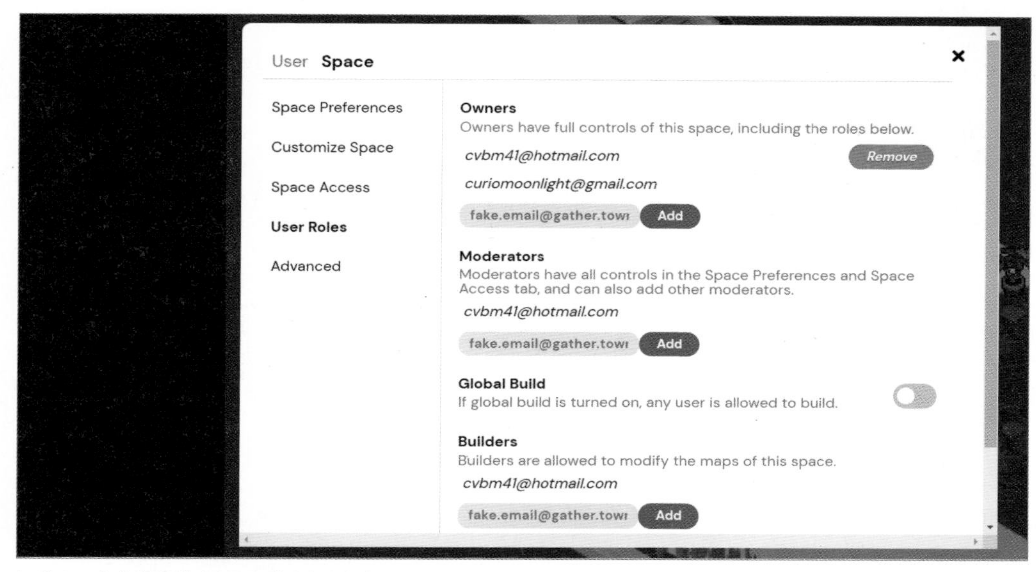

[그림 2-51] 게더타운에서의 공간 편집자 지정 메뉴

그리고 사용자의 역할을 설정하는 메뉴에서 소유자와 운영자를 추가할 수 있습니다. 단, 공식적인 행사에서는 글로벌 빌드 항목을 반드시 꺼두었는지 확인하시기 바랍니다.

(3) 템플릿 공간에서 바닥면적 늘리기

앞서 오브젝트에 웹사이트나 비디오를 연결할 때와 마찬가지로 화면 좌측 탭에 톱니바퀴 모양의 Setting 버튼을 클릭하면 아래와 같은 선택지를 볼 수 있습니다. 두 번째 탭의 Customize Space로 들어가 Open Mapmaker를 누르면 다음 화면으로 넘어갑니다.

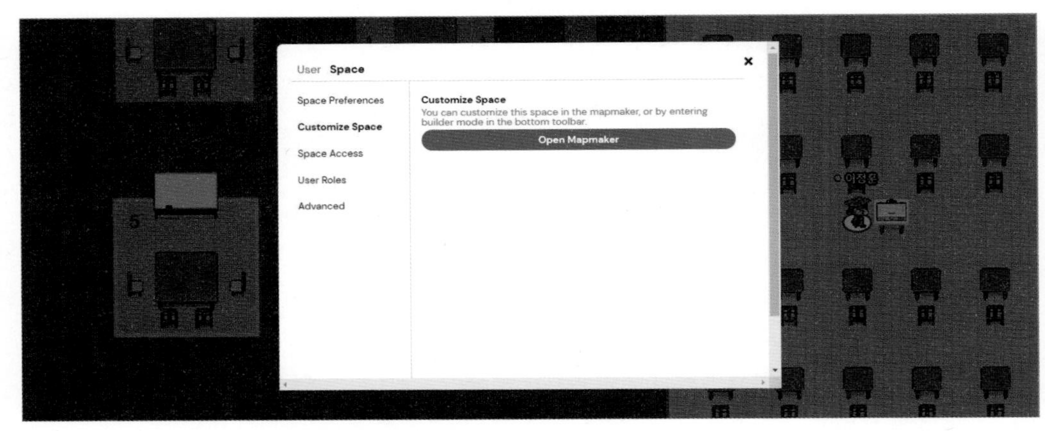

[그림 2-52] Customize Space로 들어가 Open Mapmaker

바닥면적을 늘리기 위해서는 좌측 상단에 Walls와 Floors를 클릭해서 편집화면으로 이동합니다. 먼저 Floors를 선택합니다. 바닥을 먼저 깔아야 해당 부분만큼을 공간으로 인식합니다. 원하는 색과 재질의 타일을 선택하고, Ctrl 키를 누른 후 커서를 이동하면 연속해서 타일을 깔아 바닥면을 채울 수 있습니다. 채워진 바닥만큼 공간이 늘어납니다. 참고로 타일이 깔리지 않은 면은 공간이 아니므로, 오브젝트를 놓거나 기능을 입힐 수 없습니다.

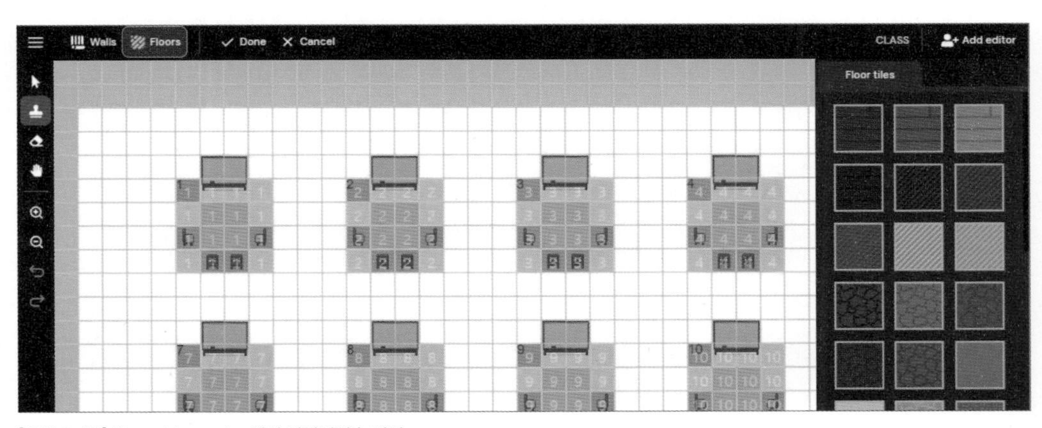

[그림 2-53] Open Mapmaker에서 바닥면적 늘리기

(4) 템플릿 공간에서 벽 추가하기

바닥을 충분히 더 깔았다면 이제는 벽을 세웁니다. 좌측 상단에 Walls를 클릭하고 하단에서 원하는 벽의 모양을 클릭하고 연속적으로 벽을 세울 수 있습니다. Ctrl 키를 누른 후 커서를 이동하면 연속해서 벽을 세울 수 있습니다. 여기서 벽이라는 것은 공간을 분리하기 위한 이미지일 뿐 공간에서 아바타의 공간이동을 막는 기능이 아닙니다. 따라서 벽을 세우고 나서는 반드시 Effects를 적용해야 합니다. Effects 적용에 관한 내용은 바로 뒤의 커스터마이징에서 설명하겠습니다. 우선 벽을 더 세우는 작업이 끝났다면 Done을 눌러서 작업을 저장하고 종료합니다.

[그림 2-54] Open Mapmaker에서 벽 세우기

사실 이러한 작업은 현재 공간 템플릿 이상의 디자인을 기대할 수 없지만, 템플릿을 빠르게 편집해서 수업에 활용할 수 있습니다. 글로벌 빌드로 학생들과 함께 공간을 구축하거나, 편집에서 몇몇의 도움을 얻고 싶다면 우측 상단에서 에디터를 추가하면 됩니다.

[그림 2-55] Open Mapmaker에서 편집자 추가하기

07. 교육 및 행사 공간 커스터마이징

(1) 교육 공간 커스터마이징 사례

게더타운의 공간 세팅에 익숙해졌다면 이제 이미지로 맵을 디자인해서 공간 커스터마이징에 도전해 보면 좋겠습니다. 공백 상태의 맵에서 시작해서 게더타운을 활용하는 것은 차별화된 교육용 메타버스를 구축하는 흥미로운 도전입니다.

무료 이미지들은 구글 이미지에서 많이 찾을 수 있고, 공식적인 행사의 경우 셔터스톡의 유료 이미지를 활용할 수 있습니다. 셔터스톡에는 일러스트 팸플릿이 많기 때문에 잘 조합해서 맵을 만들 수 있습니다.

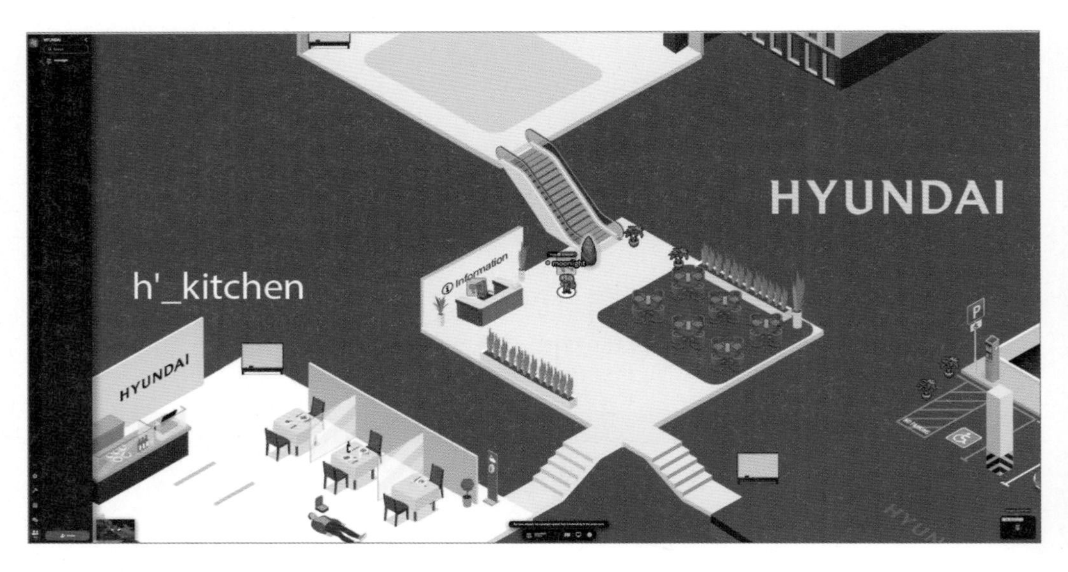

[그림 2-56] 현대백화점 신입 직원 안전교육을 위한 공간

[그림 2-57] 인천교육청 연수 공간

위의 그림은 현대백화점 신입직원 안전 교육을 위한 게더타운 공간디자인과 인천교육청 교사 연수를 위해서 만든 메타버스의 공간 디자인입니다. 일러스트를 활용해서 교실, 미술실, 음악실, OX 퀴즈가 가능한 체육관, 휴게실, 도서관 등도 구축할 수 있습니다. 그럼 본격적으로 공간 커스터마이징 과정을 순서대로 안내하겠습니다.

(2) 행사 이미지 템플릿 준비하기

먼저 이미지를 준비하는 작업이 필요합니다. 미리 캔버스나 셔터스톡에서 이미지를 다운받아 활용하는 것을 추천해 드립니다. 셔터스톡의 경우 정말 다양한 이미지를 다운받아 활용할 수 있습니다. 처음 가입 시 10개가 무료이므로, 무료로 테스트를 해보고, 필요한 경우 유료결제로 사용하면 됩니다.

[그림 2-58] 셔터스톡, 최초 가입 시 10개 이미지 무료

[그림 2-59] 일러스트 클래스룸 평면도라고 검색했을 때의 이미지

[그림 2-60] 무대 이미지로 연출도 가능

(3) 교육 및 행사 공간 커스터마이징의 시작

Create a new space 버튼을 누르면 한글 모드에서도 공백에서 시작하기라고 뜹니다. 공백(처음부터 시작)을 클릭하여 공간 편집 화면으로 들어갑니다.

[그림 2-61] 공간에서 시작하는 메뉴

앱으로 들어가면 흰 바둑판무늬가 보입니다. 바닥 면 대신 이미지로 커스터마이징하는 첫 걸음은 왼쪽 상단의 샌드위치 메뉴를 누르고, Background & Foreground 메뉴에서 Upload Background를 선택하여 이미지를 업로드하는 방법입니다.

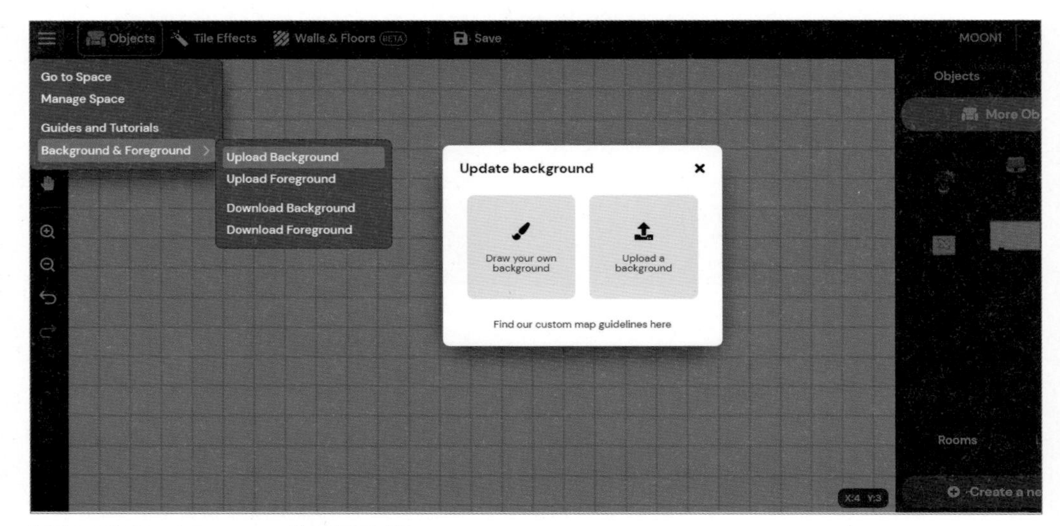

[그림 2-62] Upload Background에서 이미지 업로드

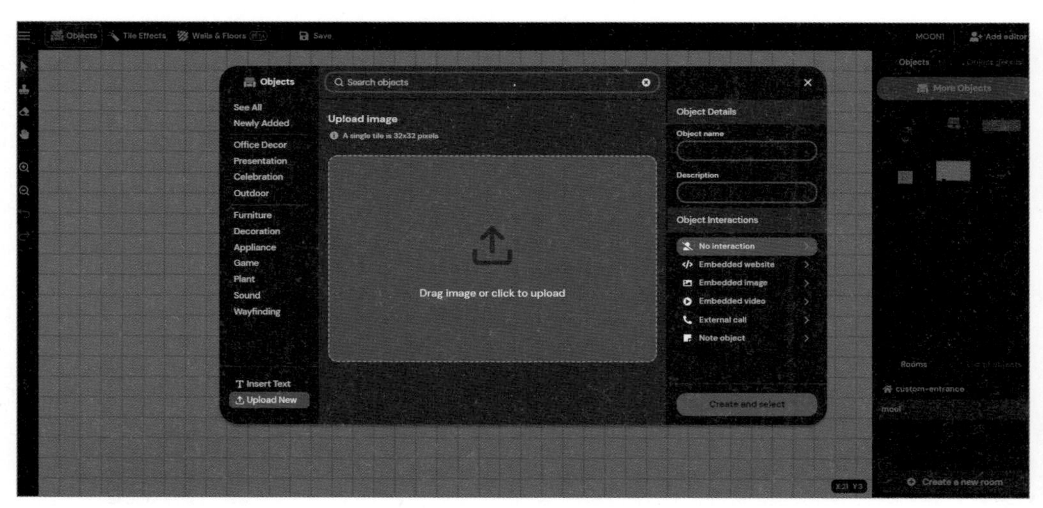

[그림 2-63] 오브젝트 이미지 업로드

이미지와 어울리는 오브젝트도 업로드가 가능하며, 오브젝트에 웹사이트를 연결하거나 이미지 등을 붙여서 오브젝트를 클릭했을 때 공간에 있는 사람들이 볼 수 있도록 설정할 수 있습니다. 교실 수업을 커스터마이징하기 위해 권장하는 이미지 사이즈는 가로가 1000~1500px이고, 세로는 그보다 작도록 가로형으로 구축하는 것을 추천해 드리며, 더 큰 공간을 구성하고 싶다면 가로세로 사이즈를 조정하면서 업로드하는 작업이 필요합니다. 현재 게더타운에는 세팅 화면에서 이미지의 크기를 조절할 수 있는 기능이 없습니다.

08. 교육 및 행사 공간 커스터마이징 _Effects 효과 입히기

이미지를 공간으로 추가하고 효과를 붙이는 방법에 대해 알아보겠습니다. 업로딩하는 이미지의 크기에 따라서 바둑판 모양의 타일이 채워지는 정도가 다릅니다. 아직은 전체 공간에서 이미지를 지정할 수 없다는 기능상의 문제가 존재하지만, 이미지를 활용하는 것은 충분히 도전할 만한 작업입니다. 공간 이미지와 세트로 오브젝트의 이미지도 미리 준비하여 업로드하면 기능을 붙이고 활용할 수 있습니다.

(1) 아바타 이동 제한 구역 지정_ Impassable

제일 먼저 이동 불가한 구역을 설정합니다. 아바타들이 통과할 수 없는 공간을 설계하면 이동 경로를 제한하면서도 평면에서도 마치 입체적인 것처럼 효과를 낼 수 있습니다. Tile Effects 메뉴에서 Impassable 메뉴를 선택하고 Ctrl 키를 누른 상태에서 커서를 타일에 가져다 놓고 이동하면 연속적으로 효과가 덧입혀집니다. 아래 OX 퀴즈방에 붉은 테두리가 보이실 겁니다. 이동이 불가한 영역을 지정하면 마치 아바타가 공간을 이동하는 듯한 효과를 낼 수 있습니다.

[그림 2-64] Impassable 효과

(2) 아바타 입장 위치 지정_Spawn

다음은 중앙에 연두색 효과를 입혔습니다. 이곳은 최초에 접속한 아바타가 입장하는 구역이라는 의미입니다. 여러 개를 입힌 이유는 동시에 여러 명이 공간에 입장했을 때 위치를 분산할 수 있기 때문입니다. 500명 이상이 입장해야 하는 대규모 행사라면 Spawn을 다양한 곳에 많이 배치해야 합니다. Spawn 구역이 부족하면 외부에서 접속할 때 제한을 주는 요인이 될 수 있습니다. 사실 반복으로 입장을 시도하면 가능하지만, 초대받은 입장에서는 초대가 거절되었다고 느낄 수 있습니다.

여기서 주의점이 있습니다. 최초에는 좌측 상단에 녹색으로 Spawn 타일이 세팅되어 있습니다.

이 타일을 반드시 삭제해야 합니다. 좌측 브러쉬 하단의 지우개 기능으로 이 효과를 꼭 삭제해 주세요.

[그림 2-65] Spawn 효과

(3) 아바타 공간이동 _ Portal

포털의 경우 아바타들이 다른 룸으로 이동하거나, 다른 공간으로도 이동할 수 있는 장소입니다. 포털은 개인이 개설한 다른 룸을 직접 지정할 수 있고, 다른 공간으로 이동시키려면 게더타운 URL을 입력해야 합니다.

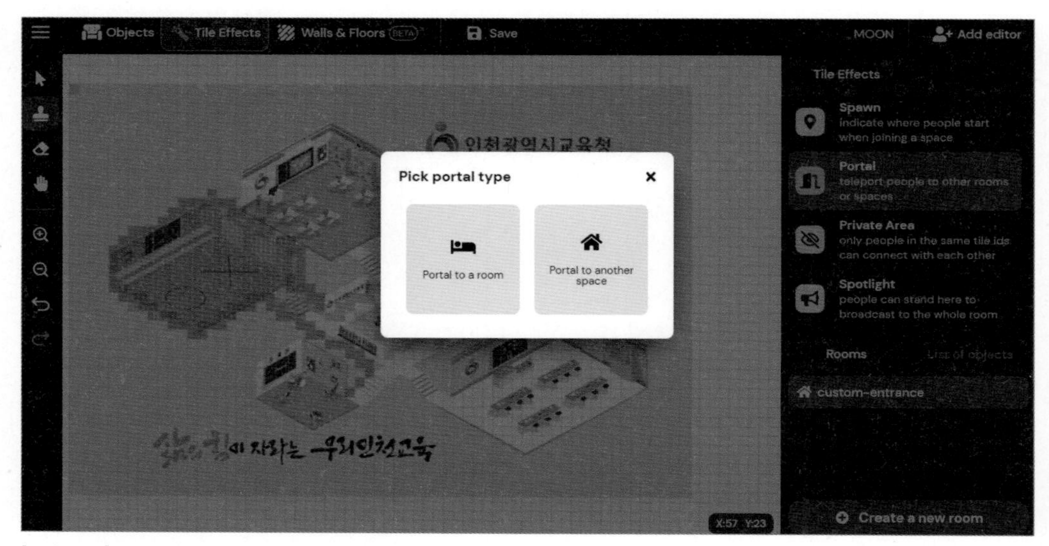

[그림 2-66] Portal 룸 또는 Gather town URL 지정

(4) 공간 내 구역 나누기 _ Private Area

게더타운은 한 공간에 여러 개의 구역을 나눌 수 있습니다. 개별적으로 활동을 하고 미팅을 하는 공간 안에서만 소통이 원활한 기능이며, 대규모 행사나 모임이 가능하도록 하는 기능이기도 합니다. 개인 공간 기능에 숫자 ID를 지정하고 Ctrl을 눌러 아래 그림처럼 공간을 꽉 채워줍니다. Save를 눌러 저장하고, 좌측 상단 샌드위치 메뉴로 가서 효과를 확인할 수 있습니다.

[그림 2-67] Private Area 지정

아바타를 이동하여 공간으로 들어가면 이렇게 하얗게 Private Area 효과가 적용된 것을 알 수 있습니다. 흰 공간에 들어온 캐릭터들끼리만 서로 연결되어 상호작용할 수 있습니다.

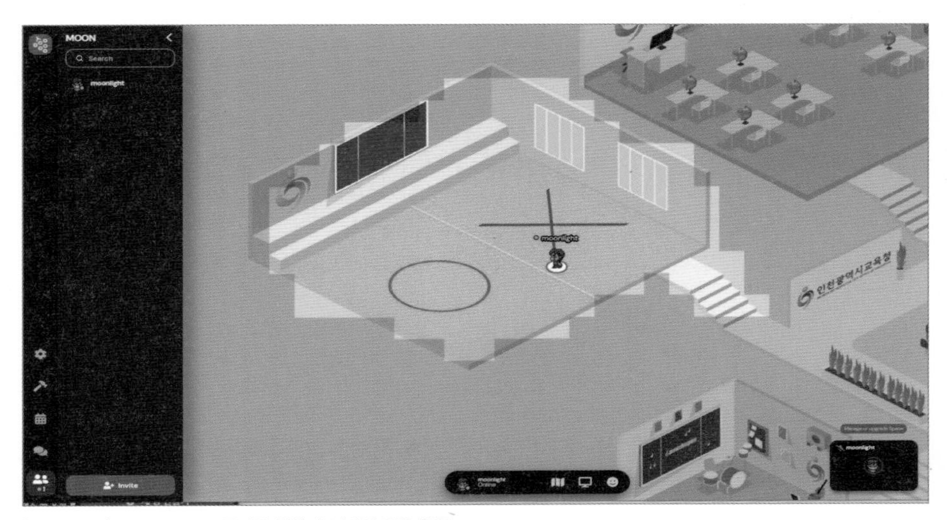

[그림 2-68] Private Area 공간이 환하게 지정된 것을 확인

(5) 모두에게 말하기 _ Spotlight

같은 공간 안에 있는 모든 사람에게 말을 할 수 있는 것은 Spotlight 위치에 있는 아바타의 유저가 가능합니다. 지금 주황색으로 중앙 무대 앞에 스포트라이트 효과를 심어두었습니다. 아바타가 그곳에 가면 스피커가 활성화되면서 소리가 들릴 것입니다. 행사장에서 진행자의 위치에 이 Spotlight 효과를 적용하면 됩니다. Spotlight는 오프젝트도 있으므로, 확성기 모양의 오브젝트를 활용하여 같은 효과를 낼 수 있습니다.

[그림 2-69] Spotlight 구역의 설정

이렇게 Spotlight 효과를 특정 공간에 심어 둘 수도 있고, 오브젝트에도 스포트라이트 기능이 있습니다. 아래 그림은 스피커 모양 오브젝트인 Spotlight로 이동한 장면입니다. 주황색으로 불이 들어오며 활성화된 것을 볼 수 있을 것입니다.

이제 마이크를 켜고 말을 하면 공간에 있는 모두에게 들릴 것입니다.

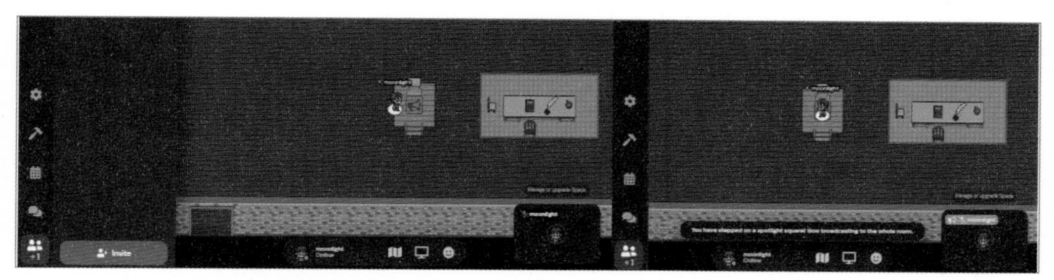

[그림 2-70] Spotlight 오브젝트를 활용한 방법

09. 게더타운 실시간 공간 편집 및 행사 운영 노하우

공간을 편집하고, 효과를 붙이고 Save 버튼을 누르고 편집한 공간을 보기 위해서 Go to space 버튼을 누르는 작업을 계속하고 계셨나요? 처음에는 저희도 그랬습니다. 공간 편집 과정에서 로딩 시간을 절약하는 꿀팁을 알려드리겠습니다.

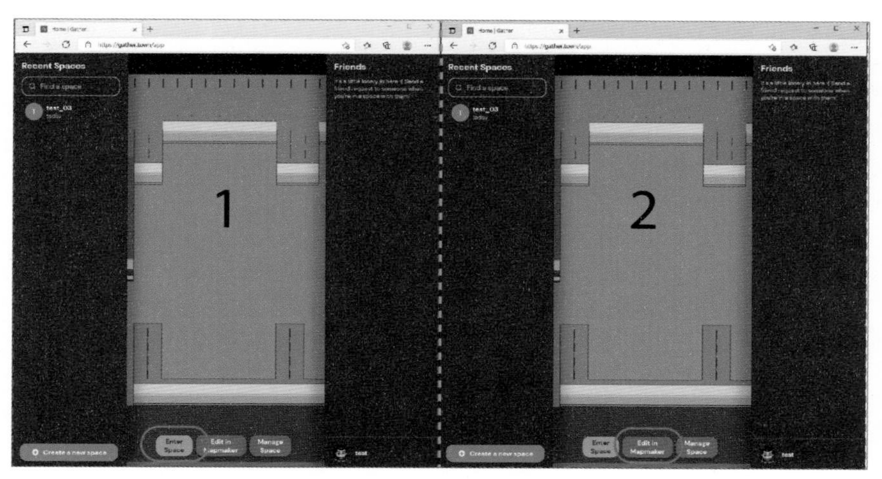

[그림 2-71] 게더타운 화면 좌우로 띄우기

gather.town 로그인 후 메인화면을 좌/우로 2개를 띄웁니다. 한쪽은 맵 입장(Enter Space), 다른 한쪽은 맵 메이커(Edit in Mapmaker)로 입장합니다.

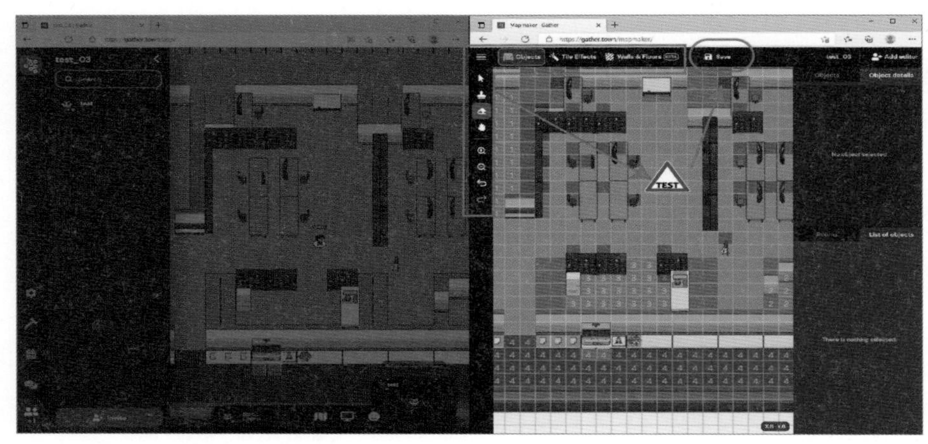

[그림 2-72] 게더타운 화면 좌우로 변경사항 확인하기

좌측(Edit in Mapmaker) 입장한 화면에서 맵 수정, 이미지 업로드, 이미지 위치 수정 후 화면 상단 중앙에 Save 버튼을 누릅니다.

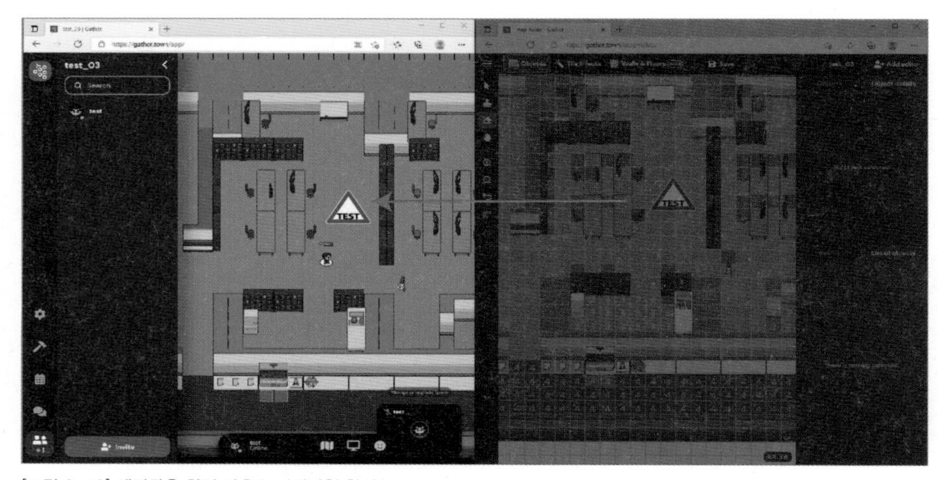

[그림 2-73] 게더타운 화면 좌우로 변경사항 확인하기

우측(Enter Space) 화면에 변경된 맵 정보가 실시간으로 적용됩니다.

(1) 게더타운 개별 공간에 대한 기능 설정

최근 진행된 모 행사에서 게더타운에 대한 관심을 높이는 사건이 있었습니다. 사실 행사의 책임자는 현재 쏟아지는 비판에 힘들겠지만, 오히려 게더타운을 모두에게 확산시키는 계기가 되었습니다. 게더타운에서 발생할 수 있는 문제를 사전에 방지하거나 해결하는 전략을 소개해 드리겠습니다. 게더타운에서 구축한 개별 공간은 설정을 통해서 참여자와 운영자의 편리성을 더할 수 있습니다. 좌측에 있는 톱니바퀴 모양의 세팅 모드로 들어갑니다.

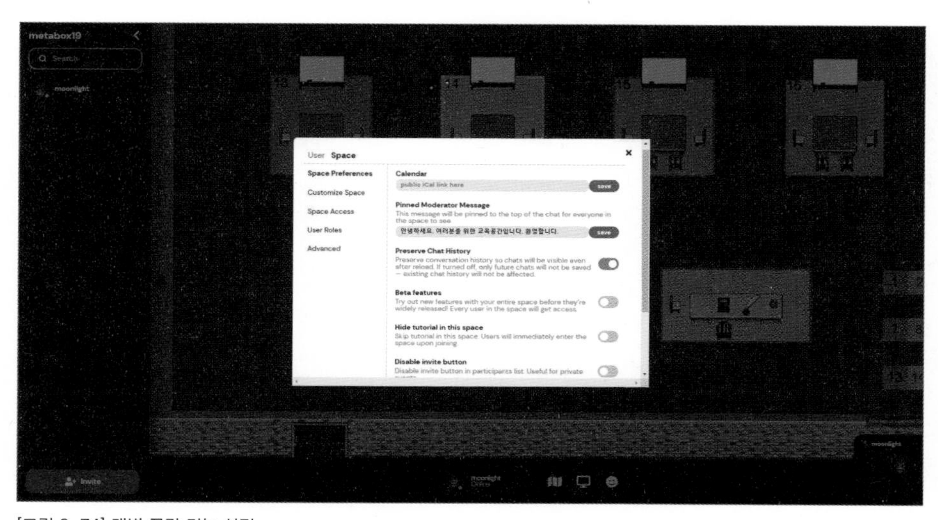

[그림 2-74] 개별 공간 기능 설정

공간 환경 설정 메뉴에서는 접속 URL을 추가하고, 상단 고정 메시지와 채팅 기록 보존 여부를 설정할 수 있습니다.

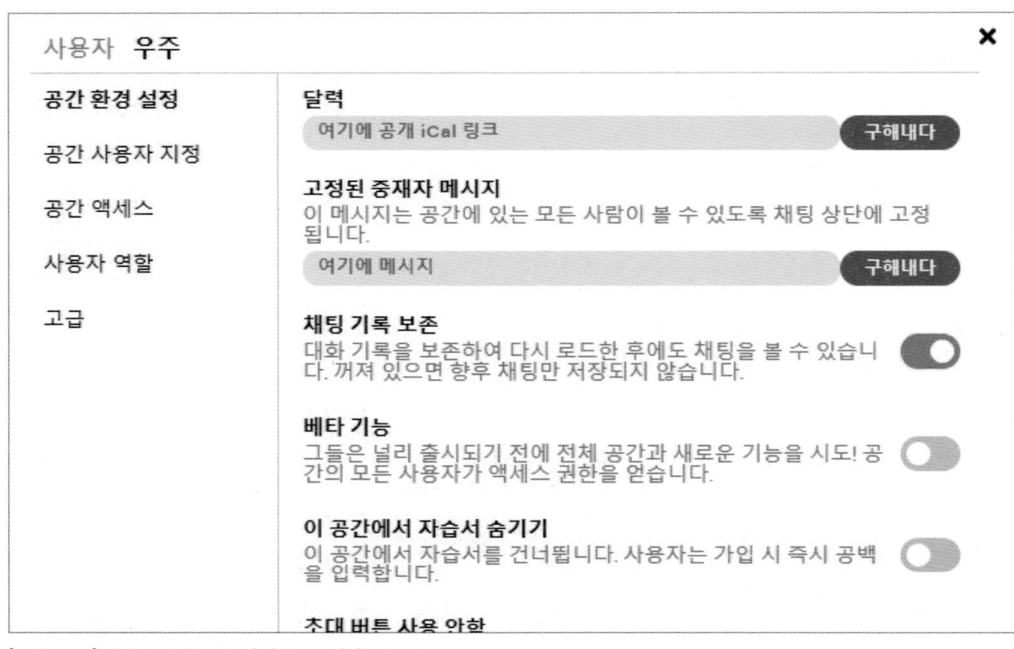

[그림 2-75] 개별 공간 기능 설정을 한글로 변형한 메뉴 화면

공간 사용자(Customize Space) 지정 메뉴에서는 Open Mapmaker 모드로 이동할 수 있습니다.

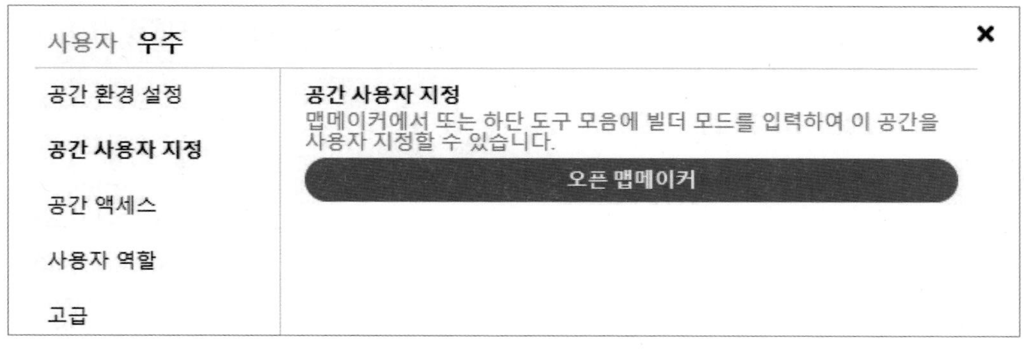

[그림 2-76] 개별 공간 기능 설정을 한글로 변형한 메뉴 화면

공간 엑세스(Space Access) 모드에서는 구축한 공간에 대한 암호를 설정할 수 있고, 공간을 삭제할 수도 있습니다.

[그림 2-77] 공간 엑세스(Space Access) 설정을 한글로 변형한 메뉴 화면

(2) 공간 소유자와 운영자(Moderators) 지정

사용자 역할(User Roles)을 설정할 수도 있습니다. 공간에 대한 소유자(Owners)를 추가하여 공동으로 공간 전체를 제어할 수 있습니다. 공간을 운영하는 운영자(Moderators) 지정도 할 수 있습니다. 심지어 공간삭제 기능도 가지고 있다는 점이 의외입니다.

[그림 2-78] 소유자(Owners)와 운영자(Moderators) 추가 기능

(3) Global Build 기능의 활용

혼자 이 많은 콘텐츠를 구축하는 업무가 안 나실 수 있습니다. 우측 상단에 에디터를 추가할 수 있습니다. 현재 시점에서 최초 설정은 누구나 맵을 편집할 수 있도록 설정되어 있습니다. 반 학생들을 모두 편집자로 추가하면 누구든지 맵을 수정하고 함께 건설할 수 있습니다. 여기서 발생할 수 있는 문제는 통제가 어려울 수 있다는 것입니다. 누구나 오브젝트를 지울 수 있고, 또 개설하여 유해한 링크를 연결할 수도 있습니다. 따라서 누구나 참여할 수 있는 행사에서는 글로벌 빌드 기능을 사전에 꺼두는 것이 필요합니다.

10. 게더타운 설계를 위한 온라인 학습 이론

Moore(1989)는 온라인 강좌에서 이루어지는 상호작용을 정리한 상호작용의 3가지 유형(Moore's Three Types of Interaction) 설계전략을 제시하기 위한 기본 틀로 설정한 바 있습니다. 3가지 유형의 상호작용이 의미하는 바는 다음과 같습니다.

(1) 학습자-콘텐츠 간 상호작용(Learner-Content Interaction)

Moore(1989)의 첫 번째 유형의 상호작용은 학습자와 콘텐츠 간의 상호작용을 지칭합니다. 교육에 있어 학습자-콘텐츠의 상호작용은 학습자의 이해, 학습자의 관점 혹은 학습자의 인지적 구조에 가장 큰 영향을 미치기 때문에, 이 상호작용을 제외하고서는 학습을 말하기 어렵습니다(Moore, 1989). 학습자 콘텐츠 간의 상호작용은 학습자와 텍스트, 교육 영상, 오디오 영상 등의 인쇄·전자매체를 통해 발현되는 내적, 교훈적(didactic) 상호작용으로 정의할 수 있습니다. 게더타운 메타버스에서 학습자와 콘텐츠 간의 상호작용을 극대화해 수업 설계가 가능합니다.

(2) 학습자-교수자 간 상호작용(Learner-Instructor Interaction)

온라인 학습 환경에서 두 번째 유형의 상호작용은 학습자와 교수자 간의 상호작용입니다. 학습자와 교수자와의 상호작용을 통해 학습자의 학습 동기가 발현되는 것은 물론 흥미를 지속시키기도 하며 학습자 자신의 자기 주도적 학습으로 이어지게끔 유도되기도 합니다. Zoom 수업 환경에서는 교수자와 학습자의 상호작용이 일방향성으로 일어나지만, 게더타운에서는 학습자와 교수자 간의 상호작용이 함께 구현될 수 있습니다. 학습자는 교수자를 팔로우 할 수 있습니다. 자유롭게 공간을 탐색하면서 콘텐츠를 즐길 수 있고, 필요한 경우 교수자에게 다가가 질문을 던질 수도 있습니다. 거울 세계의 교실을 게더타운에서 구축해 본다면, 현재보다 학습자-교수자 간상호작용을 강화할 수 있을 것입니다.

(3) 학습자-학습자 간 상호작용(Learner-Learner Interaction)

마지막으로 세 번째 유형의 상호작용은 학습자와 학습자 간의 상호작용입니다. 온라인 학습 환경에 있어 학습자는 다른 학습자들과의 상호작용을 통해, 수업에서 자신의 존재감을 확인하며 소속감을 느끼게 될 뿐만 아니라, 타 학습자와의 비교 관찰을 통해 자신의 학습에 성찰로 이어지는 등 다양한 영향을 받게 됩니다. 예를 들면, 다양한 유형의 학습자들이 참여하는 MOOCs(Massive Open Online Courses)의 경우 학습자는 토론 게시판 기능을 통해 동일 과목을 수강하는 학습 동료의 의견과 토론을 읽고 이해하는 과정에서 자신의 기존 의견과 지식을 비교하며 수정 및 발전시키며 학습자의 몰입이 이루어지기도 합니다. 또한, 특정 결과물을 요구하는 온라인 수업의 경우 다른 학생들의 결과물과 교수자의 피드백을 보며 자신의 역량을 측정할 수 있는 중요한 척도가 되기도 합니다. 온라인 환경에서 수업에 참여하는 학생들은 다양한 상호작용을 통해 서로 간에 영향을 주고받으며 수업에 대한 몰입감을 강화하고 즐거움을 느낄 수 있습니다. [1)]

---

1) 변문경, 이진호, 홍석호, 조하민, 조문흠 * (2016). K-MOOC 강좌 개발을 위한 상호작용 설계 전략 탐구: Moore의 3가지 유형의 상호작용을 기반으로. 교육정보미디어연구, 22(3), 633-659.

11. 게더타운으로 원격수업하기

메타버스 거울 세계는 실제 세계의 모습이나 정보, 구조 등을 복사하듯 만들어낸 세계를 말합니다. 현실에서의 물리적인 구조물이 디지털 세계로 옮겨져 오는 경우나, 서비스가 디지털 트랜스포메이션된 경우가 거울 세계의 범주에 포함됩니다. 예를 들어 학교 교실에서 하던 수업을 Zoom에서 진행하게 되는 경우 Zoom이 거울 세계가 됩니다. 코로나 19로 우리는 교실이라는 거울 세계를 활용하게 되었습니다. 물리적 공간 대신 원격수업, 화상회의 플랫폼이 메타버스 거울 세계입니다.

우리는 노트북 화면을 공유해서 PPT를 강의자료로 제공하고, 디지털 펜으로 판서를 하기도 합니다. 학생들은 각자의 집에서 수업을 듣고, 과제를 메타버스 플랫폼에 업로드할 수 있습니다. 이렇게 원격수업을 하는 모든 상황은 현실 세계에서 물리적인 학교의 거울 세계라고 볼 수 있습니다. 거울 세계는 증강현실, 가상현실과 다르게 현실의 모습을 디지털 트랜스포메이션한 것이라고 설명할 수 있습니다. 거울 세계는 가상의 공간 위에 현실 세계에서 정보를 더해서 편하고 효율적으로 전달하는 것이 핵심입니다.

(1) 거울 세계 교실

앞서 게더타운을 이용해 교실을 만들고 수업을 진행하는 방법을 알아보았습니다. 학교에서는 정규 수업 이외에도 학생들의 창의력을 자극할 수 있는 활동과 흥미로운 콘텐츠 또한 필요합니다. 우리의 학교를 상상해 본다면 게시판, 작품전시관, 도서관 등의 공간이 있었습니다. 그 안에서 우리 학생들은 오감을 이용해서 암묵적으로 학습을 해 왔습니다. 하지만 비대면 환경에서는 메타버스를 설계하는 교수자가 학생들의 작품을 전시하고 학생들이 자기 결정성을 발휘해서 학습할 수 있는 콘텐츠를 거울 세계 교실에 배치하여 제공해야 합니다.

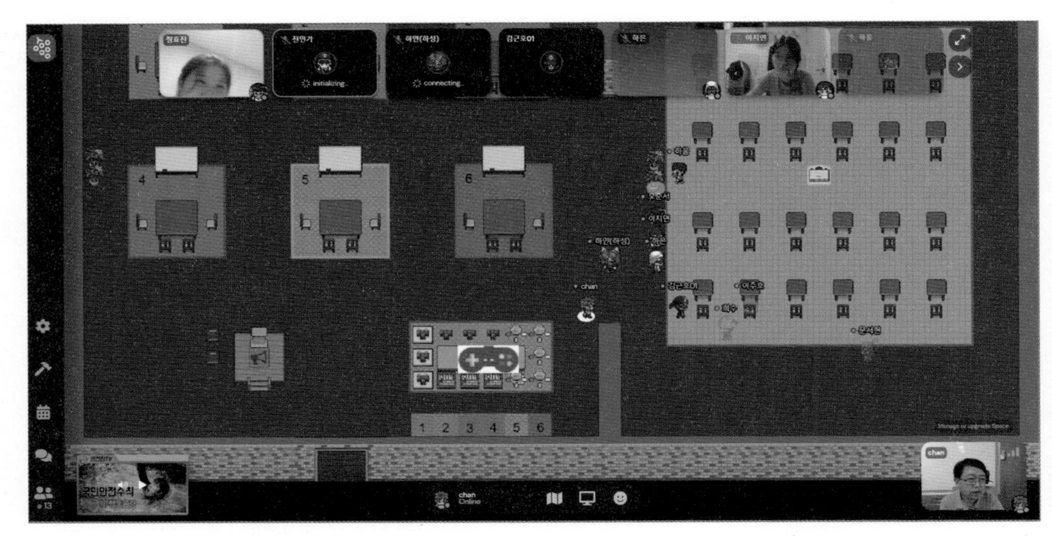

[그림 2-79] 소유자(Owners)와 운영자(Moderators) 추가 기능

메타버스 거울 세계를 교육에서 활용하면 학생들이 온라인 수업 안에서도 더욱더 흥미진진한 수업에 참여할 수 있습니다. 학교 교실에 와서 학부모 총회를 하지 못하는 학부모들에게 교실 이미지를 제공하고 그 안에 자녀의 작품을 업로딩한 후 공유할 수도 있습니다. 메타버스 플랫폼으로 업그레이드하면 그 안에서 온라인 학부모 총회를 열 수도 있을 것입니다. ifland를 활용해서 학부모 아바타들이 참여하는 학부모 총회도 가능할 수 있을 것입니다.

(2) 360도 사진

학생들의 수학여행, 현장학습 전면 금지된 상황에서 현장학습의 경험을 제공할 수도 있습니다. 360도 사진을 가장 쉽게 볼 수 있는 곳은 네이버 지도나 구글 지도에서 거리뷰를 활용하면 원하는 곳의 360도 거리뷰를 볼 수 있습니다. 마치 실제 원하는 곳을 실감 나게 둘러볼 수 있는 서비스가 이미 제공되고 있습니다. 구글 지도의 경우는 우리나라뿐 아니라 세계 곳곳의 360도 모습을 쉽게 볼 수 있습니다.

[그림 2-80] 네이버 지도로 본 거리뷰

[그림 2-81] 구글 지도로 본 에펠탑 스트리트뷰

(3) 360도 영상

일반적인 영상은 제작자가 찍은 화면만 볼 수 있지만 360도 영상은 보는 사람이 원하는 방향을 선택해서 볼 수 있는 것이 특징입니다. 실제 360도 세계를 영상으로 구현한 사례입니다.

360도 영상을 보기 쉬운 방법은 스마트폰으로 유튜브 앱을 통해 시청하면 자이로센서 때문에 스마트폰을 움직이면 자기가 보고 싶은 방향의 화면을 볼 수 있습니다. 구글 카드보드나 VR기기(HMD)가 있다면 영상 아래쪽의 안경 모양을 선택하여 2개의 화면으로 나누어진 영상으로 VR로 체험할 수도 있습니다.

[그림 2-82] 유적지 360도 사진
영상(https://www.youtube.com/watch?v=smQLS7iZZRM)

(4) 360도 3D 모델

가상현실에 3D로 현실의 건물들까지 구현하여 실감 나게 가상 공간을 살펴볼 수 있습니다. 네이버의 경우 항공사진과 인공지능(AI)을 활용하여 가상 도시를 제작하고 있습니다. 2020년에 네이버랩스는 서울시 전역의 3D 모델을 구축했습니다. 네이버가 구축한 '거울 세계 서울'의 면적은 605㎢에 달하고, 그 속엔 60만 동의 건물과 2,092㎞의 도로가 담겨 있습니다. 2021년에는 인천시를 가상 세계에 구현하여 스마트시티화에 활용한다고 합니다.

세계 여러 곳의 3D 지도를 보기 위해서는 구글 어스를 활용해서 볼 수 있습니다.

[그림 2-83] 서울특별시 3D 지도(https://smap.seoul.go.kr)

[그림 2-84] 구글어스에서 3D로 본 자유의 여신상(https://earth.google.com)

12. 디지털 트랜스포메이션한 거울 세계 그리고 메타버스

사회적 시스템의 변화는 아예 새로운 것이 등장한다기보다는 기존에 있던 서비스가 디지털 트랜스포메이션(Digital Transformation)되는 경우라고 생각하면 이해하기 쉽습니다. 디지털 트랜스포메이션이라는 말은 디지털 기술을 사회 전반에 적용하여 전통적인 방식을 혁신하는 것을 말합니다. 일반적으로 기업에서 사물 인터넷(IoT), 클라우드 컴퓨팅, 인공지능(AI), 빅데이터 솔루션 등 정보통신기술(ICT)을 플랫폼으로 구축하고 활용하여 기존 전통적인 운영 방식과 서비스 등을 혁신하는 것을 의미합니다. 메타버스의 거울 세계는 이러한 기술을 토대로 구축된 것입니다. 우리 생활 속에서 디지털 트랜스포메이션을 이해하기 쉬운 예를 들어보겠습니다. 우리는 과거 햄버거를 사 먹기 위해서 집 밖 패스트푸드점에 갔습니다. 그리고 줄을 서서 메뉴를 고르고 점원에게 주문하고 계산도 했습니다. 하지만 어느 순간 점원이 하던 일을 키오스크가 하게 되었습니다. 주문 버튼을 누르고, 원하는 메뉴를 선택하고, 결재를 하면 주문번호가 적힌 영수증이 나옵니다. 잠시 후 주문 번호가 뜨면 데스크로 가서 햄버거를 받습니다. 지금은 대형 햄버거 매장이 모두 키오스크로 바뀌었습니다.

이제는 배달 앱에 접속합니다. 배달의 민족, 요기요, 쿠팡이츠 등등 할인쿠폰이나 이벤트를 검색하면 할인 쿠폰도 받을 수 있습니다. 우리는 할인 쿠폰을 적용하고 앱에 사전 등록한 카드나 페이로 결재를 합니다. 잠시 후에는 매장에서 주문이 수락되었다는 알림을 받게 됩니다. 매장으로도 음성 알림이 가기 때문입니다. 배송을 받을 수도 있고, 직접 매장에 가서 수령할 수도 있습니다. 배송을 신청했다고 한다면, 배송 예정 시간을 확인하고 배달원의 움직임도 모니터링 할 수 있습니다. 지도상에 배달원의 이동 경로가 보입니다. 이제 집 앞입니다. 배달음식을 문 앞에서 받으면 됩니다. 햄버거를 사 먹는 모든 현실에서의 과정이 디지털 트랜스포메이션되었습니다. 그리고 이 과정에서 사라진 일자리와 새로 생긴 일자리도 보입니다. 머지않아 3D 프린터와 로봇 팔이 음식을 제조하게 될지도 모르겠습니다. 이미 커피를 내려서 판매하는 로봇들을 볼 수 있게 되었으니 말입니다.

거울 세계는 단순히 현실 세계를 가상현실이나 증강현실로 바꾸는 것을 의미하지 않습니다. 디지털 트랜스포메이션된 콘텐츠, 웹사이트, 서비스는 모두 빅데이터로 저장됩니다. 이렇게 저장된 데이터는 현실에서 개인 맞춤형 메타버스를 가능하게 할 수 있습니다.

CHAPTER

04 게더타운에 가상전시 더하기 _ 메타박스

메타박스(Metabox.kr)는 ㈜메타유니버스에서 개발한 셀프 구축이 가능한 가상전시 플랫폼입니다. 원래 기획 의도는 누구나 가상전시관을 구축하고 영상(유튜브, 비메오), 이미지를 추가하여 활용할 수 있도록 만들었습니다. 바로 링크가 생성되기 때문에 기존에 있는 SNS, 메타버스에 링크를 연동해서 공유할 수 있는 장점이 있습니다. 메타박스로 구축할 수 있는 형태는 내 전시와 그룹전시 이렇게 두 가지 버전입니다.

[그림 2-85] 메타박스의 개별전시관, 테마 선택이 가능

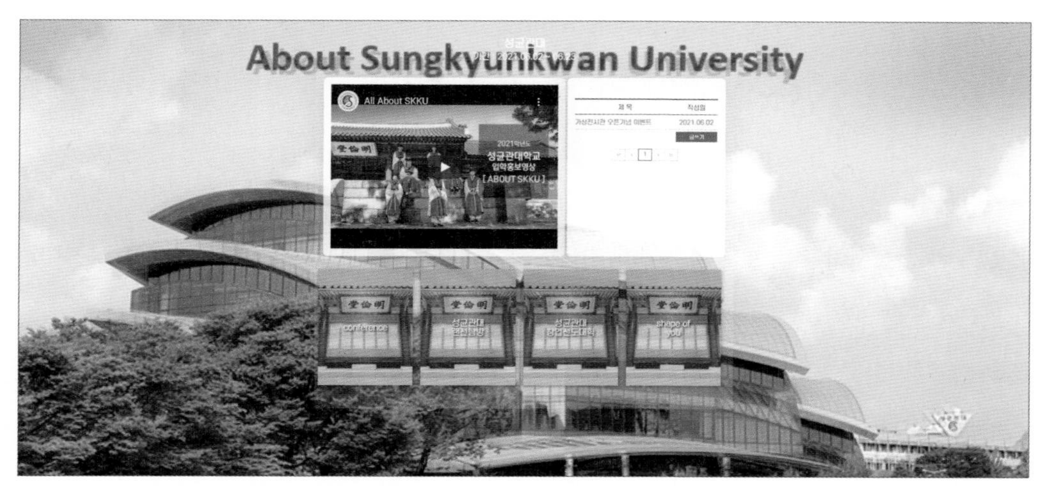

[그림 2-86] 개별전시관을 모아 그룹전시를 구축할 수 있음.

일반적으로 3D VR 전시관을 구축하기 위해서는 IT 전문지식을 갖춘 디자이너와 프로그래머들이 3D 편집프로그램 전시관 부스를 설계하고 렌더링하여 웹에 업로드하여 웹 프로그래밍을 통해 전시관을 컨트롤해야 하는 복잡한 과정이 필요합니다. 이렇게 복잡하고 어려운 과정을 일반인들이 짧은 시간에 습득하여 직접 구축하기에는 많은 어려움이 있습니다. 이러한 전문 스킬이 없더라도 인터넷 정도만 이용할 수 있는 일반 사용자라면 누구나 쉽게 접근하여 3D 가상전시관을 만들고 콘텐츠를 업로드하여 전시할 수 있는 서비스를 기획하여 메타박스를 론칭하게 되었습니다. IT 최신 트렌드들이 메타버스(Metaverse)를 향해 있으며, 코로나 이후 비대면이 확대되면서 더 빠르게 관련 서비스들이 증가하고 있습니다. AR, VR, MR, XR 등의 최신기술들과 접목되어 메타버스가 점점 우리들의 현실 세계와 융합되고 있습니다.

메타박스는 PC뿐만 아니라 스마트폰에서도 별도의 플러그인 설치 없이 3D VR 가상전시관을 쉽고 빠르게 구축할 수 있는 유저 프랜들리 플랫폼 기반의 서비스입니다. 특히 반응형 웹서비스를 제공하고 있어 PC, 노트북, 태블릿, 스마트폰 등이 다양한 기기에서 동일한 메뉴와 콘텐츠 접근이 가능합니다. 또한 사용자가 전시하고자 하는 목적에 맞게 전시관 부스를 선택하고 콘텐츠 파일을 업로드하여 3D VR 전시관을 즉시 개설하여 웹사이트에서 바로 해당 전시관을 오픈하여 이용할 수 있는 혁신적인 플랫폼입니다. 최근 활용성이 게더타운에 연동해서 그 활용 가치가 매우 높아졌습니다.

메타박스를 통해 3D 가상현실 전시관을 구축하고, 오큘러스 퀘스트와 같은 장비를 사용하여 본인이 만든 전시관을 입장해 실감 나게 가상현실 세계를 느낄 수 있습니다. 또 메타박스는 가상 전시관에서 다양한 콘텐츠를 웹서비스 할 수 있도록 제공하고 있습니다. 이미지, PDF, 동영상 업로드 기능뿐만 아니라 회원 간의 실시간 커뮤니케이션, 회원들이 공동으로 전시할 수 있는 그룹 전시 등 다양한 기능을 제공하며, 지속적인 업데이트를 지원하고 있습니다. 그럼 메타박스의 접속 방법, 개별전시와 그룹전시에서 제공하는 기능 및 이용 방법에 대해서 설명하겠습니다.

(1) 메타박스 회원가입 하기

http://www.metabox.kr에 접속합니다. 네이버, 크롬, 엣지에서 메타박스로 검색해서 접속하는 방법이 있고, 직접 URL을 입력하여 접속하면 됩니다. 회원가입 후 연간, 또는 월간 이용료를 결재합니다. 그리고 ID/PW를 입력하여 로그인합니다.

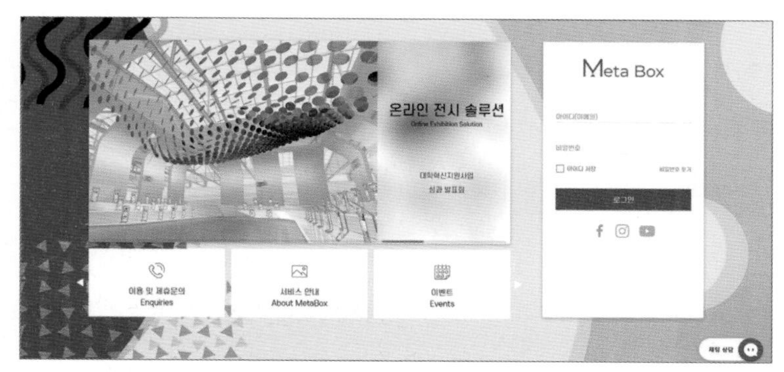

[그림 2-87] 메타박스 로그인 화면

유료 이용권을 결재하면 메타박스에 회원가입 후 개별전시관 및 그룹전시관을 개설하여 해당 기간 동안 이용하실 수 있습니다. 메타박스는 크롬, 엣지, 사파리의 최신 브라우저에 최적화되어 있습니다.

(2) 개별전시관 메뉴

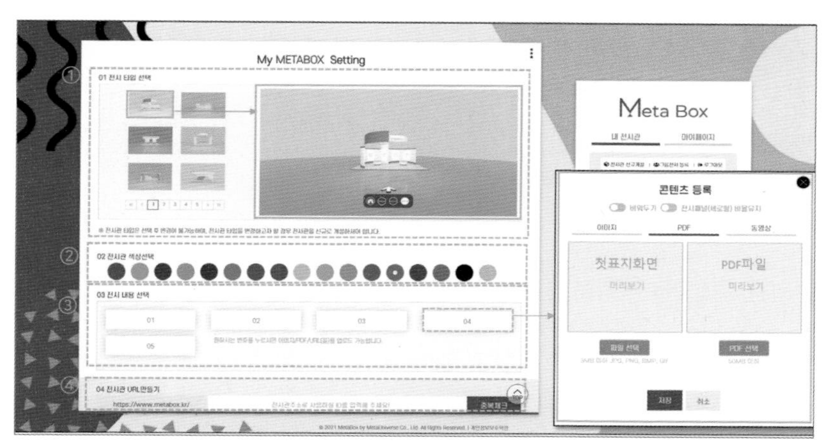

[그림 2-88] 메타박스 개별 전시장 그룹 전시장 선택메뉴

로그인 후 오른쪽 영역에 [내 전시관] 메뉴에서 [전시관 신규개설] 버튼을 클릭하여 개별전시관을 개설할 수 있습니다. 또한 [그룹전시 등록] 버튼을 클릭하면 개별전시관들을 모아 그룹전시관을 개설할 수 있습니다. 개인의 아이디로 여러 개의 전시관을 개설할 수 있으며, 내 전시관에서 개설한 전시관 제목을 클릭하면 얼마든지 전시관 수정 및 관람을 할 수 있습니다. 전시관이 여러 개라면 [대표 전시관 설정] 버튼을 클릭하여 1개의 전시관을 대표전시관으로 선택하실 수 있습니다. [전시관 알림]에서는 전시관 관련된 메타박스 관리자의 알림을 확인할 수 있는 기능을 제공합니다. 이제 본격적으로 개별전시관을 만들어보겠습니다.

(3) 개별전시관 설정

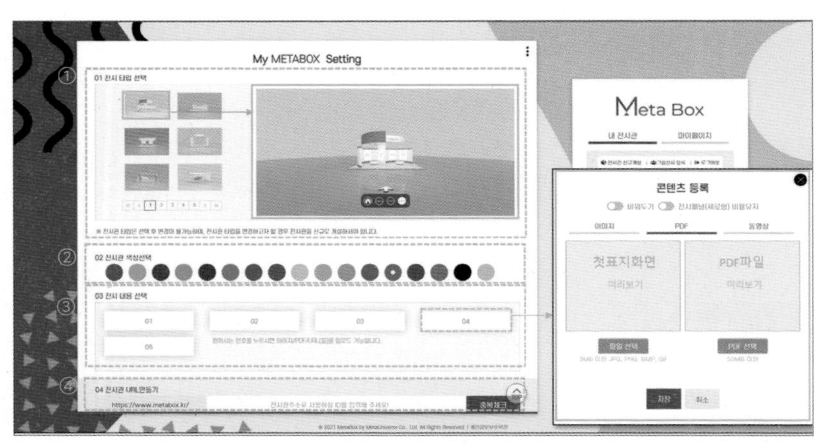

[그림 2-89] 메타박스 개별전시관 설정

① 전시관 섬네일을 클릭하면 오른쪽 화면에 전시관별 전시패널 (개수, 가로(세로)형) 규격에 맞는 미리 보기 화면이 나타납니다.

② 선택하신 전시관은 색상을 변경할 수 있습니다.

③ 각 전시패널 번호를 클릭하여 패널별로 콘텐츠를 등록할 수 있습니다.

이미지, PDF, 동영상 중 선택하여 업로드할 수 있습니다.

PDF 파일 등록 시에는 왼쪽에는 첫 표지 화면 이미지를 올리고, 오른쪽 화면에 PDF 파일을 올리면 해당 패널에서 책 읽기 모드를 지원합니다.

[비워 두기] 옵션은 해당 패널을 빈 화면으로 설정하고 싶은 경우 토글 버튼을 클릭하여 활성화 시킵니다.

[세로형 비율유지]는 가로형 패널에 세로형 이미지가 등록하실 경우, 토글 버튼을 클릭하시면 세로 비율을 유지하게 됩니다.

④ 개별전시관의 URL 주소를 만들고, 전시관을 공개설정 하시면 누구나 URL 접속 정보만으로도 해당 전시관 접속(관람)이 가능합니다.

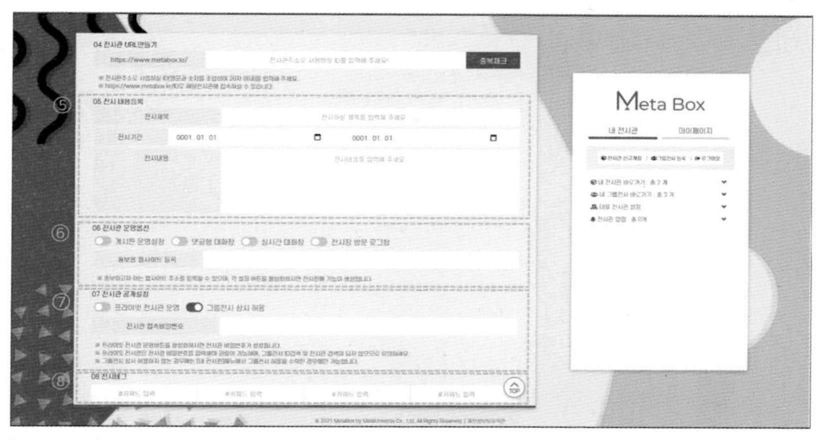

[그림 2-90] 메타박스 개별전시관 설정

⑤ 전시 제목, 전시 기간, 전시 내용을 입력합니다.

⑥ 전시관을 운영할 옵션을 설정할 수 있습니다. 오른쪽 전시관 예시처럼 전시관 화면에서 설정한 옵션을 활용할 수 있습니다. [댓글형 대화창]과 [실시간 대화창] 기능은 둘 중에 1개만 선택하여 운영하실 수 있습니다.

⑦ 전시관은 공개설정(전시관 URL을 알고 있다면 누구나 접속하여 관람 가능)이 기본이며, [프라이빗 전시관 운영]을 활성화하시면 전시관 접속 비밀번호가 생성되며, 해당 접속 비밀번호를 알고 있는 이용자만 접속(관람)할 수 있습니다.

[그룹전시 상시허용]은 다른 메타박스 회원이 그룹전시를 하기 위해 해당 전시관 ID 검색을 허용하고 그룹전시에 참여를 허용하는 옵션입니다.

⑧ 전시 태그에 키워드를 입력하시면 전시관 검색 시 해당 전시관을 검색 결과를 찾을 수 있습

니다.

⑨ 전시관을 오픈한 후 이메일 또는 문자로 초대장을 발송하실 수 있는 기능을 제공합니다. 이메일을 등록하시면 옆에 보이시는 초대장이 이메일로 발송됩니다. 문자 탭을 선택하여 핸드폰 번호를 입력하시면 카카오 알림톡으로 초대장을 발송할 수 있습니다.

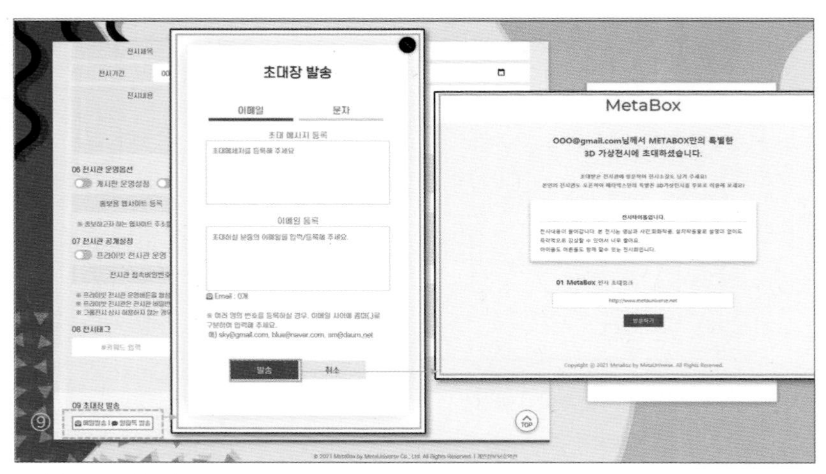

[그림 2-91] 초대장 발송기능

(4) 개별전시관 화면구성

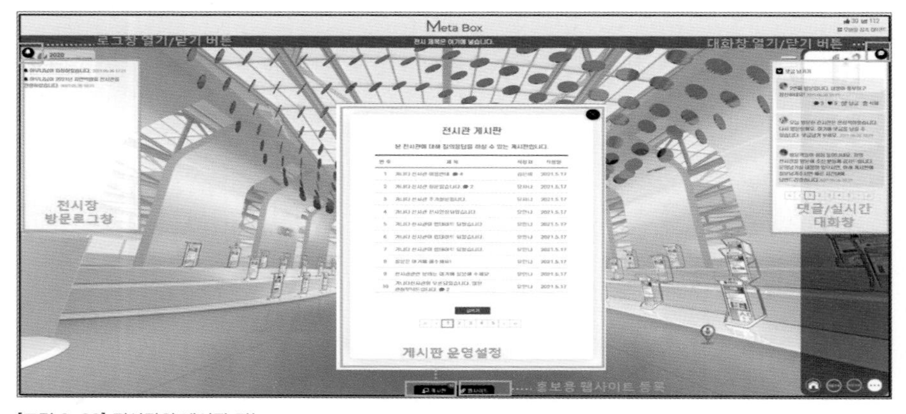

[그림 2-92] 전시장의 게시판 기능

개별전시관 설정 화면에서 전시관을 개설한 후 [관람] 버튼을 클릭하시면 위와 이 개설된 가상 전시관으로 이동하실 수 있습니다. 공개전시관인 경우, 전시관 주소를 알고 있는 누구나(비회원도 접속 가능) 전시관에 입장할 수 있습니다.

화면 상단 중앙에는 전시 제목을 확인할 수 있으며, 오른쪽 상단 끝에는 접속자 숫자와 해당 전시관에 〈좋아요〉를 클릭한 숫자가 보입니다.

[모바일 접속 QR코드]를 클릭하시면 해당 전시관의 QR코드를 확인할 수 있으며, 스마트폰으로 QR코드를 찍으시면 모바일에서도 바로 접속할 수 있습니다.

전시관 운영옵션에서 [전시장 방문 로그창] 옵션을 활성화한 경우, 왼쪽 중앙화면에서 전시장 방문 로그를 제공합니다. 방문 로그창 위쪽에 알림 아이콘을 클릭하면 전시관 화면에서 방문 로그창을 열기/닫기를 하실 수 있습니다.

전시관 운영옵션에서 [댓글 대화창] 또는 [실시간 대화창] 옵션을 활성화한 경우, 오른쪽 중앙화면에서 댓글 대화창 또는 실시간 대화창 기능을 제공합니다. 댓글 대화장과 실시간 대화창은 동시에 이용하실 수 있으며, 댓글 대화창은 전시관에 올라온 댓글 리스트를 확인하고 답글을 작성할 수 있습니다. 실시간 대화창은 전시관에 접속한 회원들이 실시간으로 커뮤니케이션할 수 있는 채팅 기능을 제공합니다.

전시관 운영옵션에서 [게시판 운영설정]과 홍보용 링크 주소를 입력한 경우, 홈페이지 하단에 [게시판], [홈페이지] 버튼이 생성됩니다.

전시관 하단에 [게시판] 버튼을 클릭하시면 전시관에 대한 알림이나 질의응답을 하실 수 있도록 게시판 기능을 제공합니다. 하단에 [웹사이트]를 클릭하시면 전시관 운영옵션에 홍보용 웹사이트를 등록한 링크로 연결됩니다.

(5) 개별전시관을 모아 그룹전시관 만들기

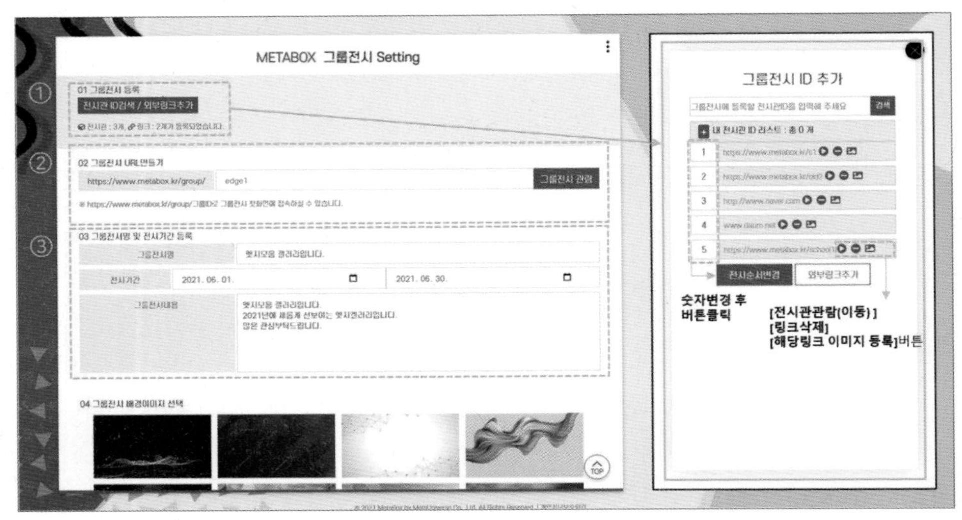

[그림 2-93] 그룹 전시장 등록하기

① 그룹전시를 만들기 위해서 메타박스 내에 전시관 ID를 검색하거나 외부링크를 추가합니다. 내 전시관 ID에서 추가하거나 다른 회원님의 전시관 ID를 검색하여 추가합니다.

(다른 회원님의 전시관 ID 검색 -> 그룹전시 승인 대기 -> 해당 회원이 수락한 경우, 그룹전시 추가 가능) 외부링크를 등록하여 그룹전시에 이용하실 수 있습니다.

② 그룹전시 URL을 생성하여 그룹전시 링크로 활용하실 수 있습니다. 그룹전시관은 공개 전시만 가능하며, 프라이빗 전시는 운영할 수 없습니다. 해당 URL 주소를 알고 있는 누구나 접속할 수 있습니다.

③ 그룹전시명, 전시 기간 설정, 그룹전시 내용을 등록합니다.

[그림 2-94] 그룹 전시장 첫 화면 구성하기

④ 그룹전시 배경화면이 제공된 이미지를 선택하여 지정할 수 있으며, [배경 이미지 추가] 버튼을 클릭하여 개인이 직접 이미지를 등록하여 배경화면 이미지를 변경하실 수 있습니다.

⑤ 오른쪽에 보이는 그룹전시 예시화면처럼 그룹전시 첫 화면의 레이아웃을 용도에 맞게 변형하여 그룹전시 화면을 수정하실 수 있습니다.

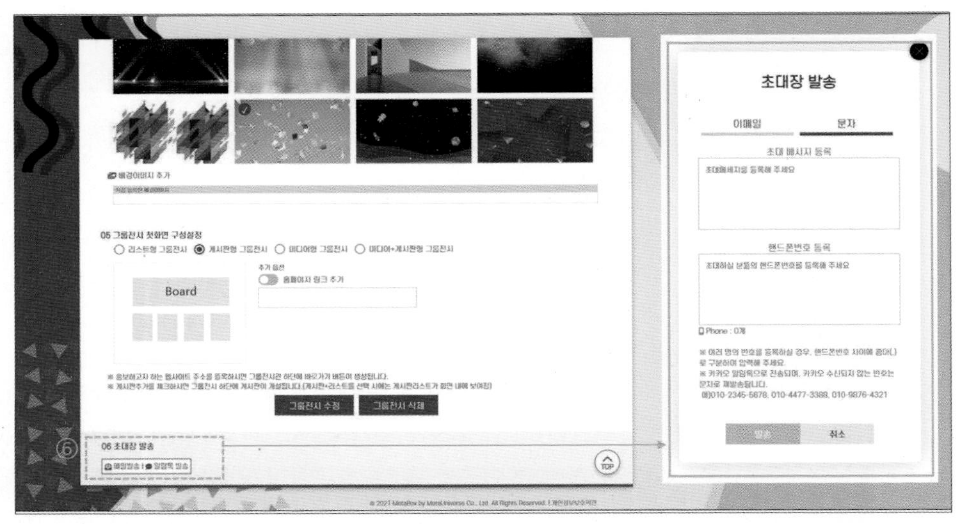

[그림 2-95] 그룹 전시장 초대장 발송

⑥ 그룹전시관을 오픈한 후 이메일 또는 문자로 초대장을 발송하실 수 있는 기능을 제공합니다. 문자 탭을 선택하여 핸드폰 번호를 입력하면 카카오 알림톡으로 초대장을 발송할 수 있는 기능을 제공합니다. 이메일 탭을 클릭하여 이메일을 등록하시면 초대장이 이메일로 발송됩니다. 이메일 리스트로 그룹전시 초대장을 발송해 드립니다.

(6) 그룹전시관 화면 구성 후 게더타운에 연결하기

그룹전시관 설정 화면에서 선택한 배경 이미지가 백그라운드 화면에 적용됩니다.

그룹전시관 설정 화면에서 등록한 전시 제목과 기간이 표시됩니다. 그룹전시관 첫 화면은 [그룹전시 첫 화면 설정]에서 선택하신 레이아웃 구성이 제공됩니다. [게시판형]이나 [미디어형 그룹전시]를 선택하신 경우, 상단에 고정으로 게시판과 동영상화면이 표시되고 그 아래쪽에 각 개별 전시 화면 리스트가 순서대로 보입니다. [리스트형 그룹전시]를 선택하신 경우 개별전시 리스트

화면만 제공되고, 개별전시 섬네일 화면을 롤 오버하면 전시회 설명이 간략하게 제공되고, 개별 전시 섬네일을 클릭하시면 해당 개별전시관으로 이동하실 수 있습니다. 개별전시 섬네일 배경 이미지는 각 회원이 [마이 페이지]에 등록한 사진 이미지가 기본 적용되며, 해당 이미지는 그룹전시 ID 등록/추가화면에서 변경하실 수 있습니다. 메타박스를 활용해서 개별페이지를 구축하고, 구축한 3D 가상전시 링크를 게더타운에 업로드할 수 있습니다.

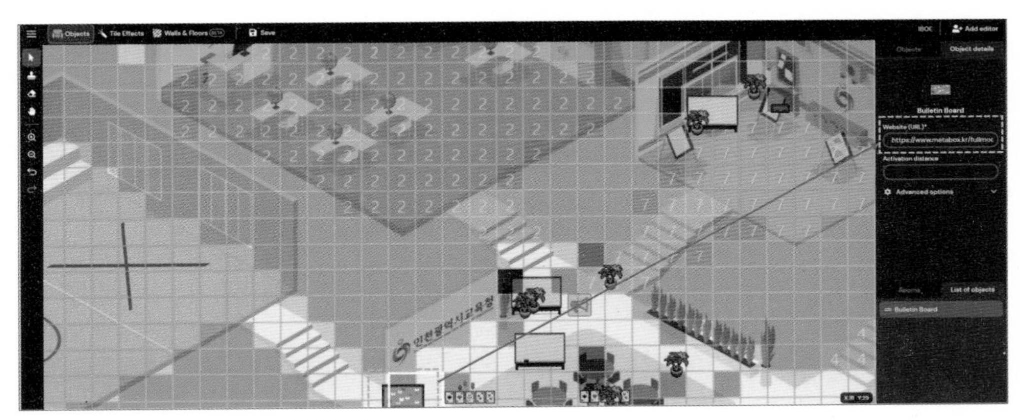

[그림 2-96] 메타박스를 게더타운 공간에 연동하기

오브젝트에 웹사이트를 연결하고, go to space를 통해서 공간으로 이동합니다.

[그림 2-97] 게더타운에서 메타박스를 실행시키기

공간 안에서 연결한 오프젝트에 다가가면 X를 누르라는 메시지가 뜹니다.

[그림 2-98] 게더타운에서 메타박스 그룹전시를 연동하기

X를 누르면 바로 URL이 등록된 메타박스 그룹전시 또는 개별전시관으로 이동할 수 있습니다.

[그림 2-99] 게더타운에서 가상전시관 바로 연동하기

[그림 2-100] 가상전시관 투어 기능 https://hopeful.metabox.kr/

CHAPTER

05 게더타운에 방 탈출 게임 연결하기

01. 위즈랩 소개

최근 소프트웨어 교육이 강화되며 초중등 학생들에게도 요즘 프로그래밍 교육이 진행되고 있습니다. 인문계 대학생까지 코딩을 배우고 있지만, 모든 학생이 C, Java, Python 같은 프로그래밍 언어를 사용해 직접 디버깅(debugging)을 하는 것은 어려운 일입니다. 특히, 나이가 어린 학생들의 코딩 수업에서는 코딩의 결과물을 빠르고 시각적으로 보여주어야 지루해하지 않고 코딩에 흥미를 느끼게 됩니다. 그래서 해당 섹션에서는 위즈랩이라는 게임 코딩 툴을 이용해 간단한 게임 개발을 해보겠습니다.

[그림 2-101] 위즈랩 홈페이지

위즈랩(wizlab)은 학생들의 코딩 교육에 많이 사용되는 스크래치나 엔트리와 같은 코딩 툴입니다. 블록 코딩과 텍스트 코딩이 모두 가능한 툴이며, 게임 개발에 특화되었습니다. 간단하게 고퀄리티의 게임을 만들어 배포할 수 있어 학생들이 흥미를 느끼고 자신의 창작물을 만들 수 있습니다.

그럼 다음 챕터에서는 위즈랩 게임 튜토리얼을 진행하며 기본 명령어를 익히는 시간을 가지겠습니다.

02. 위즈랩 사용 방법

위즈랩 상단에 LEARN이라는 탭을 누른 후 하단의 텍스트 코딩 버튼을 클릭합니다. 저희는 '몬테노'의 금고를 열어라!라는 게임을 만들어보겠습니다.

[그림 2-102] '몬테노'의 금고를 열어라! 게임 만들기 선택

'몬테노'의 금고를 열어라! 게임을 클릭하면 아래와 같은 화면을 볼 수 있습니다. 도전 시작! 버튼을 눌러주세요.

[그림 2-103] 게임 만들기 도전 시작! 화면

도전 시작 버튼을 누르면 아래 화면을 보실 수 있습니다. 아래 화면의 속성들에 대해 차근차근 설명해 드리겠습니다. 먼저 화면 좌측을 보면 해당 게임의 콘셉트를 확인할 수 있습니다.

'몬테노'의 금고를 열어라!의 게임 콘셉트는 방 탈출 게임과 같이 몬테노 저택의 이곳저곳을 눌러 금고 비밀번호 힌트를 얻어 금고를 여는 것입니다.

[그림 2-104] 방 탈출 게임 개발 화면

전체 게임을 개발하기 위해 총 12개 단계로 구분이 되어 있습니다. 단계마다 간단한 설명들이 있고 아래의 펼치기 버튼을 클릭하면 정답이 적혀 있습니다. 좌측의 설명만 잘 읽고 따라 해도 충분히 게임을 만들 수 있습니다.

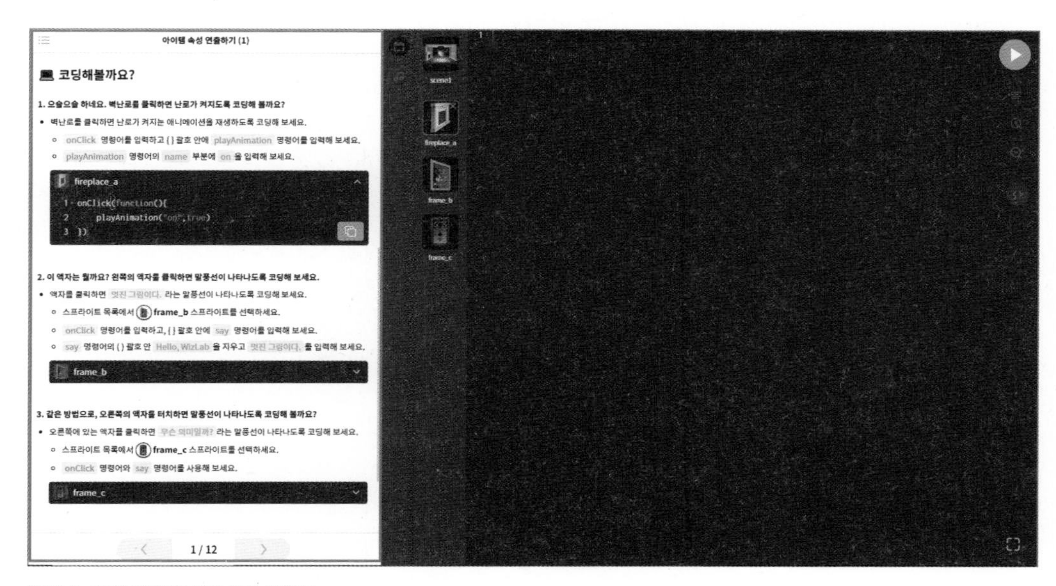

[그림 2-105] 방 탈출 게임 코딩 가이드

우측의 화면은 텍스트 코딩을 진행하는 곳입니다. 먼저 scene1, fileplace_a, frame_b, frame_c 라는 스프라이트들이 있습니다. 스프라이트는 하나의 오브젝트들로 스트라이트 제어를 통해 게임을 만들 수 있습니다.

첫 번째로 벽난로를 클릭하면 불을 켜는 것을 코딩해보겠습니다. 좌측의 설명과 같이 onclick을 이용해 클릭 신호를 받고 playanimation을 통해 스프라이트 자체 애니메이션을 실행시킵니다.

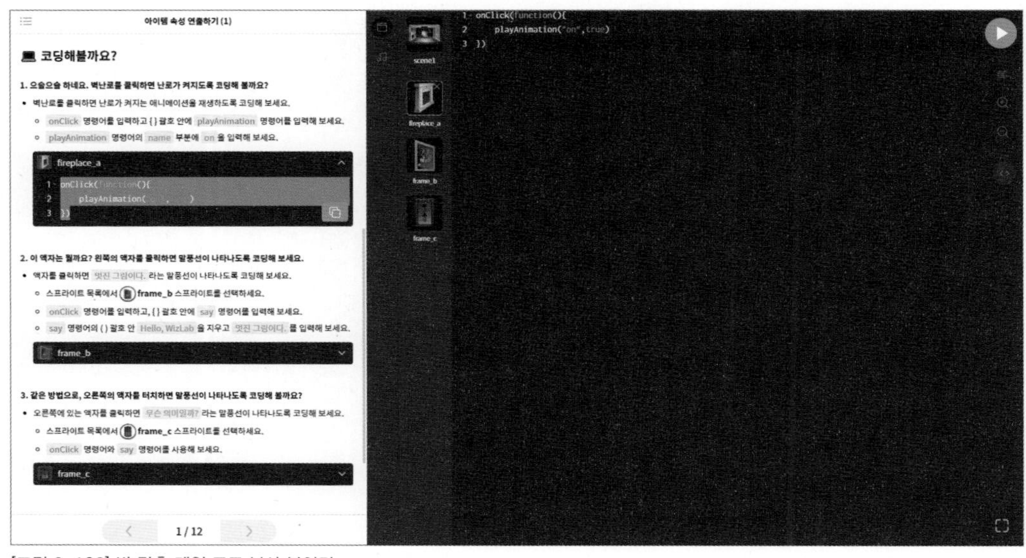

[그림 2-106] 방 탈출 게임 코드 복사 붙이기

텍스트 코딩을 한 후에는 제대로 작동하는지 확인해야 합니다. 우측의 플레이 모양의 버튼을 눌러 게임을 실행해봅니다. 게임을 실행 시켜 좌측의 벽난로를 누르면 불이 켜지는 것을 확인할 수 있습니다.

[그림 2-107] 방 탈출 게임의 실행

이러한 방식으로 다른 스프라이트까지 모두 코드를 채우면 첫 번째 스텝이 끝나게 됩니다. 아래 그림과 같이 Mission Clear가 화면에 보이게 되고 다음 스텝으로 넘어갈 수 있습니다.

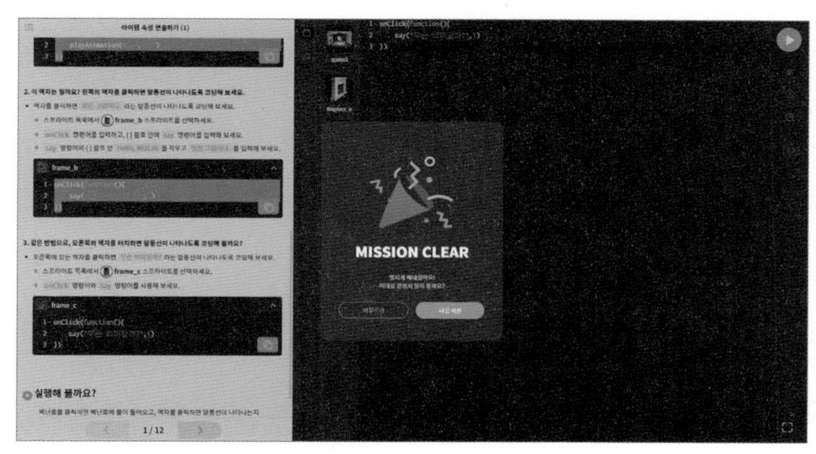

[그림 2-108] 가이드를 토대로 미션을 클리어하는 방식

총 12단계의 과정을 모두 거치면 게임이 완성됩니다. 각 단계의 코드와 설명을 잘 읽는 것이 중요하며 직관적으로 이해할 수 있게 구현되어 있습니다. 만약 위즈랩을 이용해 수업을 진행하고자 한다면 우측에 교수지원 도구를 클릭하세요. 상세한 수업 진행 자료를 구할 수 있습니다.

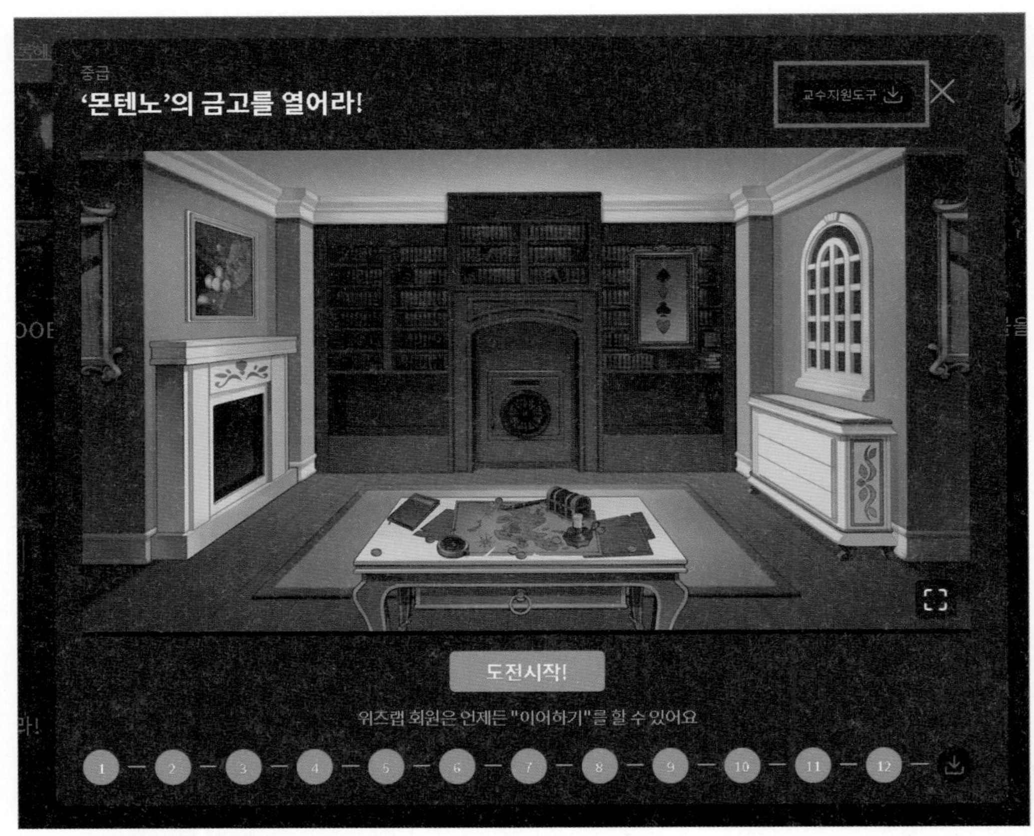

[그림 2-109] 교수지원 도구의 활용

'몬테노'의 금고를 열어라!를 마무리한 후에는 '벽을 넘어 통통~ 바운스 볼'과 '일대일 진검승부-에어하키'를 이어서 하는 것을 추천해 드립니다.

03. 위즈랩으로 게임 만들기

그럼 실제 학생들과 게임을 만들어봅시다. 위즈랩 상단의 첫 번째 탭 BUILD를 클릭합니다.

[그림 2-110] BUILD 메뉴의 선택

빌드 버튼을 클릭하면 아래와 같은 화면으로 넘어오게 됩니다. 해당 페이지에서 새로 만들기의 2D Game을 클릭하고 텍스트 코딩 부분을 클릭합니다.

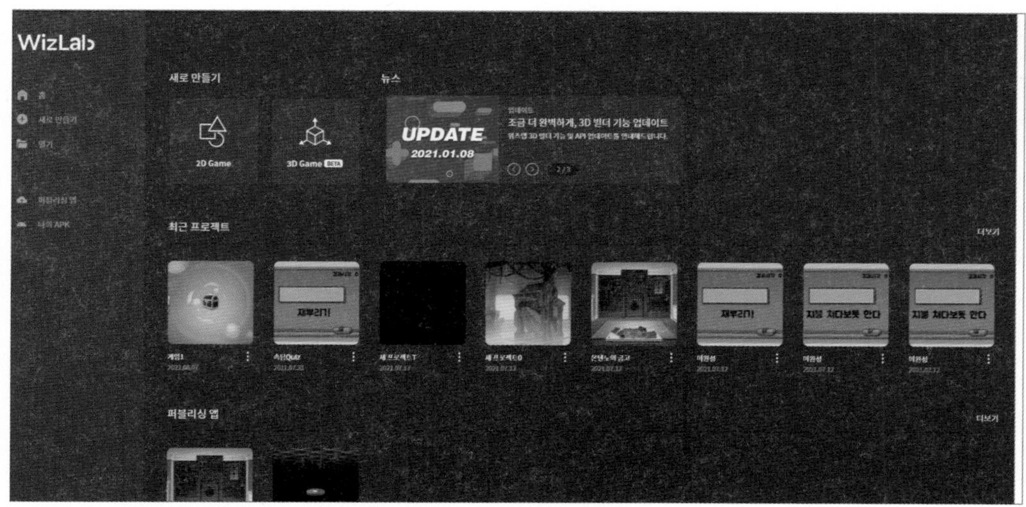

[그림 2-111] BUILD에서 2D Game을 선택하는 화면

그럼 아무것도 없는 새로운 화면을 볼 수 있습니다. 좌측에 플러스 버튼을 누르면 신(scene)과 스프라이트를 추가할 수 있습니다.

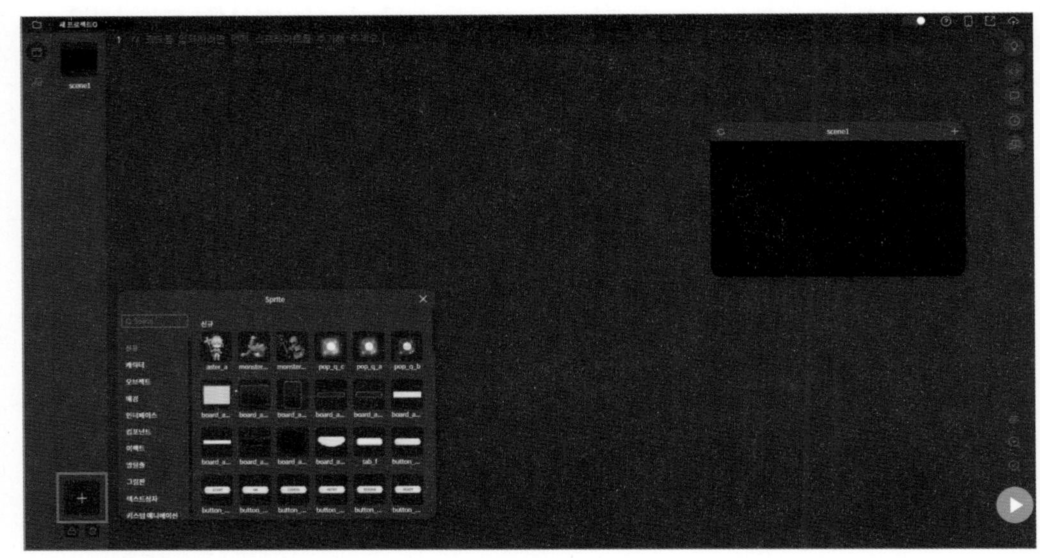

[그림 2-112] 좌측의 플러스 버튼으로 시작

우측에 버튼들을 하나씩 소개하겠습니다. 우측 버튼은 게임 제작에 도움을 주는 중요한 버튼들입니다. 첫 번째 전구 버튼은 스니펫이라는 버튼입니다. 스니펫을 통해 조금 복잡한 기능들의 코드를 가져와 즉각적으로 구현할 수 있습니다.

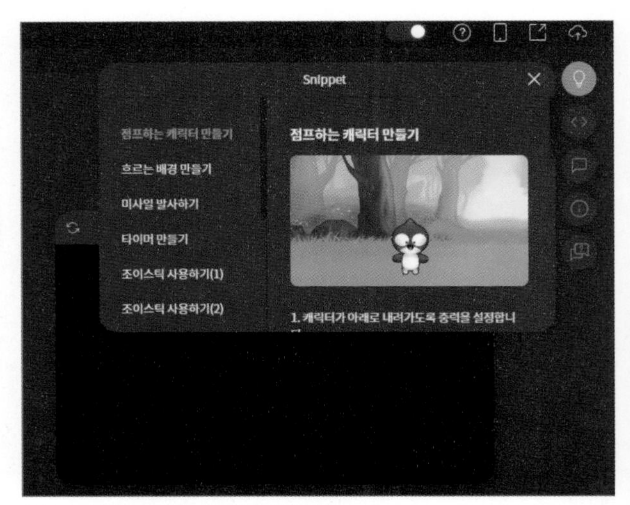

[그림 2-113] 우측 버튼으로 캐릭터 만들기

두 번째 버튼은 API 버튼으로 위즈랩 텍스트 코딩에 사용되는 함수들이 잘 정리되어 있습니다. Search 부분을 통해 원하는 함수를 찾아 게임 제작에 도움을 받으세요.

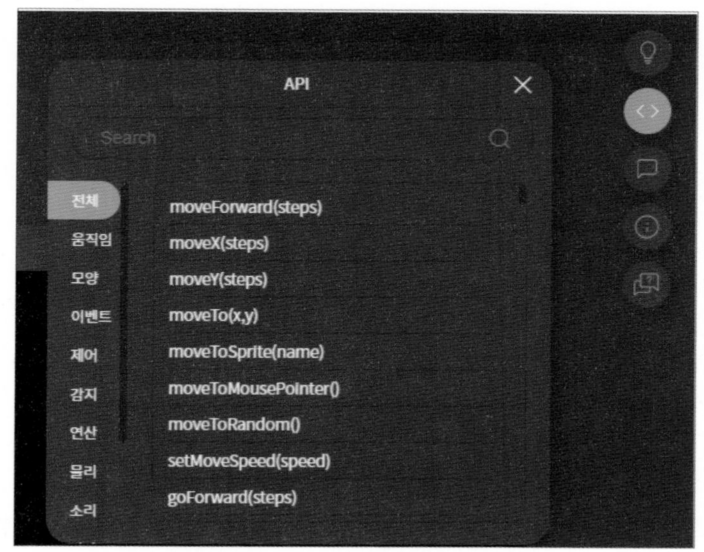

[그림 2-114] API 버튼의 메뉴

세 번째 버튼은 채팅 버튼인데, 실질적으로 사용하지 않아 넘어가겠습니다. 네 번째 버튼은 속성 버튼입니다. 스프라이트를 추가하고 선택한 뒤 속성 버튼을 클릭합니다. 그러면 해당 스프라이트에서 제공하는 애니메이션과 속성들을 볼 수 있습니다.

[그림 2-115] 속성 버튼의 메뉴

이제 마지막으로 게임을 다 만든 후에 배포하는 과정을 알아보겠습니다. 화면 우측 상단에 가장 오른쪽 업로드 버튼을 클릭합니다.

[그림 2-116] 우측 상단의 업로드 버튼과 API 버튼의 메뉴

업로드 버튼을 클릭하면 아래와 같은 화면을 볼 수 있습니다. 앱 제목과 설명을 다 적은 후 업데이트를 클릭합니다.

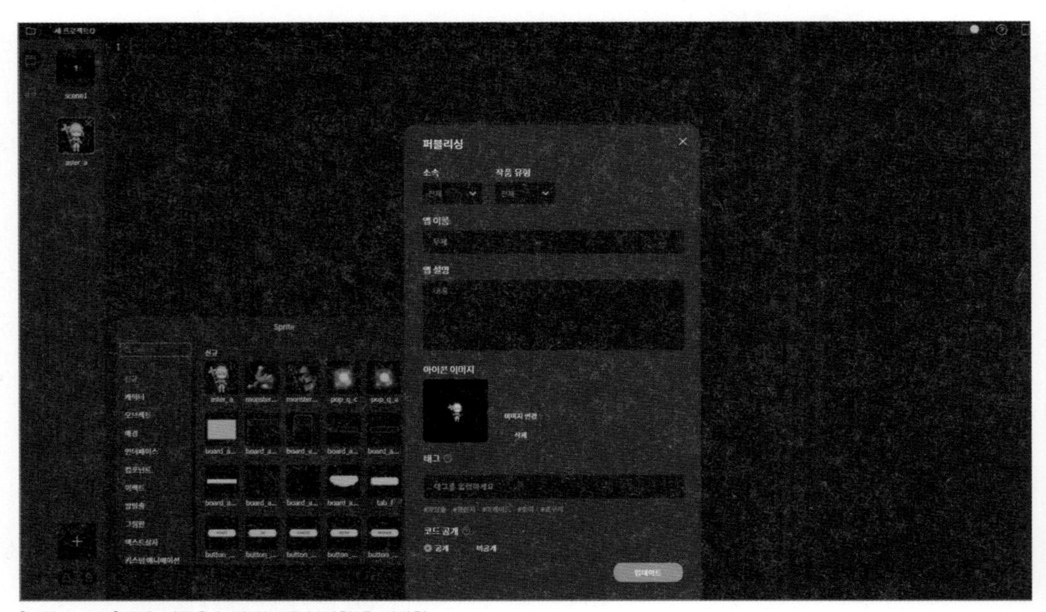

[그림 2-117] 공유 버튼을 눌러 링크를 복사한 후 전달함.

그리고 상단 화면의 아이콘 중 공유 버튼을 눌러 링크를 복사합니다. 복사한 링크를 다른 사람에게 전송하면 게임을 체험할 수 있습니다.

[그림 2-118] QR코드 생성 및 SNS로 전송하기

아래 그림은 제가 가르치고 있는 학생이 만든 게임입니다. 몬테노의 금고와 비슷한 게임이며 아래의 URL을 들어가면 체험해볼 수 있습니다.

https://wizlab.net/game?pId=5e9be8f3-4a15-59bf-b5e5-5cf9dcb97a7b

[그림 2-119] 완성된 게임화면

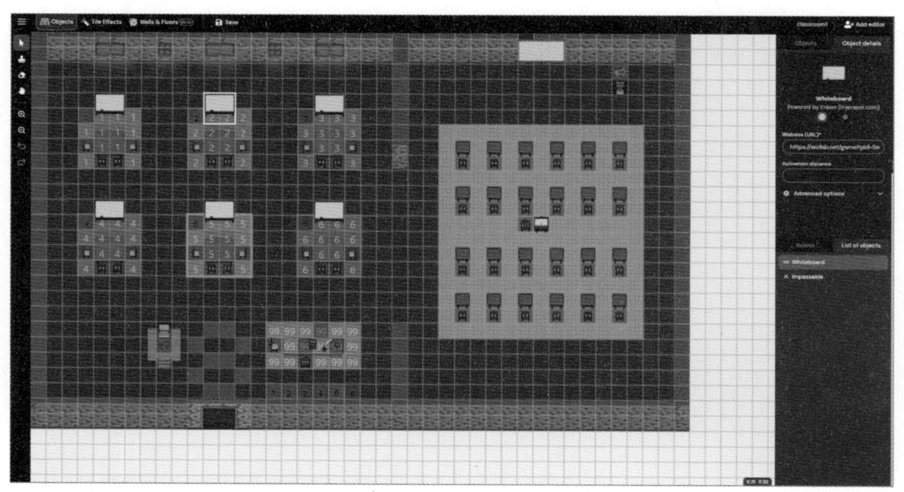

[그림 2-120] 게더타운 교실 화이트보드에 게임 연동하기

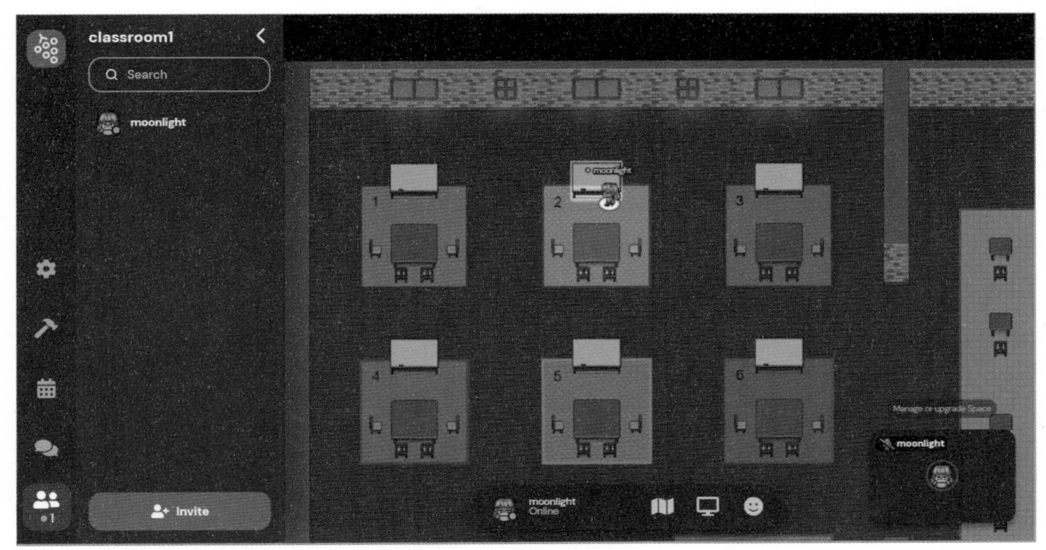

[그림 2-121] 게더타운 공간 화이트보드에서 X 버튼 실행하기

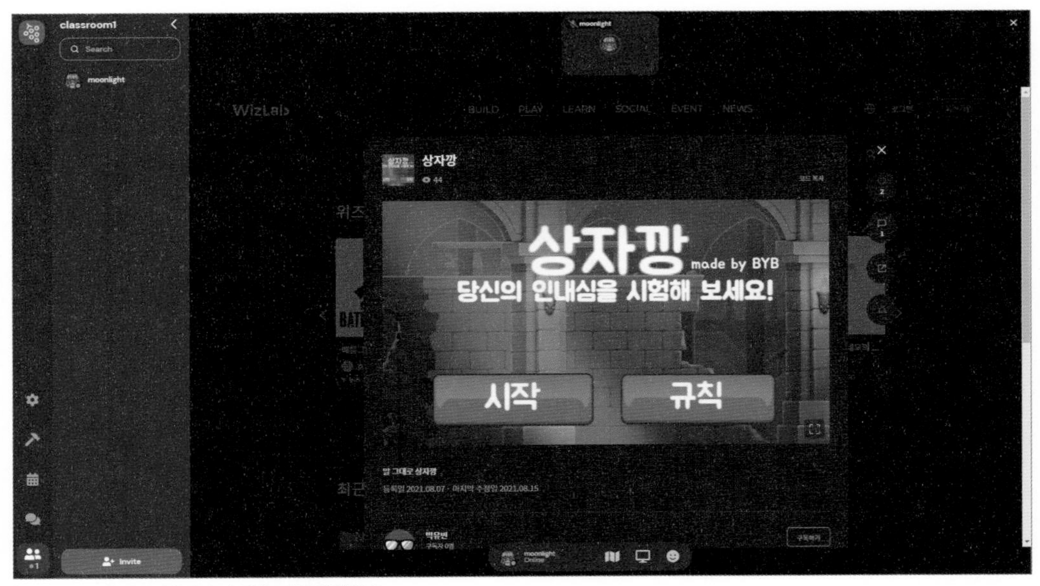

[그림 2-122] 게더타운에서 방 탈출 게임 실행하기

03

가상현실, 증강현실 코스페이시스

코스페이시스 에듀(Cospaces Edu)는 독일의 기업에서 만든 웹 기반 가상현실 제작 프로그램입니다. 코스페이시스는 컴퓨터상에서 3D로 구현되고, 가상현실(Virtual Reality)뿐 아니라 증강현실(Augumented Reality)까지 제작하고 체험할 수 있습니다. 일반적으로 가상현실, 증강현실 콘텐츠를 제작하기 위해서는 유니티(Unity)라는 프로그램을 사용하게 되는데 이 프로그램은 초보자들이 접근하기는 어렵습니다.

그러나 코스페이시스는 사용자가 어렵게 디자인하지 않아도 코스페이시스에서 제공하는 다양한 오브젝트와 캐릭터를 통해 세상에서 유일한 나만의 창의적인 가상현실을 만들 수 있습니다. 또 코스페이시스는 코딩을 통해 가상현실 공간에 있는 오브젝트들을 제어할 수 있습니다. 코스페이시스는 웹 기반으로 PC뿐 아니라 태블릿 PC에서도 사용이 가능하고 사용자의 스마트폰에서 카드보드 등 다양한 HMD를 통해서 가상현실과 증강현실도 체험할 수 있습니다.

코스페이시스를 활용하여 가상현실 콘텐츠를 직접 만들고 공유하면서 메타버스 시대를 살아갈 학생들에게 만들어진 콘텐츠를 사용하는 수동적인 소비자가 아니라 자신이 콘텐츠를 만드는 적극적인 생산자의 경험을 제공하고자 합니다.

CHAPTER

01 코스페이시스 소개

01. 회원 가입 및 체험판 설정

(1) 회원 종류

코스페이시스는 선생님과 학생으로 가입할 수 있습니다. 먼저 교사가 선생님으로 가입하여 학급을 개설한 후 학생에게 초대코드를 알려줘서 학생이 가입할 수 있습니다. 무료로 가입할 수 있지만, 무료 계정일 경우 콘텐츠를 제작할 때 기능의 제한이 있습니다. 먼저 선생님으로 가입한 후 프로 체험판을 활성화하여 학생들을 학급에 가입시키면 기능의 제한 없이 코스페이시스를 한 달 동안 사용할 수 있습니다.

(2) 선생님 계정 회원가입

크롬을 실행한 후 주소창에 cospaces.io를 직접 입력하거나 검색창에서 코스페이시스를 검색하여 코스페이시스 홈페이지에 접속합니다. 한국어로 번역한 후에 레지스터를 클릭하여 가입하기를 시작합니다.

[그림 3-1] 코스페이시스 가입 시작

교사 계정으로 가입하기 위해 선생님을 선택합니다. 학생의 경우에는 부모님의 도움을 받아 교사 계정으로 가입할 수 있습니다. 교사 계정은 반드시 18세 이상이어야 하므로 만 18세 이상을 선택합니다. 스크롤을 끝까지 내리면 '동의합니다' 메뉴가 활성화되는데 동의를 선택합니다.

선생님께서 사용하시는 계정을 선택하여 가입하면 됩니다. 크롬에서 작동하기 때문에 구글 계정으로 로그인하면 좋습니다. 로그인하면 뉴스 구독 여부를 선택합니다. 코스페이시스 정책에 대한 이메일을 받을 것을 물어보기 때문에 선택하지 않고 가입을 진행해도 됩니다.

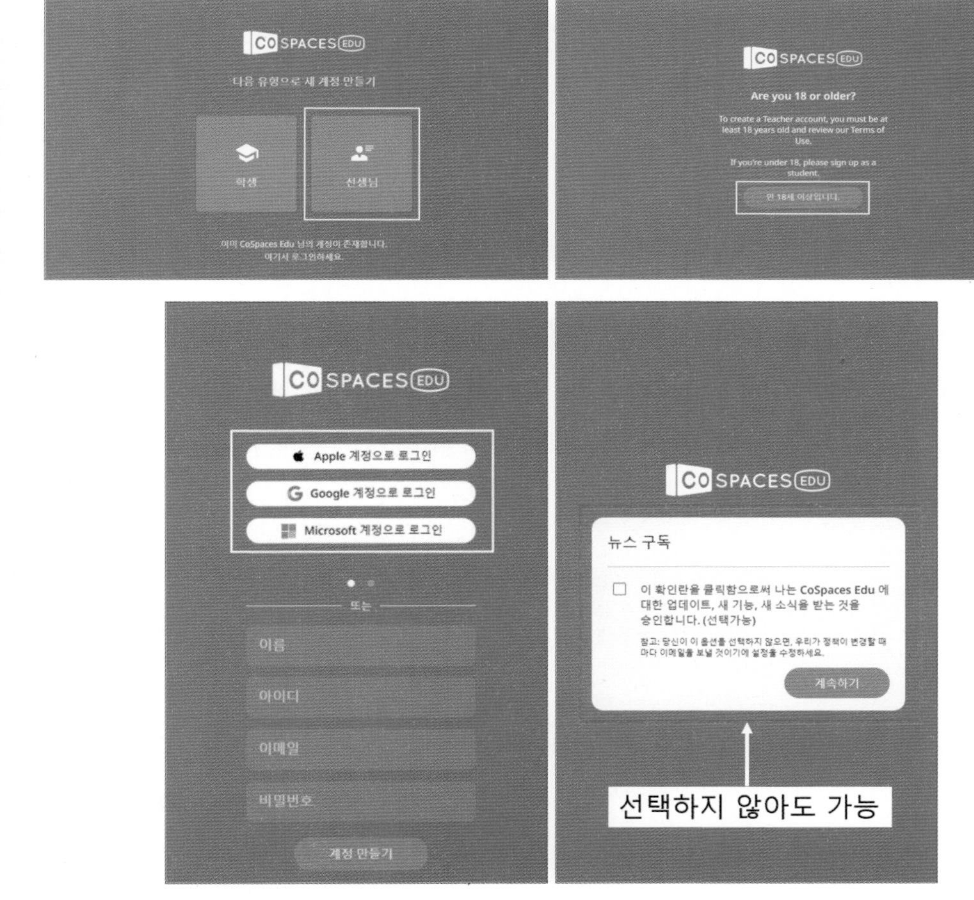

[그림 3-2] 선생님 계정으로 가입하기

교사로 가입한 메일로 확인 메일을 보냅니다. 가입을 위한 최종 인증단계를 진행합니다. 코스페이시스에 가입할 때 입력한 메일에 가서 코스페이시스에서 보낸 메일을 확인하고 이메일 확인을 선택합니다. 이메일 확인까지 선택하면 이메일이 승인되었다는 메시지를 볼 수 있습니다. Continue를 선택하면 교사 계정 가입이 완료됩니다.

[그림 3-3] 메일 인증 절차

(3) 체험판 설정

코스페이시스에 무료로 가입하고 학급을 개설하여 콘텐츠를 제작할 때 제한되는 기능이 많이 있습니다. 이를 보완하기 위해서 한 달 동안 100개의 아이디까지 기능의 제한 없이 사용할 수 있는 체험판을 활성화하려고 합니다. 먼저 로그인하고 왼쪽 하단의 프로로 업그레이드를 선택한 후 체험판 활성화하기를 선택합니다.

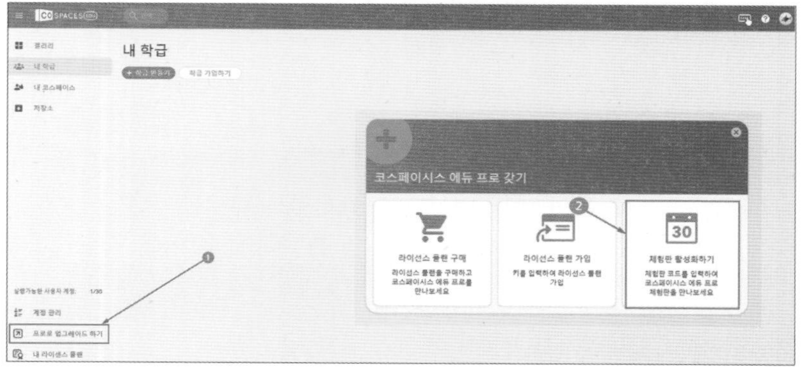

[그림 3-4] 체험판 활성화하기

프로 체험판을 활성화하기 위해서 체험판 코드를 입력하여야 합니다. 체험판 코드에 'costeam'을 입력하고 체험판 활성화하기를 선택합니다. 이제 30일 동안 100개의 계정으로 프로기능을 사용할 수 있게 됩니다.

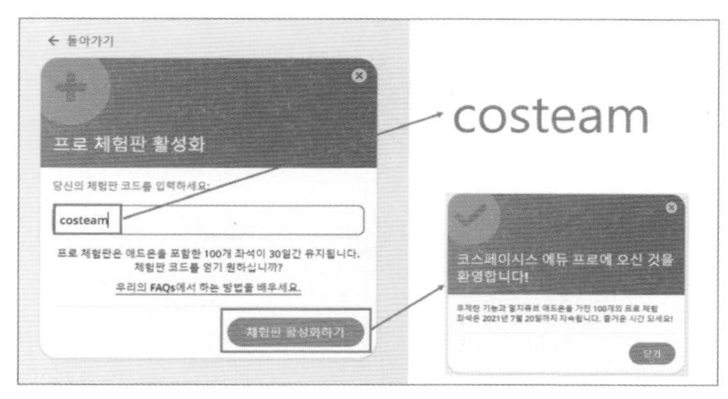

[그림 3-5] 체험판 코드 입력

(4) 학급개설 및 과제 부여하기

선생님은 학급 만들기를 통해서 학생을 초대할 수 있습니다. 또한 학급 만들기를 통해 학급에서 다양한 과제를 제시할 수도 있습니다. 학급을 개설하기 위해 내 학급 메뉴에서 학급 만들기를 선택합니다. 새로운 학급의 이름을 입력하고 지금 만들기를 선택하여 학급을 개설합니다.

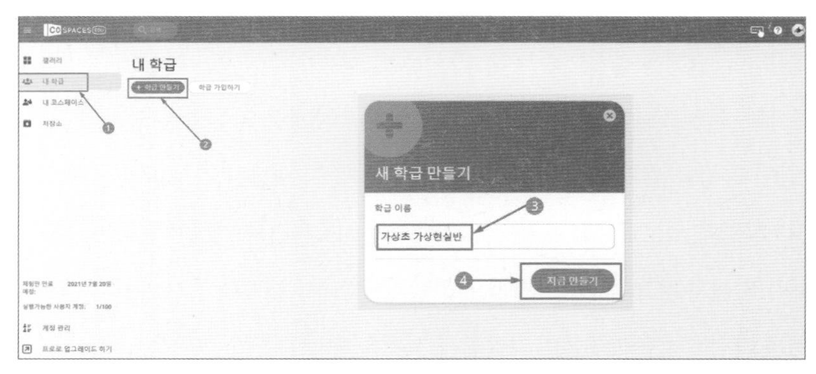

[그림 3-6] 학급 만들기

학급을 만들면 그 학급에서 활동할 학생을 추가하라는 메시지가 나오는데 학급에 학생을 추가하는 경우는 두 가지가 있습니다. 학급 코드를 학생들에게 알려주고 학생들이 가입할 때 이 학급 코드로 가입하는 방법과 기존에 학급을 이미 만들어서 학생들을 초대해 사용했는데 다른 학급을 만들어서 학생을 추가하는 방법이 있습니다. 처음으로 학급을 개설하여 학생을 초대한다면 학급 코드를 복사한 후 학생이 가입할 때 학급 코드를 나누어주고, 이미 학생들이 가입되어 있는데 새로운 학급을 추가로 만들어서 추가하려면 존재하는 학생 추가하기를 선택합니다.

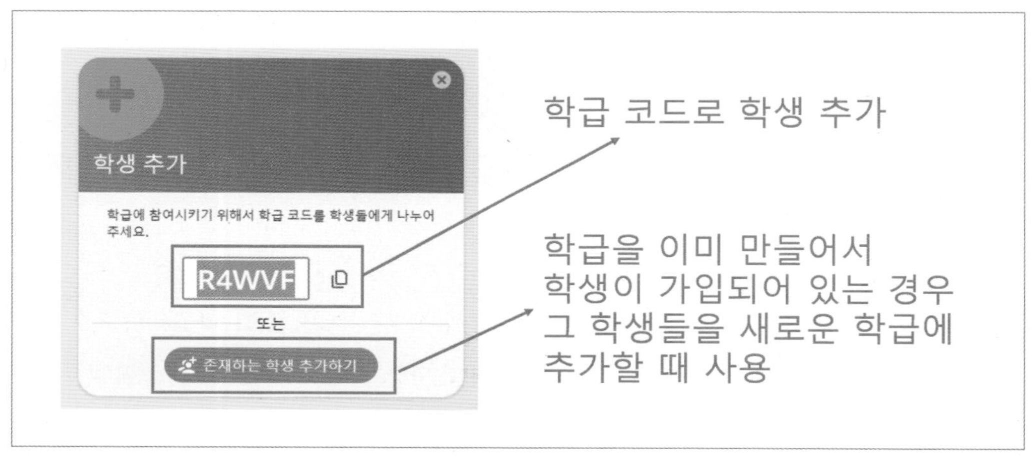

[그림 3-7] 학생 추가하기

학급을 개설하면 과제를 만들어줍니다. 과제를 만들어야 학생들이 학급에 가입해서 가상현실 콘텐츠를 제작할 수 있습니다. 과제 만들기를 선택하면 새로운 과제의 유형과 제목 및 내용을 넣을 수 있는 창이 활성화됩니다. 이때 장면 유형은 학생들이 제작할 가상현실 콘텐츠의 유형을 의미합니다. 3D 환경과 오브젝트를 활용하기 위해서는 3D 환경을 지정해주고, 360도 사진을 배경으로 사용하기 위해서는 360도 이미지를 지정합니다. 멀지 큐브로 증강현실 콘텐츠를 제작하려면 멀지 큐브를 지정해주고 학생들이 자유롭게 선택하게 할 수도 있습니다.

선생님이 과제의 장면 유형을 지정하지 않으면 학생들이 과제에 접근할 때 개별적으로 장면 유형을 지정해야 합니다. 콘텐츠 제작의 경험이 많지 않으면 선생님이 장면 유형을 지정하여 콘텐츠를 제작하는 것이 좋습니다. 처음 가상현실 콘텐츠를 제작할 때는 3D 환경으로 장면 유형을 설정하는 것을 추천합니다. 과제의 제목과 지도 내용을 간단하게 입력하면 과제가 형성됩니다.

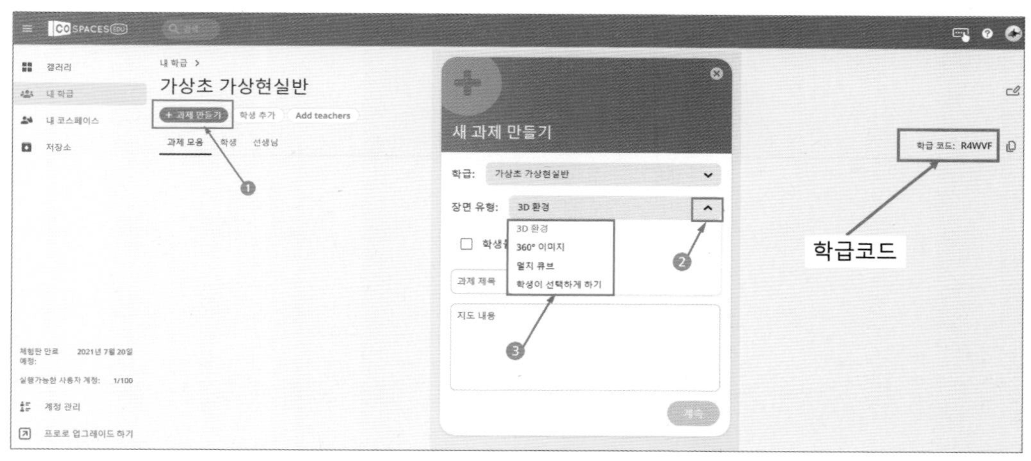

[그림 3-8] 과제 만들기

과제를 배정하는데 두 가지 방식이 있습니다. 학급에 가입된 학생들이 개별적으로 과제를 수행할 수 있도록 배정할 수도 있고, 학생을 그룹으로 만들어서 공동으로 하나의 작품을 만들 수 있도록 과제를 부여할 수도 있습니다. 학생 그룹을 만들려면 이미 학생들이 학급에 모두 가입되어 있을 때 가능합니다.

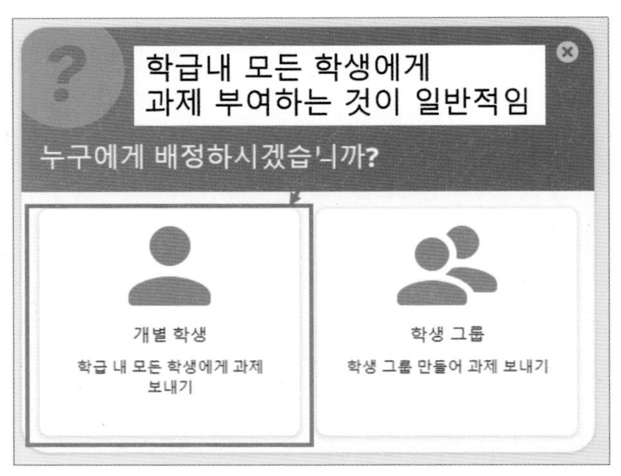

[그림 3-9] 과제 부여하기

학생 그룹은 학생들이 코스페이시스로 가상현실 제작 경험이 충분할 때 공동작업을 하는 것이 좋습니다. 학생들이 코스페이시스의 입문 단계일 경우에는 일반적으로 학급 내 모든 학생에게 개별 과제를 부여하는 방식을 선택합니다.

(5) 학생 계정 회원가입

학생 계정으로 가입하기 위해서 회원 가입 화면에서 학생을 선택합니다. 선생님이 학급을 개설할 때 부여된 학급 코드를 학생들에게 알려주고 학급 코드를 입력하도록 합니다. 간혹 코드를 입력하는데 아무런 글자가 입력되지 않는 경우는 글자 입력 모드가 한글 모드일 경우입니다. 이런 경우에 영어 입력 모드로 바꾸면 입력할 수 있습니다.

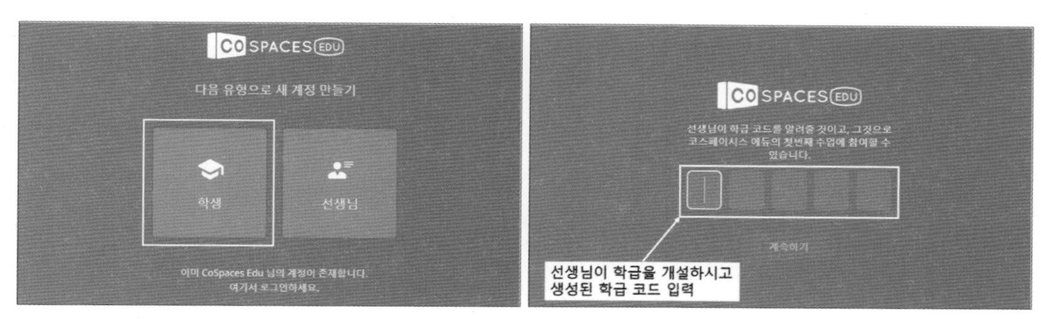

[그림 3-10] 학생 계정 가입하기

학급 코드를 올바르게 입력하면 학생의 계정을 만드는 창이 활성화됩니다. 학생의 이름과 아이디, 비밀번호를 작성하면 계정이 생성됩니다. 가입 후 다시 로그인하면 내 학급의 학급목록에 선생님이 만드신 학급 이름이 뜹니다. 학급을 선택하면 그 학급에 선생님이 부여한 과제를 볼 수 있습니다. 학생 계정이 올바르게 생성되었습니다.

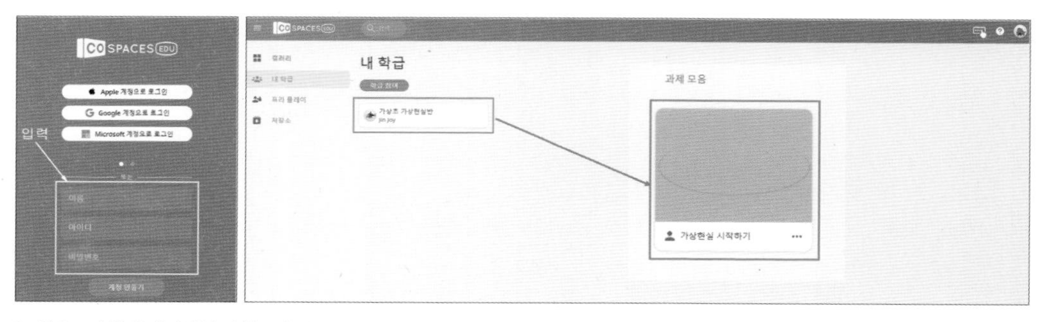

[그림 3-11] 학생 계정 생성 및 학급 참여

02. 코스페이스 메뉴

(1) 화면 메뉴

코스페이시스 제작 화면의 기본 메뉴에 대해 살펴보겠습니다. 먼저 화면 중앙에 카메라가 있는데, 이것은 코스페이시스를 플레이하여 체험할 때 사용자의 관점이나 시야라고 할 수 있습니다. 사용자가 보는 장면이 카레라가 비치는 장면이라고 생각하면 됩니다. 왼쪽 하단에는 라이브러리, 업로드, 배경 메뉴가 있는데 이것은 오브젝트를 삽입하거나 외부 데이터를 업로드하고 가상현실 콘텐츠의 배경을 지정하는 메뉴입니다. 오른쪽 상단에는 공유, 코드, 플레이가 있는데 제작한 작품을 다른 사람들과 다양한 방법으로 공유하거나 코블록스로 블록 코딩하여 오브젝트를 제어할 수 있습니다. 플레이는 제작한 가상현실 콘텐츠를 실행하여 체험하거나 자신이 제작한 것이 어떻게 실행하는지 확인할 때 사용하는 메뉴입니다.

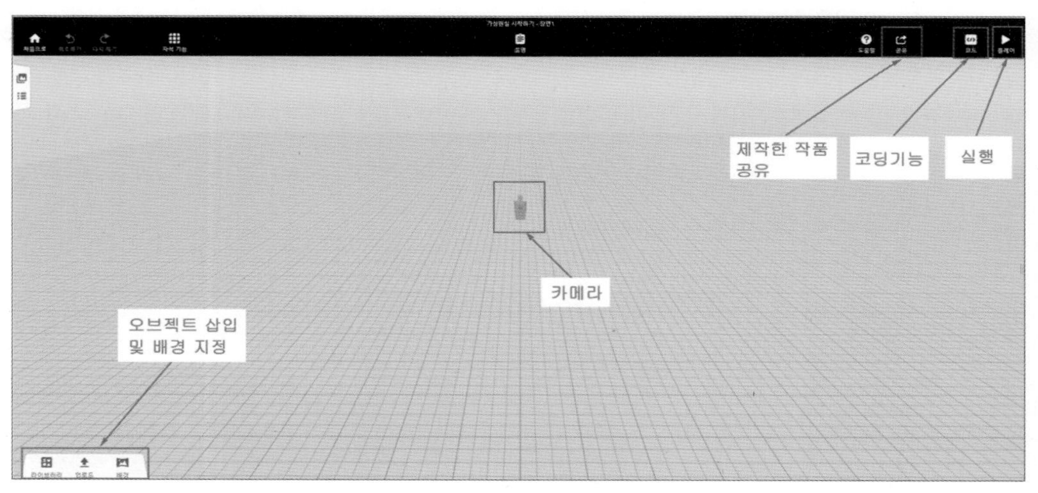

[그림 3-12] 코스페이시스 기본 화면 메뉴

(2) 라이브러리

코스페이시스 제작 화면의 왼쪽 하단에는 라이브러리, 업로드, 환경이라는 메뉴 중 라이브러리는 코스페이시스에서 제공하는 각종 오브젝트를 삽입할 수 있는 메뉴입니다. 라이브러리에는 캐릭터, 동물, 주택, 자연, 수송, 아이템, 만들기, 특수 오브젝트를 삽입할 수 있습니다. 캐릭터는 다양한 애니메이션을 할 수 있는 캐릭터들이 있습니다. 동물은 육상 동물, 수생 동물, 조류 등을 삽입할 수 있습니다. 주택은 집을 구성하는 다양한 소품들이 제공되고, 자연은 식물을 비롯하여 구름과 바위, 태양계 행성들이 제공됩니다. 수송은 각종 수송기관이 모델링 되어 있고 아이템은 각종 소품, 장식품, 음식 등이 있습니다. 만들기는 사용자가 원하는 모양을 만들 수 있는 요소들이 제공되고 특수 카메라와 경로가 제공됩니다. 예를 들어 라이브러리에서 동물을 선택하고 자신이 원하는 오브젝트를 선택하여 코스페이시스 제작화면으로 드래그하여 삽입하면 3D 오브젝트가 제작화면에 삽입됩니다.

[그림 3-13] 라이브러리 오브젝트 삽입하기

(3) 업로드

업로드 메뉴는 코스페이시스에서 기본적으로 제공하는 오브젝트 이외에 사용자가 직접 오브젝트를 삽입할 수 있는 메뉴입니다. 이미지, 3D 모델, 비디오, 소리 등을 삽입할 수 있습니다. 이미지는 웹 검색을 통해 인터넷에서 제공되는 사진을 추가하거나 자신의 컴퓨터에 저장되어 있는 사진을 업로드할 수 있습니다. 3D 모델은 외부 프로그램에서 제작한 3D 모델을 코스페이시스 제작 화면으로 삽입하는 데 사용합니다. 비디오는 MP4로 제작된 동영상을 삽입할 수 있습니다. 소리는 다양한 종류의 소리 파일을 업로드하여 음악을 사용할 수 있습니다.

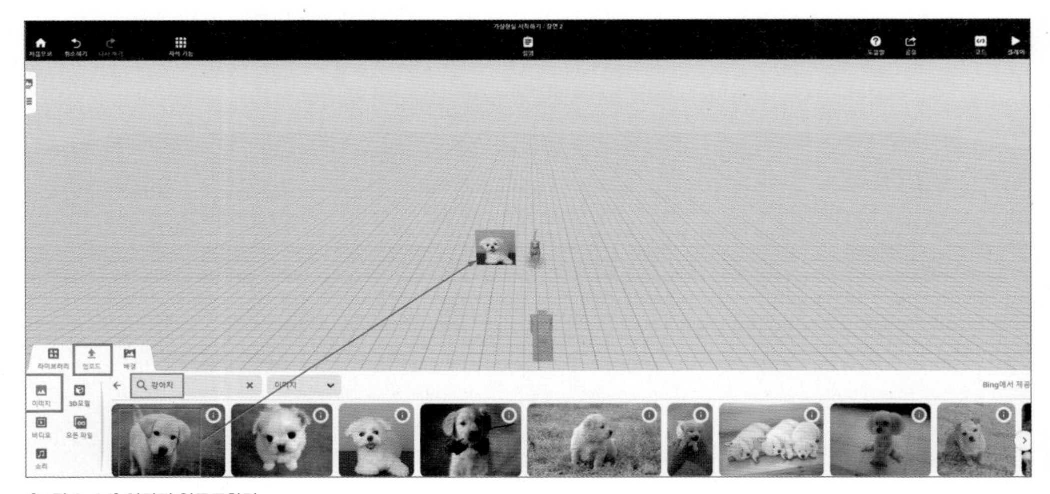

[그림 3-14] 이미지 업로드하기

(4) 배경

코스페이시스 제작 화면의 배경을 콘텐츠의 종류에 맞게 바꿔줄 수 있습니다. 사막, 바다, 초원, 숲, 도시 등 제공되는 다양한 배경을 활용할 수 있습니다. 선택한 배경에 일곱 가지 필터를 적용하여 다른 느낌을 연출할 수도 있습니다. 바닥 이미지는 제작 공간의 바닥을 특정 이미지로 변경할 때 사용할 수 있습니다. 배경 음악은 코스페이시스를 플레이하여 실행할 때 자동으로 음악을 듣고 싶다면 사용할 수 있습니다.

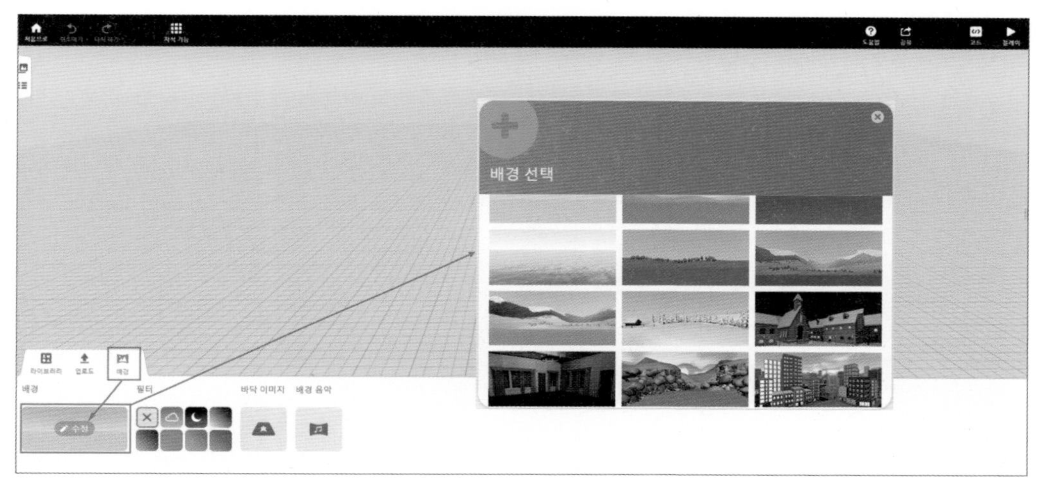

[그림 3-15] 배경 설정하기

(5) 자석 기능

코스페이시스 제작 화면에서 바닥에 있는 격자는 코스페이시스에서 콘텐츠를 제작하는데 위치를 알려주는 좌표입니다. x축으로 60m, y축으로 60m를 좌표로 만든 것이고 굵은 선은 1m 간격을 의미합니다. 기본으로 설정되는 격자의 경우 1m를 네 칸으로 나누었기 때문에 격자의 간격은 0.25m입니다. 이것을 변경시키려면 왼쪽 상단에 있는 자석 기능을 클릭해서 격자의 간격을 조절할 수 있습니다. 격자의 간격에 맞추어 오브젝트와 카메라가 이동하기 때문에 적절한 간격을 맞추는 것이 좋습니다. 만약 자신이 원하는 위치에 정확하게 오브젝트가 이동하지 않는다면 자석 기능에서 격자의 간격을 조정하면 오브젝트를 세밀하게 이동시킬 수 있습니다.

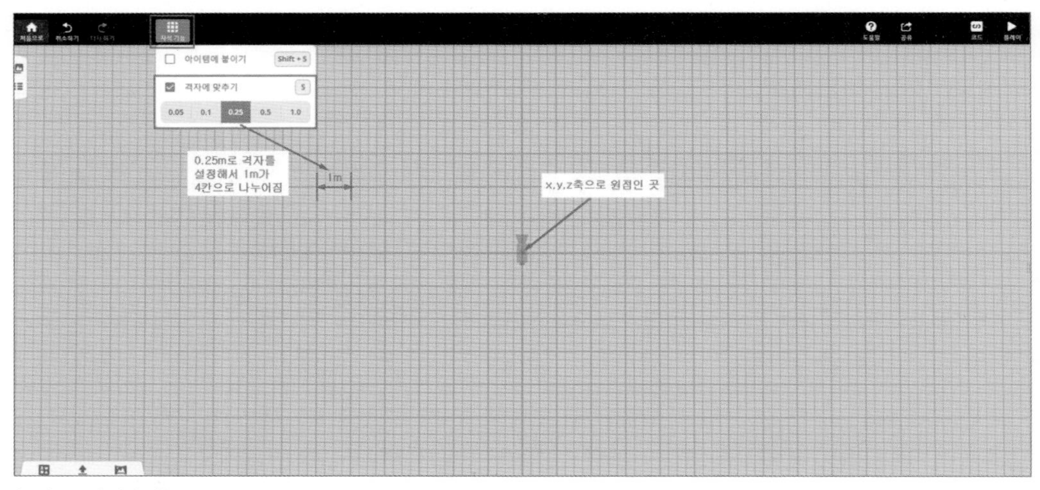
취소하기
아이템에 붙이기
Shift + S
격자에 맞추기
S
0.05
0.1
0.25
0.5
1.0
0.25m로 격자를
설정해서 1m가
4칸으로 나누어짐
1m
x,y,z축으로 원점인 곳

[그림 3-16] 자석 기능

03. 오브젝트 다루기

(1) 오브젝트 기본 설정

라이브러리에서 동물 오브젝트를 드래그엔 드롭하여 작업공간으로 가져옵니다. 오브젝트를 한 번 클릭하면 오브젝트를 회전하거나 이동, 확대, 축소할 수 있는 메뉴가 활성화됩니다. 오브젝트를 위아래로 옮길 때는 상하이동 메뉴를 누른 상태로 이동하면 됩니다.

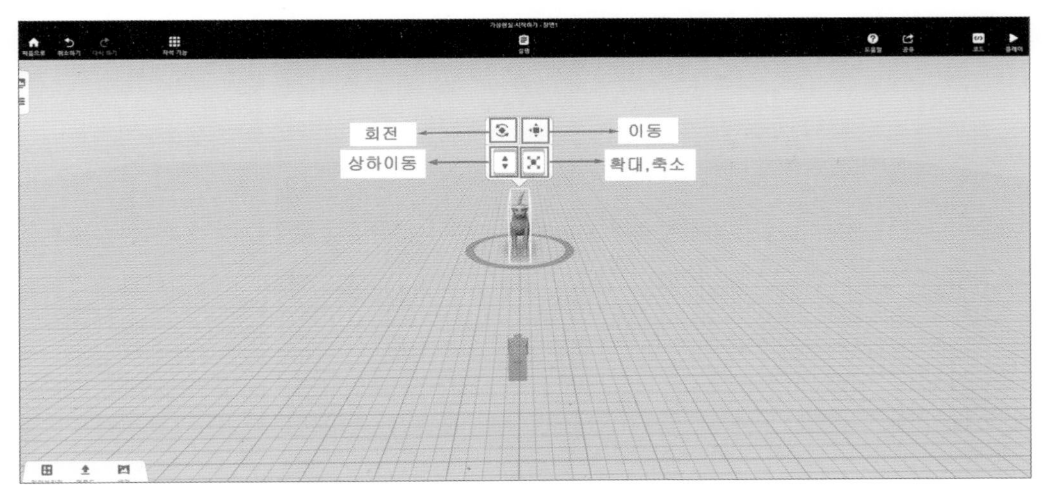

[그림 3-17] 오브젝트 이동 및 크기 변경

(2) 오브젝트 세부 설정

오브젝트를 더블 클릭하거나 오른쪽 마우스로 클릭하면 세부 메뉴가 표시됩니다. 오브젝트의 이름을 한글이나 영어로 수정할 수 있고 코딩을 하기 위한 설정, 말하기 기능, 물리량 부여 기능, 이동기능, 애니메이션, 재질 변경 기능이 있습니다.

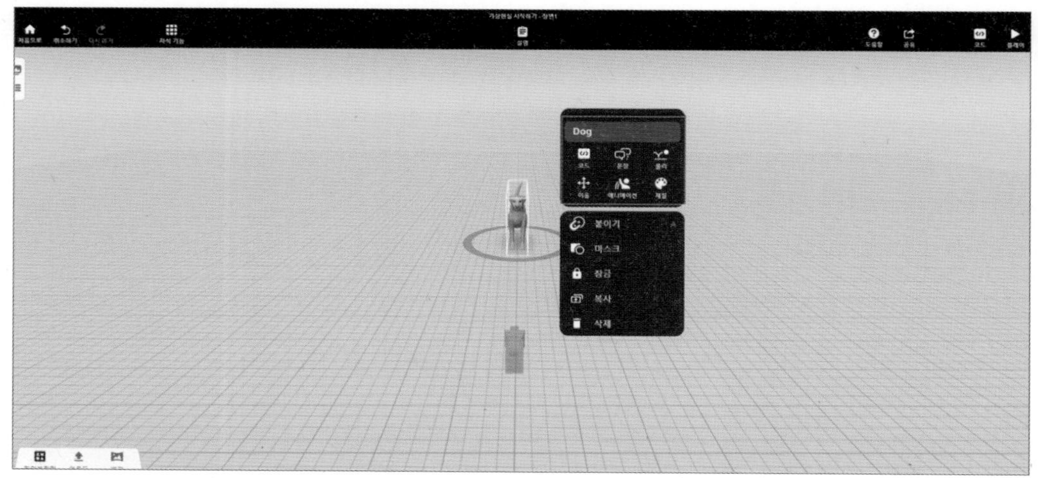

[그림 3-18] 오브젝트 세부 설정

오브젝트를 코딩에 활용하기 위해서는 코드 메뉴 코블록스에서 사용을 활성화합니다. 오브젝트에서 코딩 설정을 하면 오른쪽 상단의 코드에서 코블록스로 블록 코딩을 할 수 있습니다. 모든 오브젝트를 코딩하는 것이 아니라 코드를 활성화한 오브젝트만 코딩할 수 있기 때문에 코딩하려는 오브젝트는 코드를 활성화하는 과정을 거쳐야 합니다.

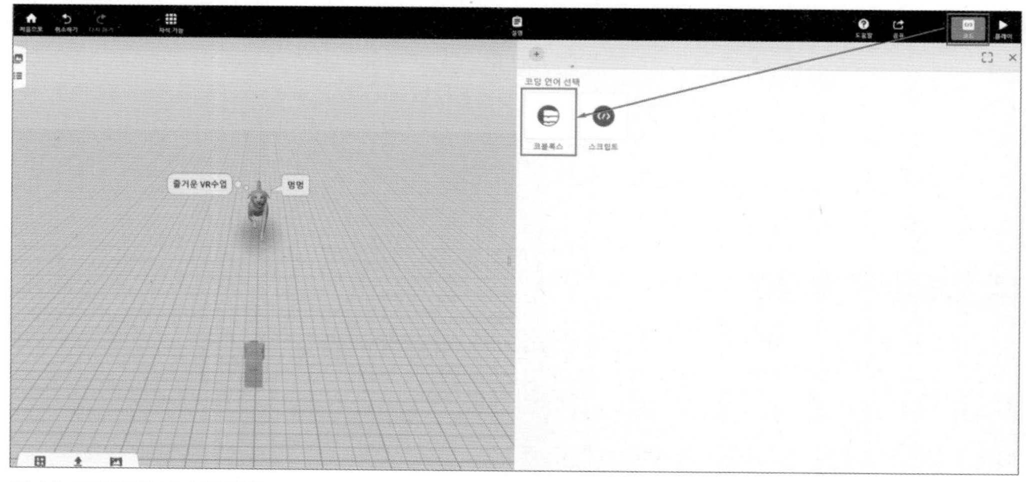

[그림 3-19] 코블록스로 블록 코딩

문장 메뉴에는 생각하기와 말하기 기능이 있습니다. 각 항목에 텍스트를 써넣으면 말풍선의 모양이 조금 다르게 표시됩니다. 문장 메뉴로 넣은 텍스트는 오브젝트에 계속해서 표시됩니다.

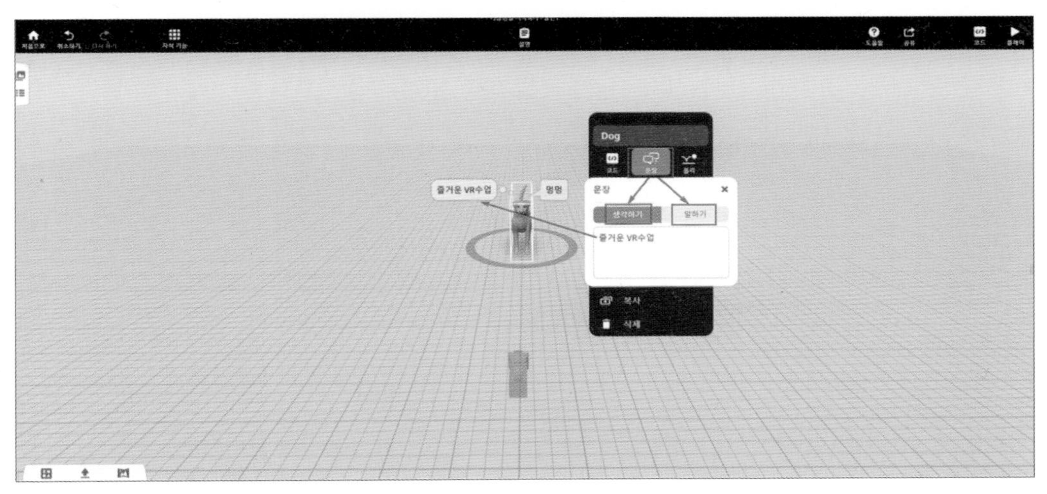

[그림 3-20] 오브젝트 말하기와 생각하기

물리는 오브젝트에 물리량을 부여하는 메뉴입니다. 오브젝트의 질량을 부여하면 그 질량에 따라 아래로 떨어지게 할 수도 있습니다. 탄성을 설정할 수 있어서 공중에서 낙하하는 물체가 바닥에 떨어졌을 때 바닥으로부터 튀어 오르는 높이를 조정할 수 있습니다. 마찰도 부여하면 두 물체의 접촉면에서의 마찰력을 조정하여 물리적인 실험을 할 수 있습니다. 애니메이션은 오브젝트마다 특색 있는 동작을 할 수 있는 기능입니다.

사람 등의 캐릭터는 반응과 자세, 행동에 대해 애니메이션 효과를 적용할 수 있고 동물은 동물의 특성에 맞는 움직임을 설정할 수 있습니다. 모든 오브젝트에 애니메이션이 지원되지는 않고 움직임이 가능한 오브젝트에만 사용할 수 있습니다. 애니메이션을 적용한 오브젝트는 코스페이시스를 실행시키면 계속해서 동작을 반복합니다. 물론 코딩으로 애니메이션을 제어할 수도 있습니다.

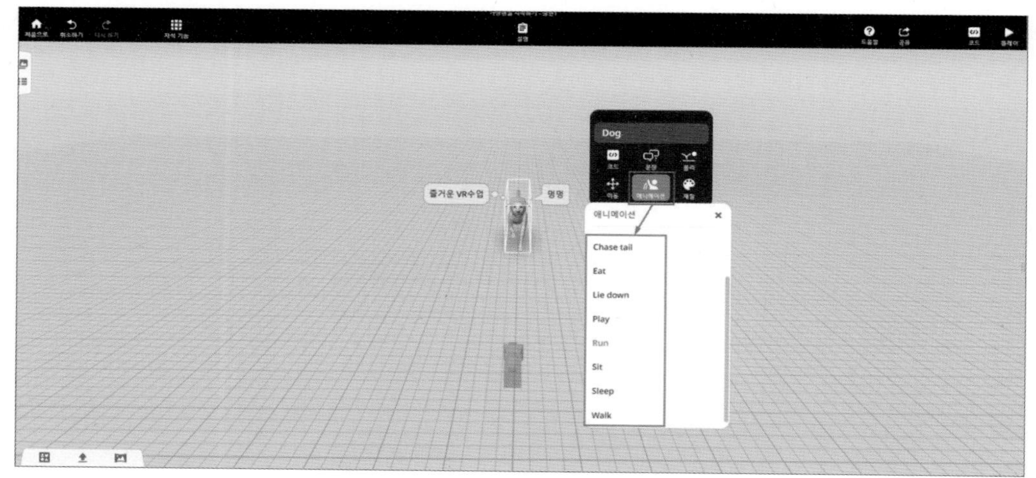

[그림 3-21] 오브젝트 애니메이션 효과

재질은 오브젝트의 색상이나 불투명도를 조정할 수 있는 메뉴입니다. 오브젝트에 따라 각 부분에 대한 색상을 변경하고 불투명도를 지정하여 다양한 효과를 낼 수 있습니다. 만들기 오브젝트는 재질도 변경할 수 있습니다. 색상과 불투명도도 코딩으로 원하는 상황에 맞게 변경할 수 있습니다.

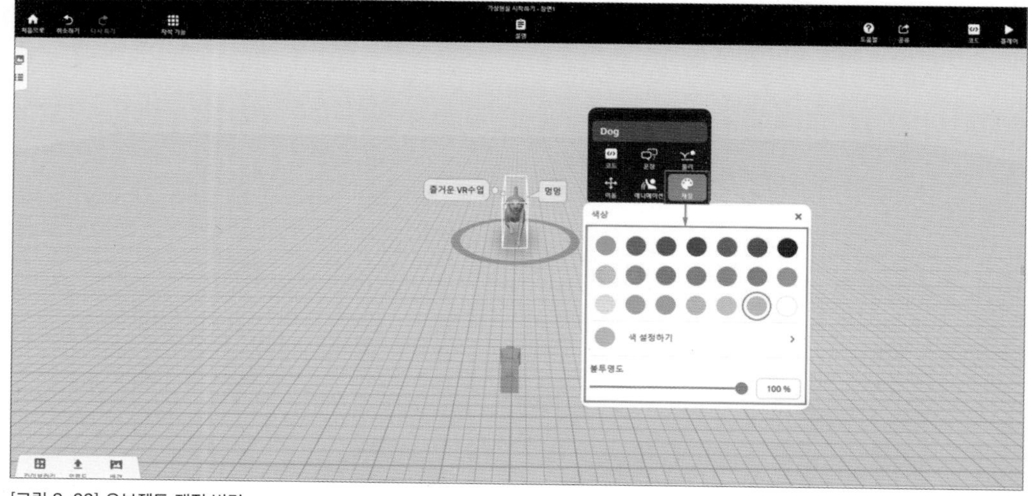

[그림 3-22] 오브젝트 재질 변경

(3) 카메라 설정

코스페이시스에서 카메라는 가상현실을 체험하는 사람의 시점과도 같습니다. 코스페이시스는 바닥에서 1.7m 높이에 카메라가 설정되어 있습니다. 코스페이시스를 플레이하면 체험하는 사람이 바로 보는 장면이 카메라가 향하는 방향입니다. 왼쪽에 있는 물체를 보기 위해서 컴퓨터에서는 왼쪽 마우스를 누른 상태에서 화면을 회전시키거나 HMD를 착용한 사람이 왼쪽으로 시선을 돌리면 카메라가 회전합니다.

카메라를 두 번 클릭하면 카메라에 대해 세부 설정을 할 수 있는데 카메라 이동에서 고정 위치는 한 장소에 고정되어서 회전만 할 수 있는 방식입니다. 걸음은 카메라 이동하는 방식이 마치 사람이 걸어 다니는 속도로 이동하는 것과 같고, 비행은 하늘에서 비행하듯 하늘 위로 이동할 수 있는 방식입니다. 선회는 한 점을 중심으로 카메라가 원을 그리듯 회전하며 관찰할 수 있는 카메라 이동 방식입니다. 상황에 맞게 이동방식과 이동속도를 지정합니다. 일반적으로 HMD를 끼고 사물을 관찰하기에는 걸음방식이 편리합니다.

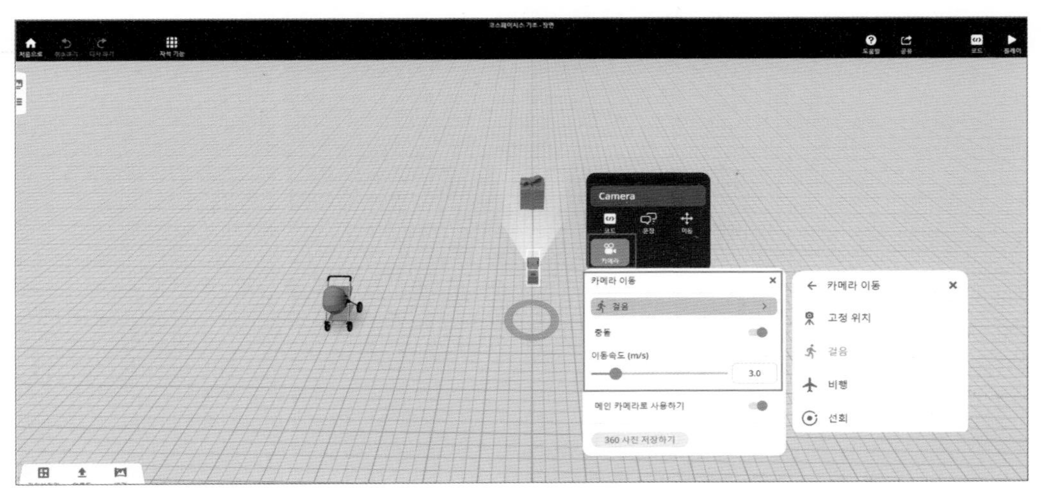

[그림 3-23] 카메라 설정

04. 코스페이시스 단축키

(1) 제작화면 이동

코스페이시스는 가로 60m, 세로 60m의 공간을 다양한 오브젝트로 구성하여 가상현실 콘텐츠를 제작할 수 있습니다. 그러다 보면 제작하고 있는 화면에서 멀리 떨어진 곳에 오브젝트를 배치하여 작업할 때가 많이 있습니다. 그런데 이렇게 멀리 떨어진 오브젝트를 편집하려면 화면이 너무 멀어서 오브젝트가 매우 작게 보여 불편합니다. 원하는 오브젝트가 선택되었는지 확인하기도 쉽지 않습니다. 이럴 때는 스페이스 바를 누른 상태로 왼쪽 마우스로 화면을 끌어오면 작업 시점을 옮길 수 있습니다. 작업하고 있는 화면이 이동되어 멀리 떨어진 오브젝트도 바로 앞쪽으로 이동된 것처럼 보이기 때문에 오브젝트를 선택하여 이동, 복사, 오브젝트 설정 변경 등의 작업을 하는데 편리합니다.

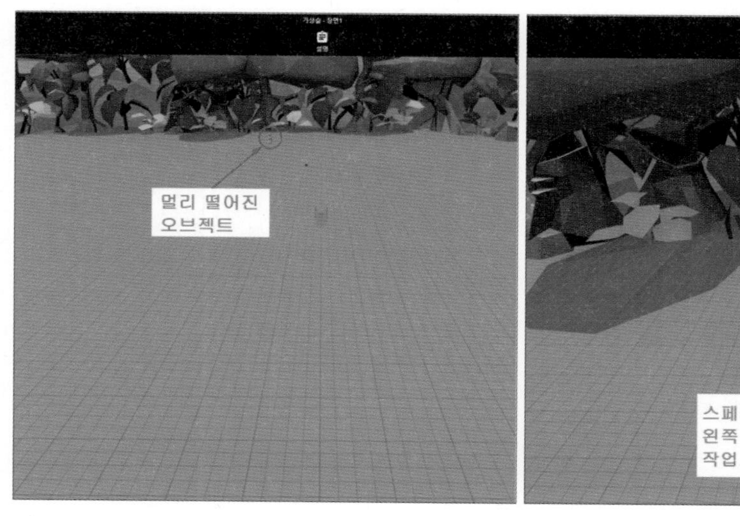

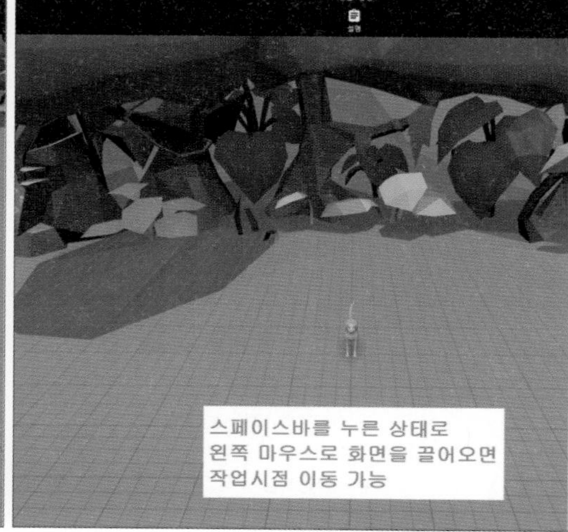

[그림 3-24] 제작화면 이동

(2) 복사 단축키

동일한 오브젝트를 많이 복사해서 사용할 때 Ctrl+c와 Ctrl+v를 사용할 수 있습니다. 이 단축키는 복사한 오브젝트들이 원본 오브젝트의 같은 위치에 복사가 되어 다른 곳으로 옮겨야 합니다. 더욱 편리하게 복사하기 위해서는 복사하려는 오브젝트를 오른쪽 마우스로 영역으로 선택한 후 Alt 키를 누른 상태로 왼쪽 마우스로 드래그하면 오브젝트들 쉽게 복사할 수 있습니다.

[그림 3-25] 오브젝트 복사하기

(3) 플레이할 때 이동

코스페이시스에서 제작한 콘텐츠를 플레이했을 때 카메라를 이동시키면서 체험할 때 방향키를 이용해서 이동할 수도 있고 키보드의 A, S, D, W 키를 이용하여 이동할 수도 있습니다. A는 왼쪽으로 이동, D는 오른쪽으로 이동, S는 뒤로 이동, W는 앞으로 이동할 때 사용합니다.

[그림 3-26] 플레이 모드에서 카메라 이동 키

CHAPTER

02 코스페이시스 시작하기

01. 정원 제작하기

(1) 배경 설정하기

코스페이시스 제작 시 장면은 3D 환경, 360° 이미지, 멀지 큐브 중 원하는 것을 선택할 수 있습니다. 3D 오브젝트를 사용하여 가상현실 콘텐츠를 제작하기 위해서 3D 환경을 선택하고 다양한 템플릿이 있는데 정원 제작을 위해 빈 장면(Empty scene)을 선택합니다.

[그림 3-27] 장면 선택

정원에 어울리는 배경을 선택합니다. 필터는 선택한 배경에 특별한 필터를 적용하는 것으로 필터를 적용하면 오브젝트의 색깔이 필터가 적용된 색으로 표현됩니다.

[그림 3-28] 배경 선택

(2) 오브젝트 삽입

가상 공간에 다양한 3D 오브젝트를 삽입할 수 있습니다. 라이브러리에 있는 다양한 오브젝트를 삽입할 수 있는데 공간을 체계적으로 구성하기 위해서는 큰 오브젝트로 전체적인 윤곽을 만들고 조금씩 작은 오브젝트로 공간을 채워나가는 것이 좋습니다.

집의 정원을 만들기 위해 먼저 집과 울타리, 나무 등을 배치한 후에 작은 소품들과 풀, 꽃, 동물 등으로 정원을 제작하는 것이 좋습니다.

울타리, 풀, 꽃과 같이 작은 오브젝트는 많은 개체를 복사해서 배치해야 하므로 오른쪽 마우스로 개체들을 선택한 후 Alt를 누른 상태로 복사해서 배치하는 방법을 사용하면 좋습니다.

[그림 3-29] 정원 전체적인 구조 만들기

정원에 호수를 만들려고 합니다. 물 느낌을 위해 원을 가져와서 크기를 변경하고 주위에 돌들을 배치하여 정원에 있는 호수를 제작합니다.

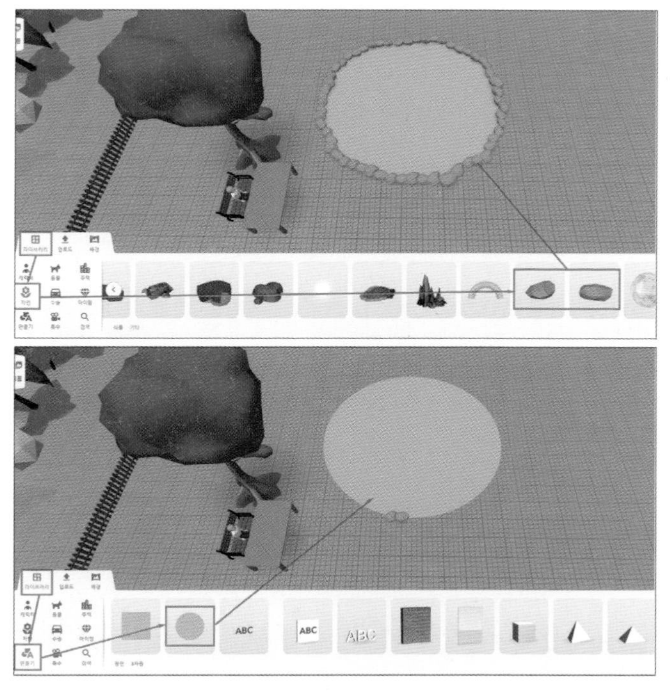

[그림 3-30] 호수 만들기

집의 정원에 어울리는 다양한 오브젝트를 가져옵니다. 벤치, 캐릭터, 동물 등을 배치하여 정원을 완성합니다.

[그림 3-31] 정원 완성

(3) 애니메이션 설정하기

코스페이시스에는 캐릭터와 동물, 몇 가지 특별한 오브젝트에 애니메이션이 제공됩니다. 상황에 맞는 자세나 동작을 지정하면 애니메이션을 실행하게 됩니다. 애니메이션을 설정하면 코스페이시스를 플레이하는 동안 지정한 애니메이션을 수행하게 됩니다.

[그림 3-32] 애니메이션 설정하기

(4) 공유하기

코스페이시스의 제작이 끝나서 다른 사람들에게 작품을 알리거나 스마트폰으로 플레이하기 위해서는 공유를 하게 됩니다. 공유 방식은 비공개 공유로 링크 주소로 공유하는 방법과 갤러리에 공유하여 전 세계 누구라도 자신이 제작한 코스페이시스를 볼 수 있는 방식이 있습니다. 자신이 원하는 방식으로 공유할 수 있습니다. 여기에서는 비공개 공유방식으로 공유해보겠습니다.

[그림 3-33] 비공개로 공유하기

비공개 방식을 선택하게 되면 작품 이름과 설명을 적을 수 있는 창이 생성됩니다. 작품 이름과 설명은 쓰지 않아도 크게 문제가 되지는 않습니다. 공유 상세정보에 리믹스 허용에 대해 선택 메뉴가 있습니다. 리믹스를 허용하면 다른 사용자가 자신이 제작한 코스페이시스 작품을 복사해서 사용할 수 있도록 허락하는 것입니다. 신중하게 생각해서 복사를 허용하기 원하는 사람은 복제를 허용해도 됩니다. 비공개 공유를 선택하면 비공개로 공유가 됩니다. 비공개 공유가 끝난 작품을 다른 사람들에게 공유하기 위해서 공유를 선택합니다.

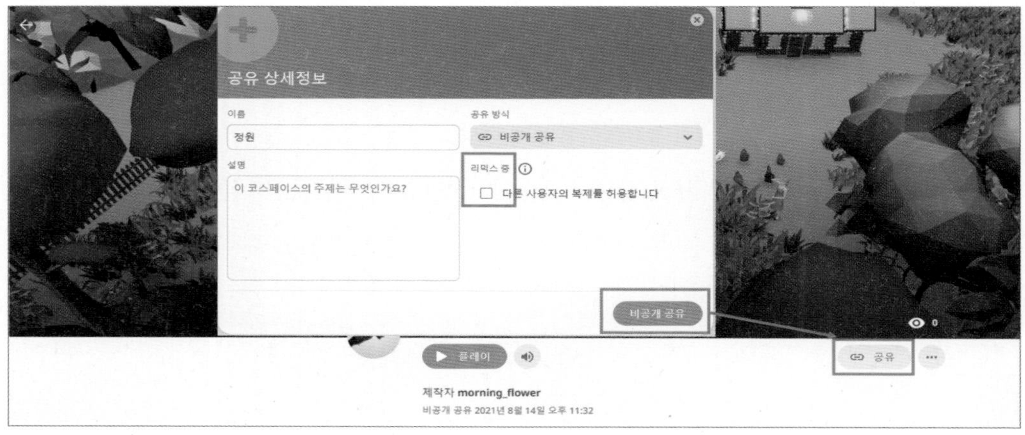

[그림 3-34] 비공개 공유 상세정보

공유를 할 수 있는 방법은 QR코드를 전달하거나 공유 코드, 공유 링크를 전달하는 것입니다. 자신이 원하는 방식으로 자신이 제작한 콘텐츠를 공유할 수 있습니다.

[그림 3-35] 공유하는 방법

(5) 콘텐츠 체험하기

스마트폰에 코스페이시스 앱을 설치하였으면 공유된 콘텐츠를 체험할 수 있습니다. 먼저 로그인 옆에 있는 손가락 모양의 보기 메뉴를 선택합니다. 코스페이시스 보기 메뉴 방식이 두 가지 제공됩니다. QR코드 스캔이나 공유 코드 방식 중 하나를 선택하여 콘텐츠를 연결합니다. 콘텐츠가 연결되면 플레이 버튼을 선택하면 코스페이시스를 체험할 수 있게 됩니다. 왼쪽의 화살표를 누르고 이동하면서 체험할 수 있습니다. 더욱 다양한 방법으로 체험하기 위해 오른쪽 아래에 있는 안경 버튼을 선택할 수 있습니다.

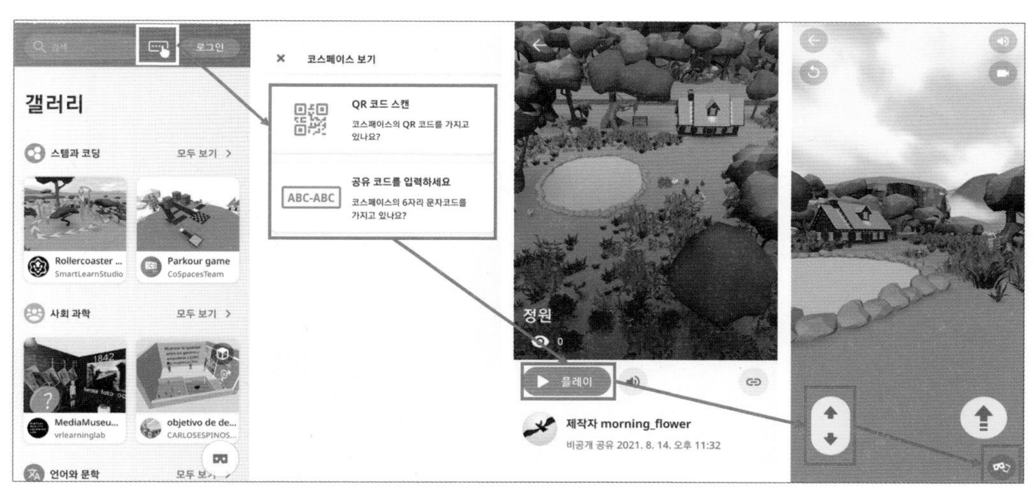

[그림 3-36] 스마트폰으로 콘텐츠 체험하기

핸드폰에서 HMD를 활용해서 VR로 보거나 공간을 인식하여 AR로 투영하여 체험할 수 있습니다. 그리고 자이로센서를 키면 핸드폰의 기울기에 따라 화면이 움직이는 것을 볼 수 있습니다. 그러나 핸드폰의 기종 차이로 AR 모드나 자이로센서가 작동하지 않을 수도 있습니다.

VR로 체험하기 위해 VR로 보기를 선택하면 화면이 두 개로 분할되어 장면이 제시됩니다. 이것을 HMD에 끼워 체험하면 됩니다.

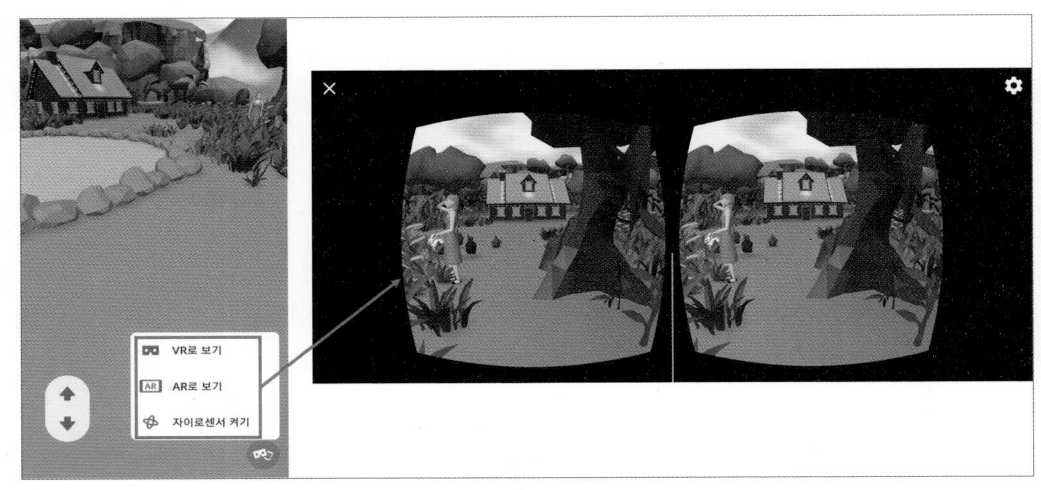

[그림 3-37] VR과 AR로 체험하기

VR로 체험하기 위해 저렴한 구글 카드보드를 사용할 수 있습니다. 구글 카드보드 2.0은 오른쪽 위에 은색 버튼이 있는데 이 버튼을 누르면 관찰자가 앞으로 이동하게 됩니다. 이 터치 버튼은 전도성 물질로 되어 있어서 마치 핸드폰을 손으로 터치하는 효과가 있습니다.

[그림 3-38] 구글 카드보드 2.0

02. 미술전시관 제작하기

(1) 미술전시관 형태 만들기

미술전시관에 어울리는 배경을 선택합니다. 코스페이시스의 라이브러리 중 만들기 메뉴를 활용하면 자신이 제작하고 싶은 구조물을 손쉽게 제작할 수 있습니다. 미술전시관의 구조를 제작하기 위해 네모 상자를 가져와서 길이와 폭, 높이를 조정합니다. 재질을 변경하고 나머지 벽들도 만듭니다.

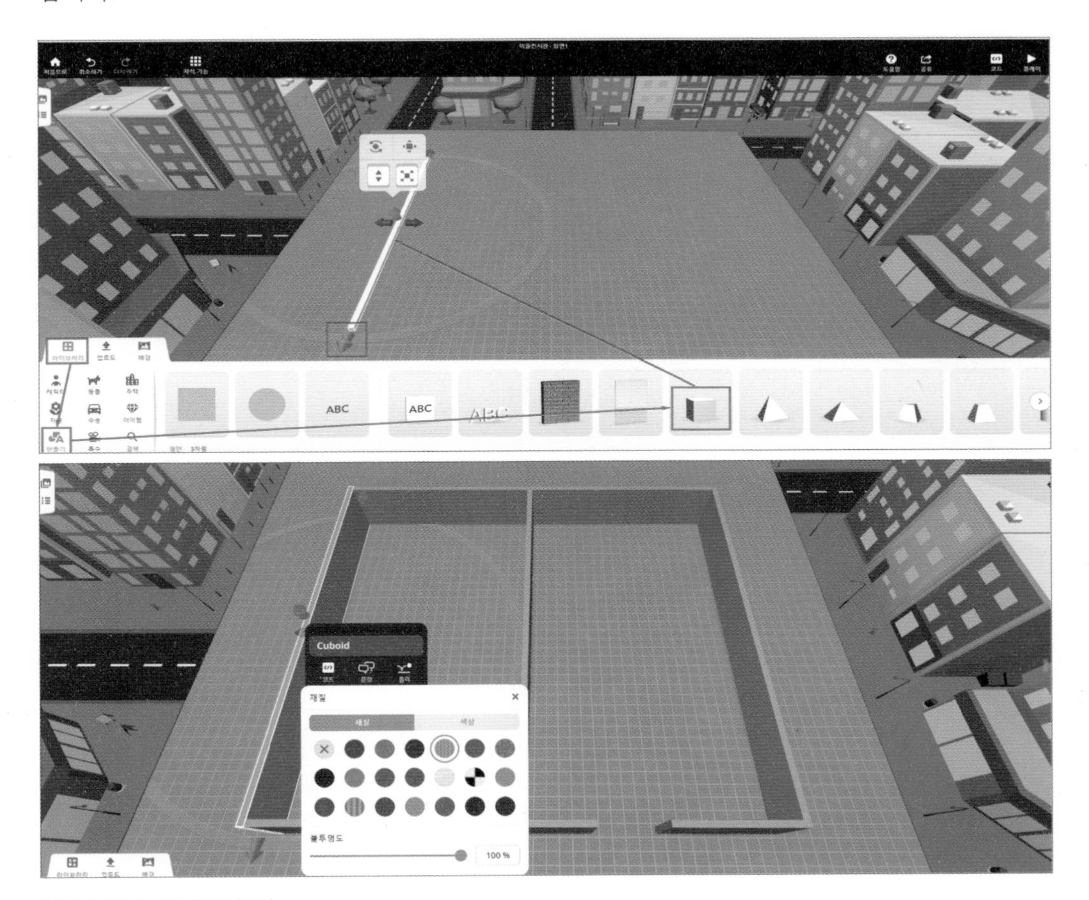

[그림 3-39] 전시관 형태 만들기

미술전시관의 바닥과 문을 배치하여 크기를 조절합니다. 앞으로 다른 오브젝트들을 선택하여 편집할 때 이미 제작한 미술전시관의 형태가 선택되어 움직일 수 있습니다. 벽들과 문, 바닥을 모두 선택한 후에 잠금을 설정하면 잠금을 해제하기 전까지 움직이지 않도록 하는 것이 좋습니다.

[그림 3-40] 바닥과 문 설치

(2) 액자 만들기

미술전시관에 어울리는 작품들을 액자 위에 붙이려고 합니다. 액자를 만들고 그 위에 그림을 정확하게 붙이기 위해서 자석 기능에서 아이템에 붙이기를 활성화하면 원하는 아이템에 쉽게 붙일 수 있습니다.

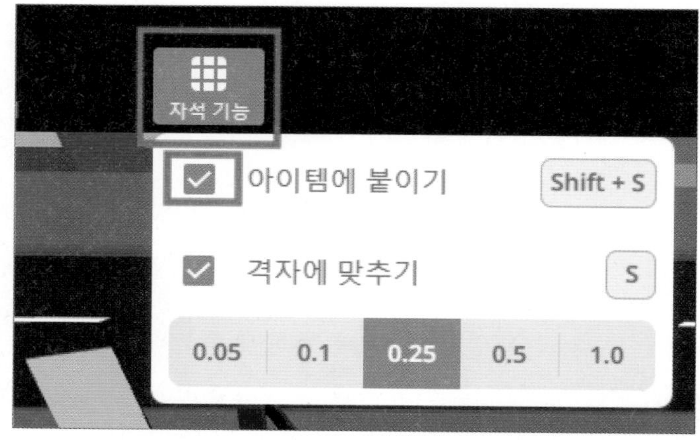

[그림 3-41] 아이템에 붙이기 활성화

액자는 라이브러리의 만들기에서 네모 상자의 폭과 너비, 높이를 조절하여 만듭니다. 이때 위쪽에 그림을 붙일 수 있는 방향으로 네모 상자를 변형합니다. 다른 아이템에 붙는 면은 오브젝트를 선택했을 때 동그라미가 표시되는 아래쪽입니다. 따라서 다음에 액자를 전시관에 붙일 것을 고려한다면 액자가 붙을 면을 고려해서 액자를 만드는 것이 중요합니다. 액자 틀을 만들고 그림은 업로드의 그림-웹 검색을 통해 원하는 그림을 가져와 액자 틀에 붙입니다.

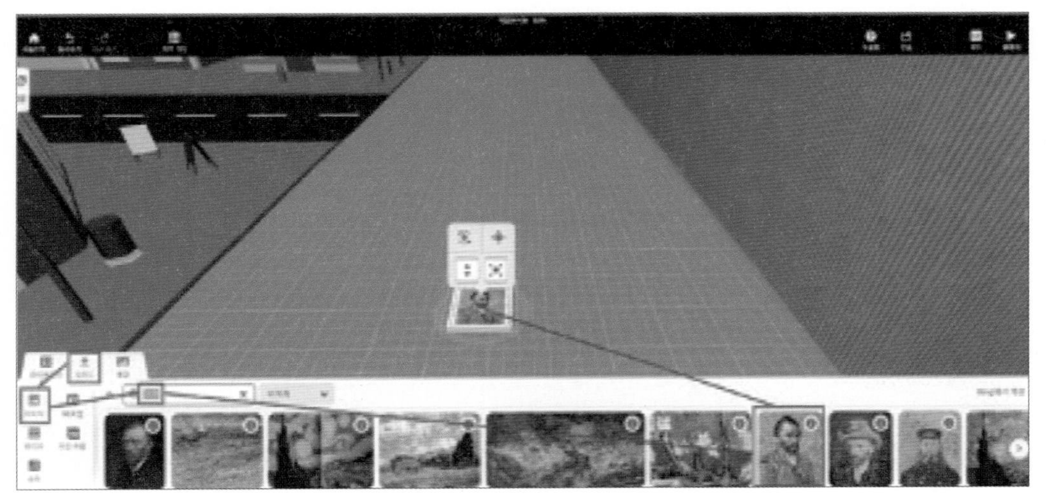

[그림 3-42] 그림을 액자에 붙이기

아이템에 붙이기와 오브젝트의 메뉴에서 붙이기는 차이가 있습니다. 아이템에 붙인 것들은 이동시킬 때 하나씩 개별적으로 움직이게 되지만 붙이기 기능으로 붙인 오브젝트들은 하나의 그룹처럼 움직이는 특성이 있습니다. 여러 개의 액자를 만들기 위해서는 액자 하나를 복사해서 여러 개 만들어놓고 그 액자에 원하는 그림을 붙인 후에 전시관 벽에 액자를 배치합니다. 액자와 그림은 두 개의 오브젝트이기 때문에 함께 이동시키기 위해서는 액자의 테두리 부분을 선택해서 액자를 옮기면 함께 이동하게 되고 그림을 선택하면 그림만 이동하게 됩니다. 고흐 작품을 검색해서 전시관에 전시할 작품을 만듭니다. 크기와 위치를 고려해서 다양한 작품을 배치합니다.

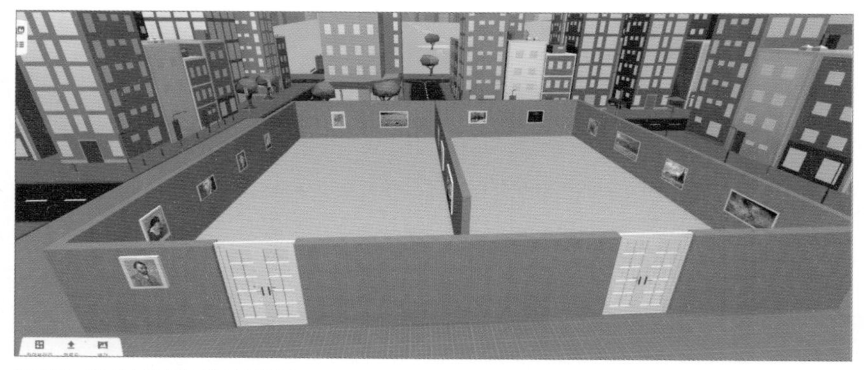

[그림 3-43] 미술전시관 작품 설치하기

(3) 미술전시관 완성하기

미술전시관에 미술품만 있다면 허전할 것입니다. 미술품에 대한 설명과 관람에 대한 안내 등이 필요합니다. 라이브러리의 만들기에서 게시판을 사용해 작품의 이름, 제작 연도, 안내 사항을 추가하면 멋진 미술전시관이 될 것입니다. 미술전시관을 관람하는 사람들, 다양한 소품 등을 배치하면 좀 더 실감 나는 미술전시관이 될 것입니다. 모든 작품과 소품, 관람객 등을 구성하였다면 전시관 입구의 애니메이션을 open으로 변경하여 플레이하였을 때 미술전시관에 입장할 수 있도록 합니다. 마지막으로 전시관의 천장을 만들어서 전시관 제작을 마무리합니다.

[그림 3-44] 가상 미술전시관 완성

고흐 가상 미술전시관이 완성되었습니다. 완성된 작품을 QR 코드와 공유 코드, 공유 링크로 공유합니다. 다양한 주제로 각자가 원하는 가상 전시관을 제작할 수 있습니다. 선생님들은 학급 학생의 미술 작품이나 활동 모습을 전시관으로 제작할 수도 있고 학생들은 자신의 관심사를 전시관으로 제작할 수 있습니다.

[그림 3-45] 고흐 가상 미술전시관 공유

03. 자기 소개하기

(1) 템플릿 선택하기

지금까지 코스페이시스로 콘텐츠를 제작할 때 3D 환경에서 빈 화면을 선택하여 공간을 구성하였습니다. 3D 환경에 빈 화면뿐 아니라 자기소개, 코로나19 활동 계획, 4칸 디오라마, 갤러리, 게임 템플릿이 제공됩니다. 이번에는 자기소개 템플릿으로 간편하게 자기를 소개하는 콘텐츠를 제작하겠습니다.

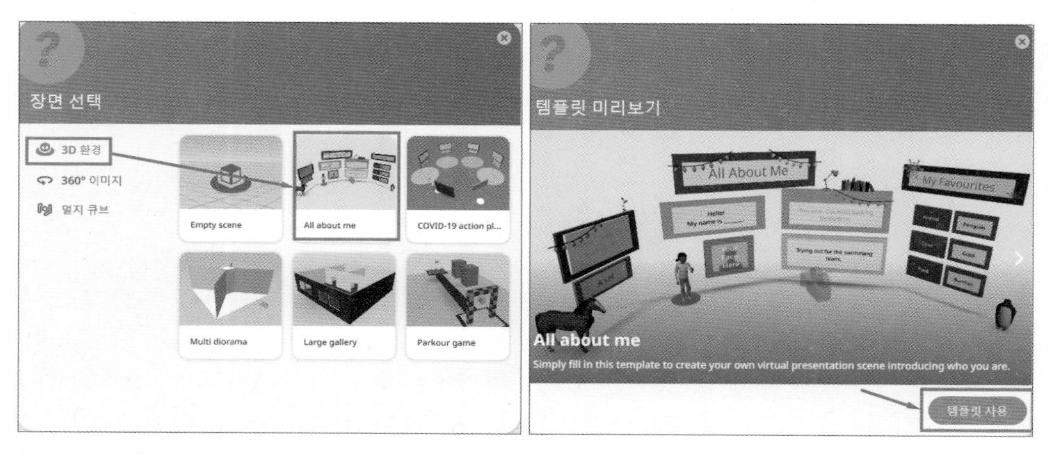

[그림 3-46] 자기소개 템플릿 사용하기

코스페이시스 만들기 첫 화면에서 장면 선택할 때 'All About Me' 템플릿을 선택합니다. 이 템플릿은 자신에 대해 다른 사람들에게 알려주는 콘텐츠를 제작하기 쉽도록 게시판과 오브젝트들이 제공되는 템플릿입니다. 이름, 사진, 어렸을 때의 꿈, 올해 가장 기대되는 것, 좋아하는 것 등을 기록할 수 있게 게시판이 제공되어 있습니다. 물론 영어로 된 게시판을 한글로 바꾸거나 재질을 변경할 수도 있고 오브젝트를 변경할 수도 있습니다.

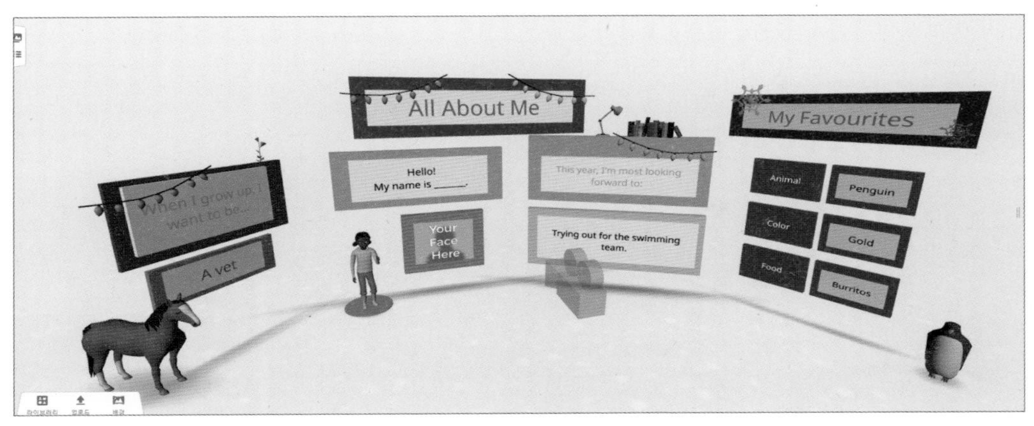

[그림 3-47] 자기소개 템플릿

(2) 템플릿 내용 수정하기

영어로 제작된 템플릿을 자신이 원하는 방식으로 변경할 수 있습니다. 사진 자료를 게시판에 넣기 위해서는 자석 기능에서 아이템에 붙이기를 선택하면 그림을 삽입하기 쉽습니다. 게시판의 주제와 내용도 자신에게 맞게 변경하고 삽입된 오브젝트도 변경하고 애니메이션 효과도 넣어서 자기소개 콘텐츠를 제작합니다.

[그림 3-48] 자기소개 템플릿 수정하기

마지막에 제시된 주제는 자신이 좋아하는 것을 알려주는 것입니다. 자신이 좋아하는 것뿐 아니라 잘하는 것, 취미 등에 대해 알려주는 것도 좋습니다. 템플릿에는 사진이 없지만 사진 자료를 업로드하여 추가해도 좋습니다.

[그림 3-49] 자기소개 내용완성

(3) 템플릿에 미디어 업로드하기

자기소개에 사진 자료뿐 아니라 배경 음악과 동영상도 넣을 수 있습니다. 음악은 저작권에 자유로운 무료 음악을 삽입하면 좋습니다. 유튜브에 로그인하여 'YouTube 스튜디오-오디오 보관함'에 가면 유튜브에서 제공하는 1,800곡이 넘는 다양한 음악을 무료로 사용할 수 있습니다. 또한 공유마당(https://gongu.copyright.or.kr/)이라는 한국저작권위원회에서 제공하는 무료 음악을 활용할 수도 있습니다. 동영상은 컴퓨터에 저장된 영상을 업로드할 수 있습니다. 먼저 동영상을 업로드한 다음에 업로드된 동영상을 작업공간으로 가져오면 됩니다. 동영상은 최대 50M까지만 탑재할 수 있습니다.

[그림 3-50] 배경음악 업로드하기

템플릿을 사용하면 기본적인 구조가 세팅되므로 시간을 절약하는 장점이 있습니다. 대신 자신이 원하는 방식으로 마음껏 상상하며 콘텐츠를 제작하려면 빈 화면으로 제작해도 좋습니다.

[그림 3-51] 자기소개 공유

04. 멀지 큐브(Merge Cube) AR

(1) 멀지 큐브 선택하기

증강현실(AR)을 실행시키는 데는 마커 없이 실행시키는 방법이 있고, 마커를 스캔해서 증강현실을 활성화하는 방법이 있습니다. 마커를 사용할 때는 콘텐츠마다 다른 마커를 사용해야 합니다. 그런데 멀지 큐브는 하나의 마커로 다양한 증강현실 콘텐츠를 실행시킬 수 있습니다. 정육면체로 생긴 마커를 이용해서 입체적이고, 실감 나는 증강현실을 실현할 수 있는 장점이 있습니다.

코스페이시스도 멀지 큐브를 활용해서 증강현실 콘텐츠를 제작하고 체험할 수 있습니다. 멀지 큐브를 사용하려면 장면 선택에서 멀지 큐브를 선택해야 합니다.

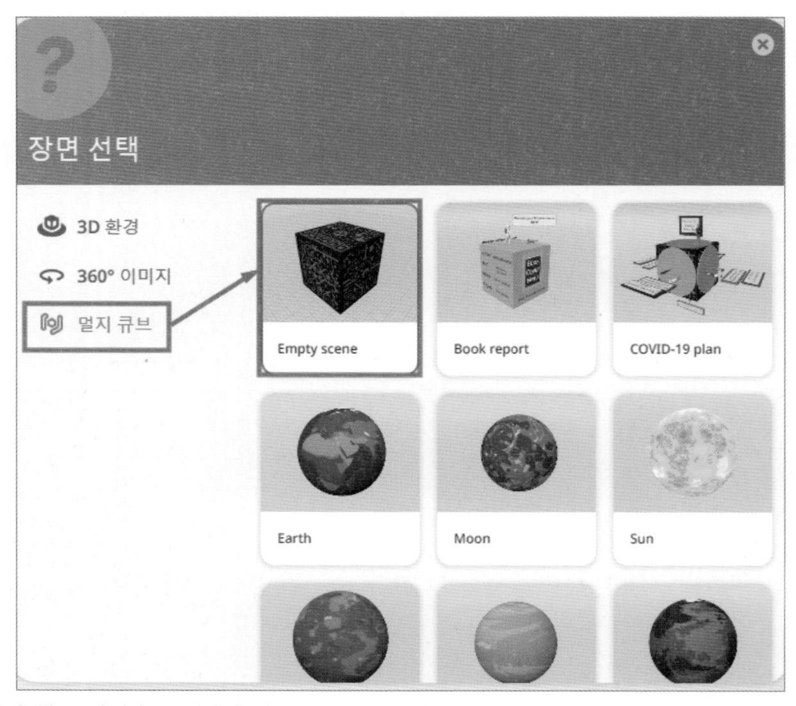

[그림 3-52] 멀지 큐브 장면 선택하기

(2) 공룡 소개하기

멀지 큐브의 여러 면 중에서 merge라는 글자가 써진 위쪽에 공룡을 가져다 놓습니다. merge 글자 위쪽 면은 멀지 큐브를 플레이하면 정면으로 보이는 면입니다. 공룡을 가져와서 문장 메뉴에서 말하기로 자신을 소개하는 문장을 입력해봅니다. 공룡에게 애니메이션 효과를 주면 정지되어 있지 않고 움직여서 좀 더 활력있는 콘텐츠가 될 수 있습니다.

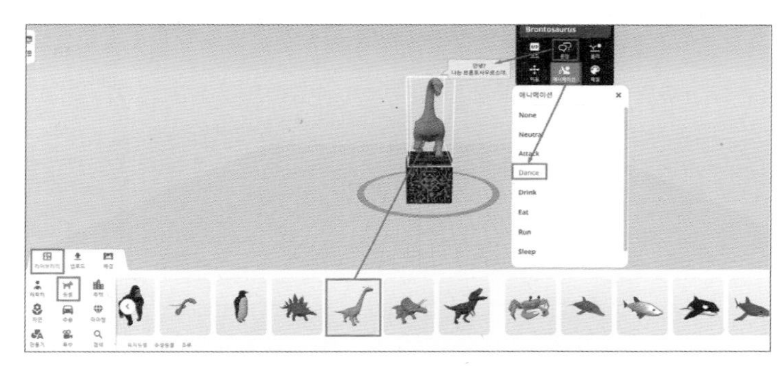

[그림 3-53] 공룡 오브젝트 가져오기

멀지 큐브는 한 면만 사용하지 않고 여러 면을 사용하여 콘텐츠를 제작할 수 있습니다. 각 면에 오브젝트를 배치해두고 멀지 큐브를 실행한 후 멀지 큐브를 돌리면 멀지 큐브의 회전에 따라 오브젝트들도 함께 회전하면서 보입니다. 여러 면에 다른 공룡을 삽입하고 공룡의 특징에 맞게 말하기와 애니메이션을 설정해 봅시다.

[그림 3-54] 멀지 큐브 여러 면 활용하기

멀지 큐브 콘텐츠 제작이 끝난 후 플레이를 하면 컴퓨터로 실행되는 것을 볼 수 있지만, 이 코스페이시스는 멀지 큐브 전용으로 만들어졌으니 휴대폰이나 태블릿에서 실행한 후 멀지 큐브로 감상하라는 안내가 나옵니다. 멀지 큐브를 실감 나게 실행하기 위해서는 우선 멀지 큐브가 있어야 합니다. 멀지 큐브는 인터넷에 'merge cube 도안'이나 'merge cube pdf'라고 검색하면 도안을 pdf로 다운받을 수 있는 곳이 많습니다. 도안을 다운로드하여 인쇄한 후 정육면체로 조립하여 사용할 수 있습니다.

[그림 3-55] 멀지 큐브

멀지 큐브로 제작한 공룡 콘텐츠를 공유해봅니다.

[그림 3-56] 공룡 merge cube 공유

콘텐츠를 실행하기 위해서 스마트폰이나 태블릿으로 코스페이시스 보기를 한 후 QR 코드를 스캔하거나 공유 코드를 입력한 후 멀지 큐브를 스캔하면 멀지 큐브로 만든 증강현실을 체험할 수 있습니다.

[그림 3-57] 멀지 큐브 체험하기

CHAPTER

03 코스페이시스 코딩

코스페이시스는 블록 기반과 스크립트(텍스트) 기반의 코드를 사용할 수 있습니다. 블록 기반 코드는 명령어를 외울 필요 없이 직관적으로 사용할 수 있어 초심자들도 쉽게 접근할 수 있지만, 확장성에서 제약이 다소 있습니다. 반대로 스크립트 기반의 코드는 확장성은 우수하나 명령어를 알아야 하고 코드 문법도 알고 있어야 하므로 초심자나 학생들에게는 접근이 어렵습니다. 따라서 본서에서는 블록 기반의 코드를 사용하여 설명하겠습니다.

하나의 장면에는 상당수의 오브젝트가 사용됩니다. 그런데 모든 오브젝트가 코드에 적용되는 것이 아니므로 블록 기반의 코드를 사용하기 위해서는 코드를 적용할 오브젝트는 코드 활성화를 해야 합니다. 오브젝트를 더블 클릭 후 코드에서 '코블록스에서 사용'을 활성화해야 합니다.

[그림 3-58] 블록 코딩 기본 설정

01. 동작 코딩

(1) 시간과 거리 지정하여 이동하기

플레이하였을 때 오브젝트가 이동하게 하는 가장 기본적인 방법입니다. 동작 메뉴에서 시간-거리 지정 블록을 끌어서 '언제 플레이를 클릭했을 때' 블록 아래에 붙이고 시간과 거리를 지정합니다. 오브젝트의 이동 방향은 앞, 뒤, 왼쪽, 오른쪽, 위, 아래에서 선택할 수 있습니다. 플레이를 누르면 오브젝트가 움직이는 것을 볼 수 있습니다. 이때 사자의 애니메이션이 적용되지 않아 미끄러지듯 움직이게 되어 어색합니다. 오브젝트의 애니메이션 적용 방법은 '형태' 메뉴에서 다루도록 하겠습니다.

[그림 3-59] 시간과 거리 지정하여 오브젝트 이동하기

(2) 임의의 위치로 이동하기

거리로 이동하는 것이 아닌 좌푯값을 입력하여 임의의 위치로 이동하게 할 수 있습니다. 좌푯값으로 이동하기 블록을 끌어서 '언제 플레이를 클릭했을 때' 블록 아래에 붙이고 시간과 좌푯값을 지정합니다. 이동하고자 하는 위치의 좌푯값을 알지 못할 때는 임의의 오브젝트를 가져다 위치시키고 더블 클릭(또는 우클릭) 메뉴에서 이동메뉴를 선택하면 위치값을 알 수 있습니다. 위치값을 확인하여 코드를 입력한 후 이 오브젝트는 삭제하면 됩니다.

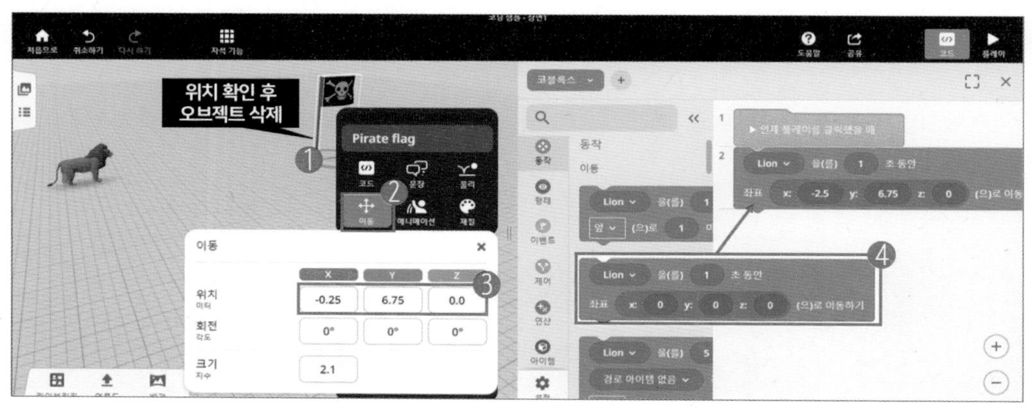

[그림 3-60] 임의의 위치로 오브젝트 이동하기

(3) 경로를 따라 이동하기

오브젝트가 일정한 경로를 따라 이동하게 할 수 있습니다. 이를 위해서는 먼저 경로를 그려줘야 하는데 코스페이시스에서는 원형, 사각형, 직선 등 세 가지 경로가 제공됩니다. 라이브러리에서 특수 카테고리 중 원하는 경로를 화면에 배치한 후 크기를 적절하게 조절합니다.

원형 경로와 사각형 경로는 변곡점이 표시되는데 이 점을 마우스로 끌어서 경로를 변경할 수 있습니다. 평면뿐 아니라 상하조절 메뉴를 누른 채 위/아래로 위치를 바꿀 수도 있습니다. 변곡점을 추가하기 위해서는 마우스 우클릭 → '경로 수정' 메뉴를 클릭하면 경로상에 또 다른 변곡점을 추가할 수 있습니다. 변곡점 추가가 완료되면 마우스 우클릭 → '수정 완료'를 선택하면 수정이 완료 됩니다.

직선 경로는 시작점과 도착점만 표시가 됩니다. 원형/사각형 경로와 마찬가지로 직선 경로상 임의의 위치에서 마우스 우클릭 → '경로 수정' 메뉴를 선택하면 경로상에 또 다른 변곡점을 추가 할 수 있습니다. 직선 경로에서는 경로를 이어 붙일 수가 있는데, 키보드의 Alt 키를 누른 상태로 직선 경로의 끝점을 드래그하면 새로운 직선 경로가 생기게 됩니다.

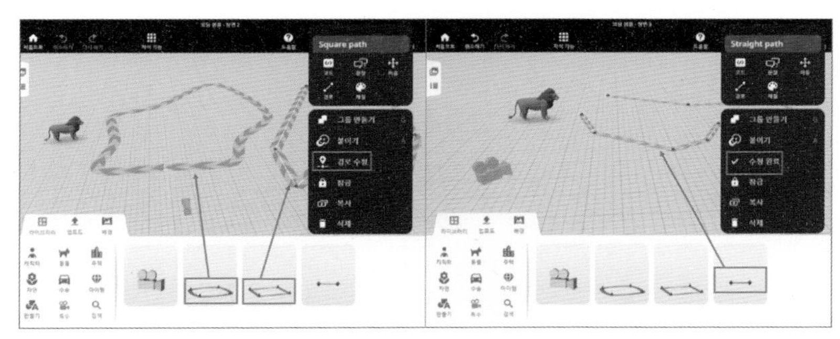

[그림 3-61] 경로 그리기

경로를 그린 후에 경로 따라 이동하기 블록을 끌어서 '언제 플레이를 클릭했을 때' 블록 아래에 붙이고 시간을 지정합니다. 앞 또는 뒤로 이동하도록 지정할 수 있습니다.

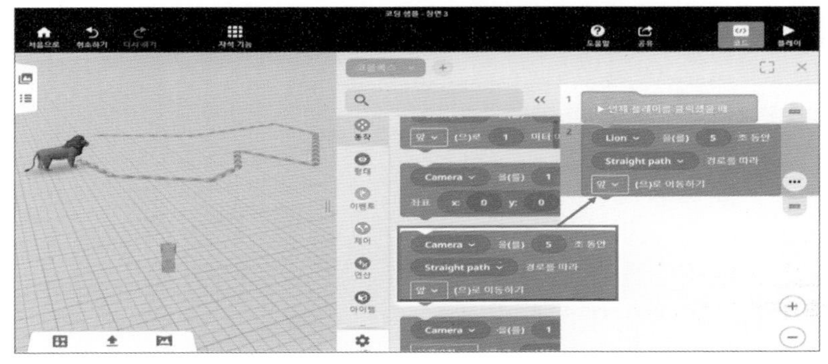

[그림 3-62] 경로 따라 이동하기

(4) 오브젝트 회전하기

오브젝트가 회전하는 방법은 여러 가지가 있습니다. 가장 기본적인 회전 방법은 오브젝트가 일정한 시간 동안 시계방향이나 반시계방향으로 회전하게 하는 것입니다.

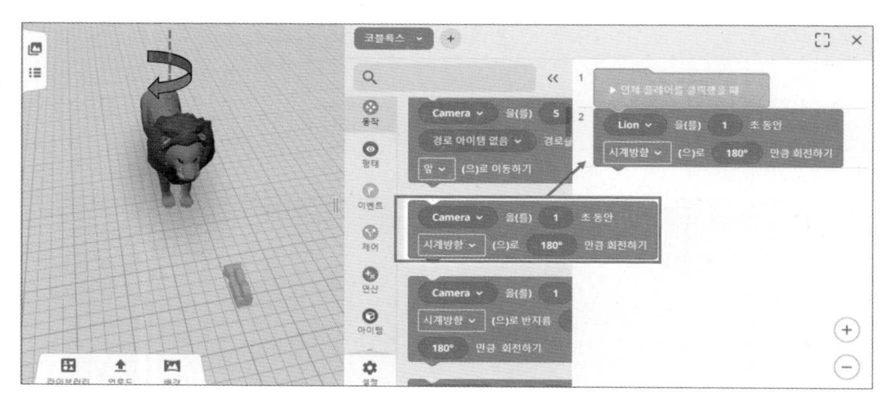

[그림 3-63] 오브젝트 회전하기

이번에는 일정한 반지름 크기로 회전하겠습니다. 일정한 반지름 크기로 회전하는 블록을 가져다 붙입니다. 시간과 반지름, 각도는 임의로 정할 수 있습니다. 플레이하면 사자가 일정한 반지름 크기만큼 이동하는 것을 볼 수 있습니다.

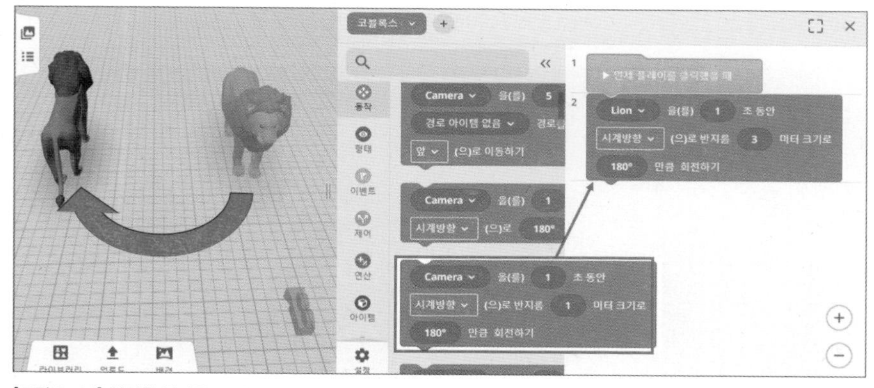

[그림 3-64] 일정한 반지름 크기로 오브젝트 회전하기

모든 오브젝트는 각각의 축을 가지고 있습니다. 오브젝트의 축을 기준으로 회전할 수도 있습니다. 축으로 회전하기 블록을 가지고 와서 회전하고자 하는 축의 숫자를 1로 쓰고, 회전하지 않는 축은 0을 쓰면 오브젝트의 축을 기준으로 회전할 수 있습니다.

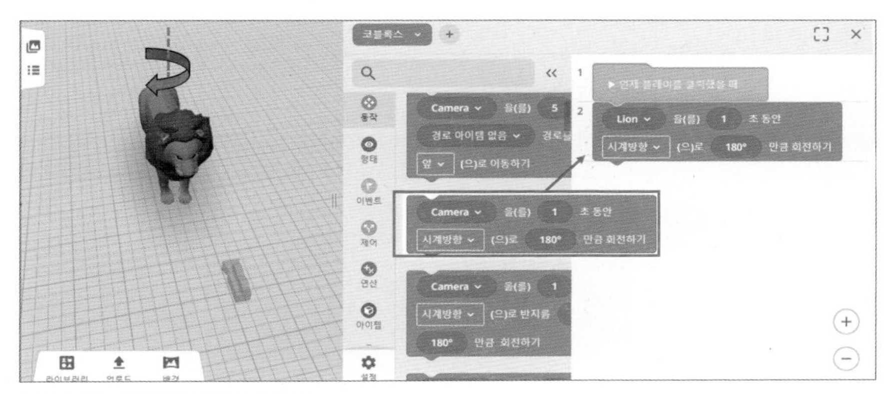

[그림 3-65] 오브젝트의 축으로 회전하기

오브젝트의 축으로는 물론 좌표평면상의 축으로도 오브젝트를 회전시킬 수 있습니다. 예를 들어 태양이 동쪽에서 떠서 서쪽으로 이동하는 장면을 표현하고 싶을 때는 아래와 같은 블록을 가지고 와서 회전하고자 하는 좌표평면상의 축에 1을 쓰고 지역 구분에서 '전역'을 선택합니다.

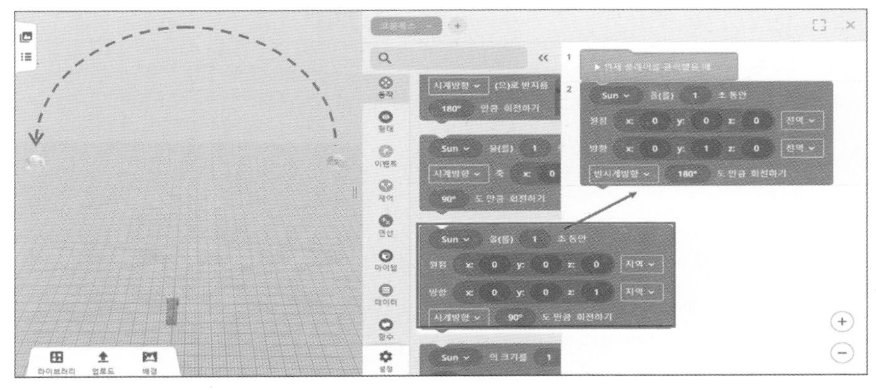

[그림 3-66] 좌표평면상의 축으로 오브젝트 회전하기

오브젝트가 다른 오브젝트를 바라보도록 정하면 바라보는 오브젝트가 움직인 후 그 방향으로 회전하게 할 수 있습니다. 위의 예시에서 캐릭터 오브젝트를 추가하여 화면에 배치한 후 태양의 처음 위치를 바라보도록 조정하고 코블록스에서 사용 버튼을 클릭하여 코드를 활성화합니다. 아이템의 방향을 다른 아이템을 보도록 정하는 블록을 가져와 붙인 후 태양을 바라보도록 수정합니다. 실행하면 태양이 움직인 후 캐릭터 오브젝트가 태양 쪽을 향하는 것을 볼 수 있습니다.

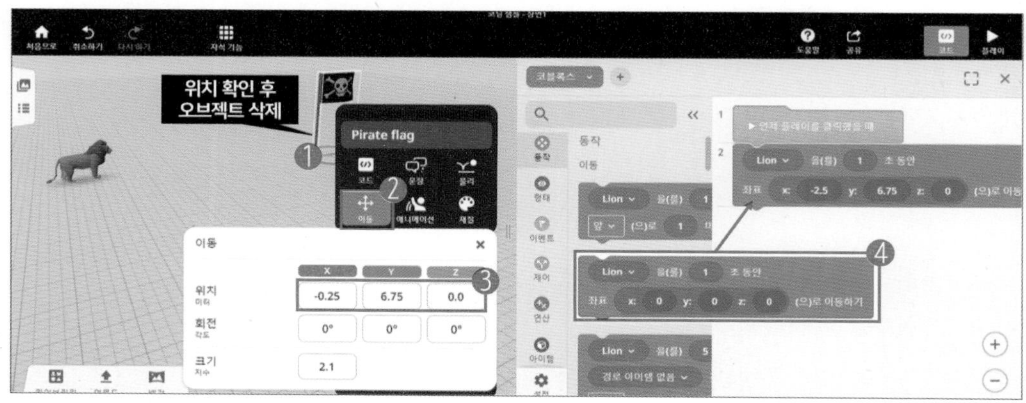

[그림 3-67] 다른 아이템을 바라보는 방향으로 회전하기

02. 형태코딩

(1) 애니메이션 적용 그리고 말과 생각하기

애니메이션은 오브젝트를 더블 클릭하여 정할 수도 있지만 다양하게 제어하기 위해서는 코드로 제어하는 것이 좋습니다. 플레이하면 오브젝트가 손뼉을 치면서 말과 생각을 하도록 해보겠습니다. '형태' 카테고리에서 애니메이션 블록을 배치한 후 손뼉을 치는 애니메이션으로 정해줍니다. 이어서 말하기 블록을 배치하여서 하고자 하는 말을 입력합니다. 같은 방법으로 생각하기 블록을 배치하여 말풍선에 들어갈 내용을 입력합니다.

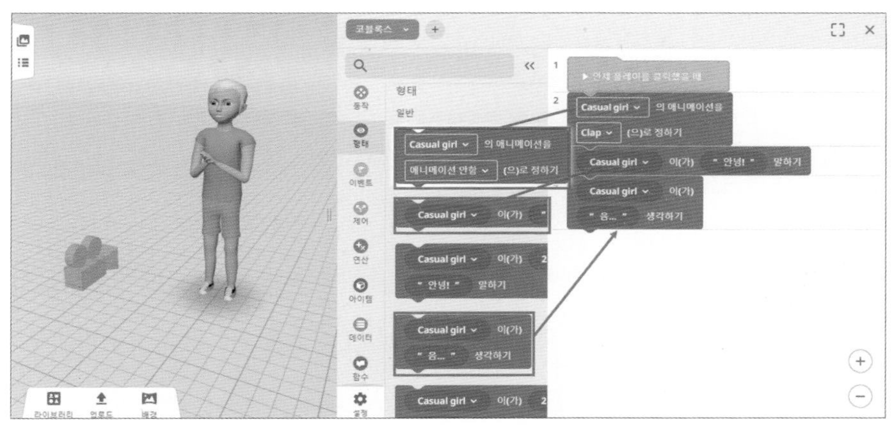

[그림 3-68] 애니메이션 적용 및 말과 생각하기 표현

(2) 일정한 시간 동안 말과 생각하기

스토리텔링을 위해서는 캐릭터가 일정한 시간 동안만 말이나 생각을 할 필요가 있습니다. 일정한 시간 동안만 말과 생각을 하도록 해보겠습니다. 아래와 같이 일정 시간 동안 말하기와 생각하기 블록을 가져다 붙입니다. 시간과 내용을 수정하면 됩니다.

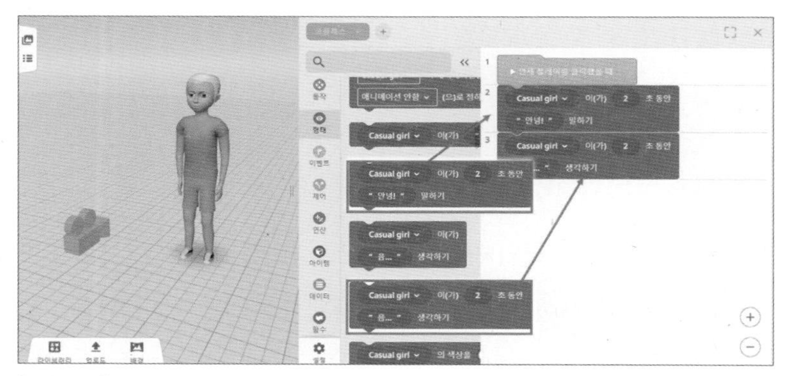

[그림 3-69] 일정한 시간 동안 말과 생각하기 표현

(3) 소리 파일 재생하기

이번에는 캐릭터가 숭례문에 대해 말로 설명하면서 음성으로도 말하도록 만들어 보겠습니다. 이 활동을 진행하기 위해서는 숭례문을 설명하는 음성 파일이 필요한데 직접 녹음하는 방법도 있지만, 여기에서는 네이버의 클로바더빙을 이용하여 음성 파일을 만들어 보겠습니다. 네이버 클로바더빙 사이트(https://clovadubbing.naver.com/)에 접속한 후 네이버 계정으로 로그인합니다. 더빙 추가란에 숭례문에 대한 설명을 입력하고 +더빙 추가 버튼을 눌러 더빙할 내용을 추가합니다. 더빙 추가가 완료되면 다운로드 버튼을 눌러 음성 파일(MP3)을 내려받습니다.

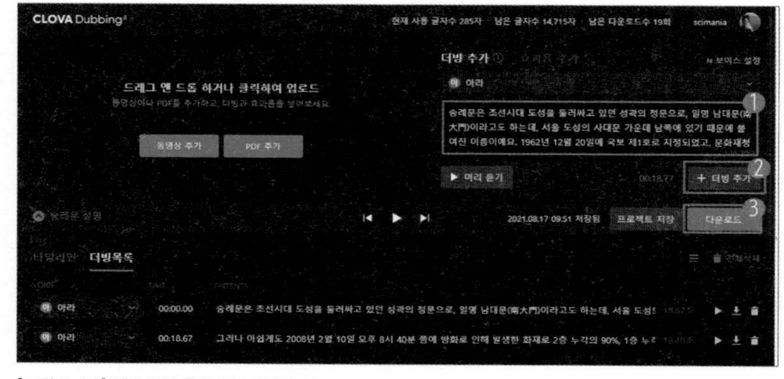

[그림 3-70] 텍스트를 음원으로 변환하기

이렇게 내려받은 음원 파일을 코스페이시스에 업로드합니다. 업로드는 음원 파일(MP3)을 코스페이시스의 화면에 Drag & Drop으로 업로드하는 방법도 있으나 여기서는 메뉴를 이용하여 업로드하겠습니다.

하단의 업로드 탭에서 '소리' 메뉴를 선택합니다. 녹음 버튼을 누르면 직접 녹음을 할 수 있지만 클로바더빙에서 만든 음원을 이용하겠습니다. 업로드 버튼을 누르면 열기 창이 뜨는데 클로바더빙에서 만든 음원의 경로를 찾아가 선택한 후 열기 버튼을 클릭합니다. 업로드가 완료되면 오브젝트처럼 음원 아이콘이 하단에 생깁니다.

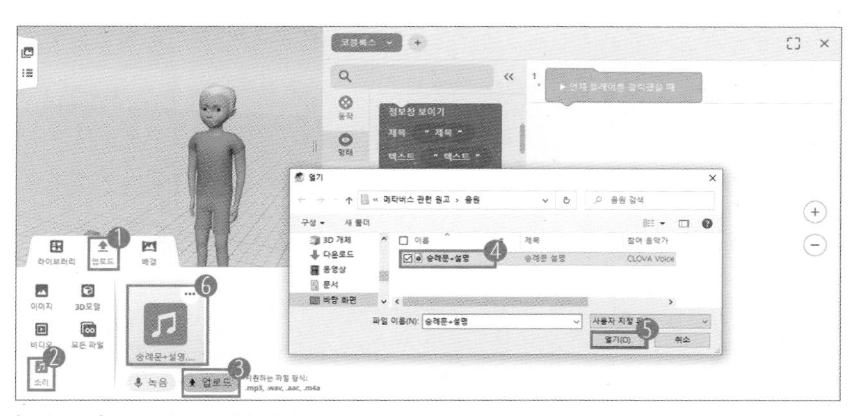

[그림 3-71] 코스페이시스에 음원 파일 업로드하기

코딩을 하여 캐릭터가 숭례문에 대하여 설명하도록 하겠습니다. 캐릭터의 애니메이션을 적당한 것으로 선택한 후 일정 시간 동안 말하기 블록을 가져와 숭례문에 대한 설명을 씁니다.

소리 재생하기 블록을 가져와 애니메이션 블록과 말하기 블록 사이에 위치시킵니다. 만약 말하기 블록 다음에 소리 재생하기 블록을 위치시키면 45초 동안 캐릭터가 말을 한 후에 소리가 재생될 것입니다. 소리 재생하기 블록에서 '끝날 때까지 기다리기' 옵션을 '거짓'으로 해야 음원 파일이 재생되면서 동시에 숭례문에 대한 설명을 캐릭터가 말을 합니다. '참'일 경우에는 음원이 모두 재생된 이후에 캐릭터가 말하게 됩니다.

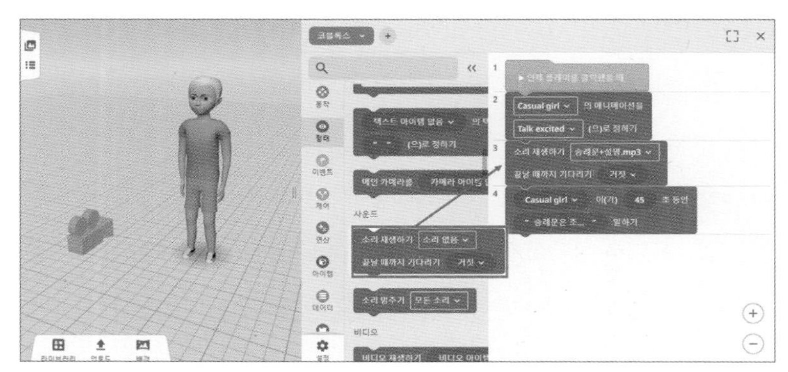

[그림 3-72] 음원 파일 적용

(4) 정보창과 퀴즈창 실행하기

이번에는 숭례문에 대한 정보를 제시하고 약간의 상호작용이 가능한 퀴즈를 만들어 보겠습니다. 꼭 필요하지는 않지만, 설명의 이해를 돕고 정보창에서도 사용하기 위해 숭례문 이미지를 웹에서 검색하여 가져오겠습니다. 하단의 업로드 탭에서 '이미지' 메뉴를 선택합니다. 해당 사진이 있다면 업로드 버튼을 눌러 사진을 선택하여 불러오면 됩니다. 여기서는 웹 검색을 통해 이미지를 가져오겠습니다. 하단의 웹 검색 버튼을 누른 후 검색창에서 '숭례문'을 검색합니다. 여러 이미지 중에 적합한 이미지를 화면으로 Drag & Drop을 하여 크기와 위치, 방향을 조정합니다.

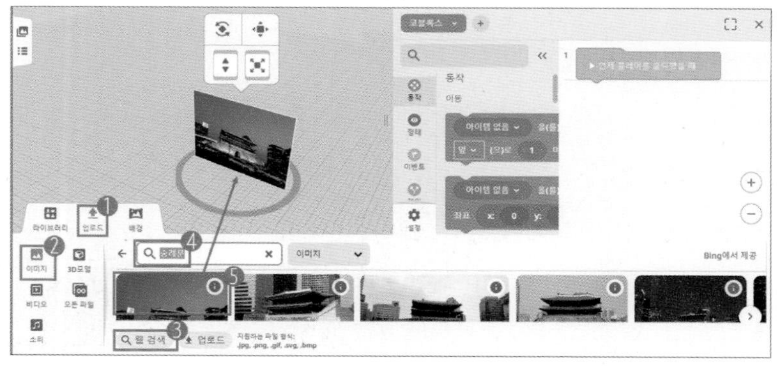

[그림 3-73] 웹 검색으로 이미지 가져오기

이제 플레이를 하면 정보창이 보이고 이후에 퀴즈창이 열리도록 코딩을 하겠습니다. 형태 → 정보창을 가져옵니다. 제목에는 숭례문을 입력하고 텍스트에는 숭례문에 대한 설명을 씁니다. 이미지는 앞에서 업로드하였던 이미지를 선택해줍니다.

이번에는 퀴즈창을 적용합니다. 형태 → 퀴즈창을 가져옵니다. 문제란에 문제를 입력합니다. 하단에는 보기를 입력합니다. 기본으로 두 개의 보기가 나오는데 더 추가하기를 원하면 톱니바퀴 아이콘을 선택 후 대답을 추가하면 됩니다. 대답은 총 네 개까지 입력할 수 있습니다. 대답을 제거할 때도 톱니바퀴 아이콘을 선택하면 됩니다. 각각의 보기를 입력한 후 정답을 지정합니다. 정답일 때는 이미지가 "정답입니다"를, 오답일 때는 이미지가 "틀렸습니다"를 2초 동안 말하도록 하였습니다. 말하기 외에도 다른 문제로 넘어간다든지, 음원 파일이나 비디오가 재생된다든지, 다른 장면으로 넘어가게 코딩을 할 수도 있습니다.

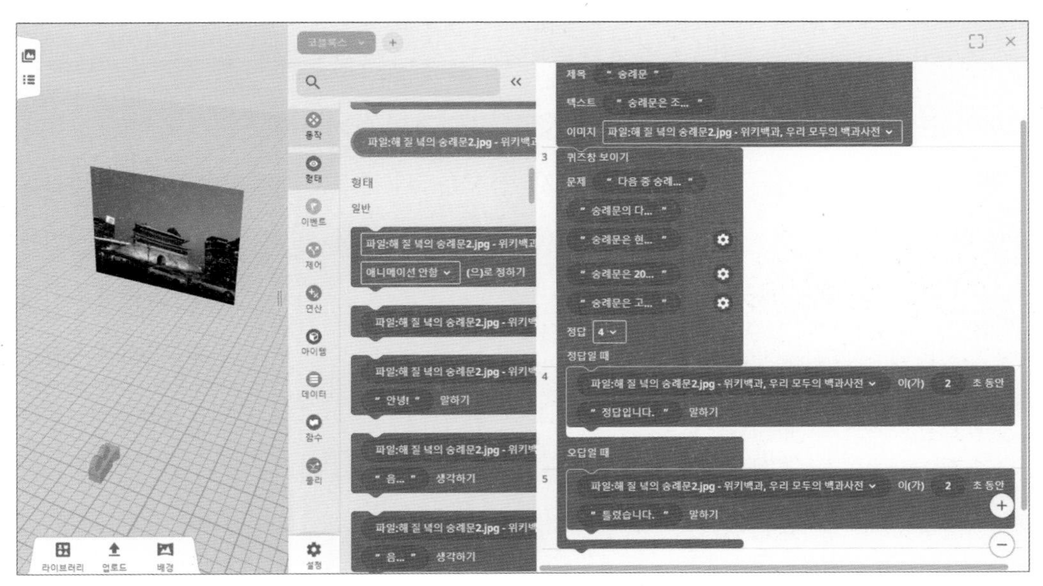

[그림 3-74] 정보창과 퀴즈창 보이기

스토리텔링을 위해서는 캐릭터가 일정한 시간 동안만 말이나 생각을 할 필요가 있습니다. 일정한 시간 동안만 말과 생각을 하도록 해보겠습니다. 아래와 같이 일정 시간 동안 말하기와 생각하기 블록을 가져다 붙입니다. 시간과 내용을 수정하면 됩니다.

03. 이벤트 코딩

(1) 마우스 이벤트 코딩하기

마우스를 이용하여 오브젝트를 클릭하거나 마우스가 오브젝트 위에 올려져 있을 때 이벤트가 일어나도록 코딩을 할 수 있습니다. 사자는 마우스로 클릭하면 1초 동안 3m를 달려 나가게 하고, 호랑이는 마우스가 올려지면 1초 동안 3m를 달려 나가다가 마우스를 떼면 멈추도록 하겠습니다.

화면에 사자와 호랑이를 배치하고 사자와 호랑이 모두 코블록스를 활성화합니다. 사자를 클릭했을 때 사자의 애니메이션을 Run으로 정하고 1초 동안 3m를 이동하도록 블록을 배치합니다. 달리기가 완료되면 사자의 애니메이션은 앉도록 하겠습니다. 호랑이도 동작은 같으나 마우스가 올려졌을 때 동작을 하도록 코딩을 하겠습니다. 마우스를 올렸을 때 블록을 가

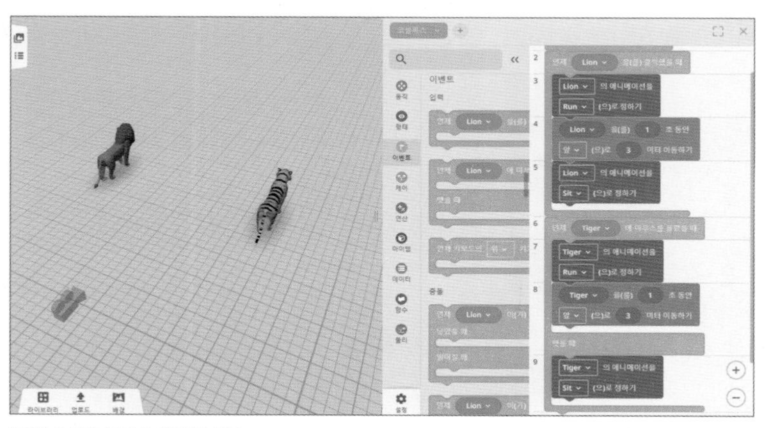

[그림 3-75] 마우스 이벤트 적용

져온 후 올렸을 때의 칸에는 호랑이의 애니메이션을 Run으로 정하고 1초 동안 3m 이동하도록 합니다. 뗐을 때는 호랑이의 애니메이션을 앉도록 설정합니다.

(2) 키보드 이벤트 코딩하기

이번에는 키보드의 키를 이용하여 오브젝트가 움직이도록 코딩을 하겠습니다. 사자를 화면에 배치하고 코블록스를 활성화합니다. 키보드 이벤트 코드를 가져옵니다. 키보드의 '위' 키가 '아래'가 되었을 때 사자의 애니메이션을 Run으로 지정하고 1초 동안 5m 앞으로 이동한 후 사자의 애니메이션이 Neutral로 적용되게 합니다. '아래' 키를 눌렀을 때는 뒤로 이동하고, 왼쪽 키를 눌렀을 때는 반시계방향으로 45°, 오른쪽 키를 눌렀을 때는 시계방향으로 45° 회전하도록 코딩을 합니다.

키보드 키의 이벤트 옵션은 눌림/아래/위가 있습니다. 눌림은 키를 눌렀을 때 이벤트가 발생하는 것입니다. 만약 사자의 움직임 코딩에서 눌림으로 옵션을 설정하였을 때는 1초 동안 2m를 이동하도록 코딩을 하여도 연속 값으로 인식하게 되어 그 이상 이동하는 것을 볼 수 있습니다. 옵션 중 아래는 키보드의 키를 완전히 눌렀을 때 이벤트가 발생하도록 하는 것입니다. 반대로 위는 키보드에서 손을 뗄 때 이벤트가 발생하도록 하는 것입니다.

여기에서는 키보드를 이용하여 오브젝트가 이동하도록 하였지만, 다른 키를 이용하여 음원을 재생·정지를 시키거나, 여러 개의 카메라를 배치한 후 메인 카메라를 전환하거나, 다음 장면으로 전환하는 등 다양한 이벤트를 구사할 수 있습니다.

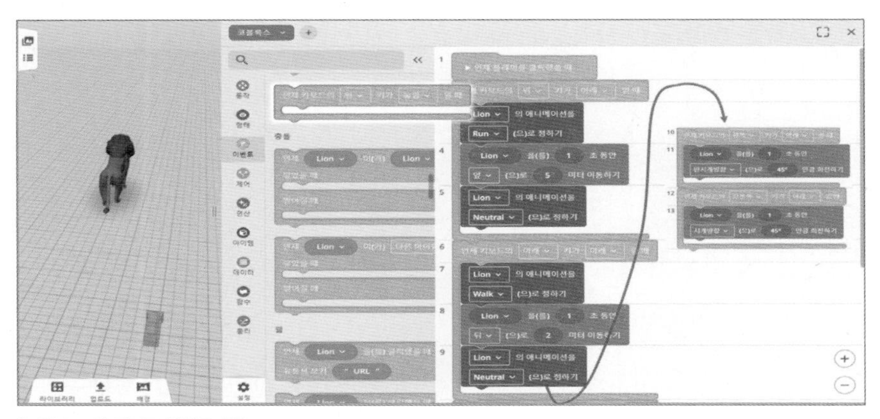

[그림 3-76] 키보드 이벤트 적용

(3) 충돌 이벤트 코딩하기

이번에는 오브젝트와 오브젝트가 충돌하였을 때 이벤트가 발생하도록 코딩을 하겠습니다. 우리는 앞에서 키보드를 이용하여 사자의 움직임을 제어하는 코딩을 하였습니다. 여기에 말을 올려 두고 사자가 말과 충돌하였을 때 말이 쓰러지고, 사자와 말이 떨어지면 다시 말이 일어서도록 하겠습니다.

코드 입력창 카테고리의 +를 누른 후 코블록스를 선택하여 블록 코딩을 할 수 있는 창을 하나 더 엽니다. 앞의 코드와 혼동하지 않도록 코드 창의 이름을 '말'로 바꾸어 줍니다. 이 코드 창에는 말이 사자와 충돌하였을 때 쓰러졌다가 사자와 떨어지면 다시 일어서도록 하겠습니다.

충돌 이벤트 블록을 가져옵니다. 사자가 말에 닿았을 때 칸에는 말이 1초 동안 y축 시계방향으로 90°만큼 회전하도록 합니다. 떨어질 때는 반시계방향으로 90°만큼 회전하도록 하여 원래 상태로 돌아가게 합니다.

[그림 3-77] 충돌 이벤트 적용

키보드를 이용하여 사자가 말에 충돌하게 하면 말이 쓰러지는 것을 볼 수 있습니다. 사자가 충돌구역에서 벗어나면 말은 다시 원래대로 일어납니다.

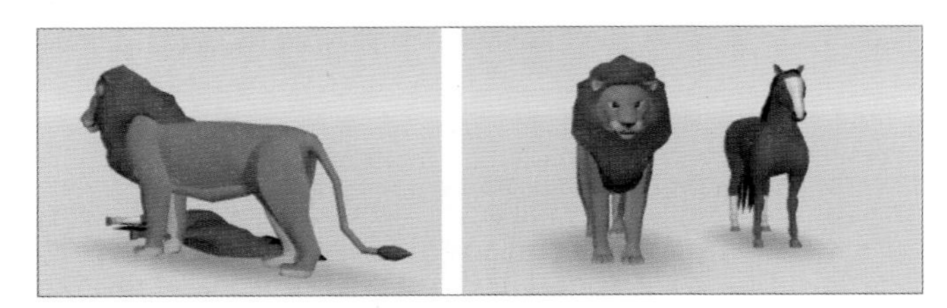
[그림 3-78] 충돌 이벤트 결과

(4) 유튜브와 웹사이트 이벤트 코딩

이번에는 오브젝트를 클릭하였을 때 유튜브 영상이나 웹사이트 링크가 되는 이벤트에 대해 알아보겠습니다.

우주를 배경으로 적용하고 태양과 토성을 적당한 위치에 적당한 크기로 배치합니다. 두 오브젝트는 모두 코블록스를 활성화합니다. 이벤트 → 웹에서 유튜브 보기와 링크 열기 블록을 가져다 둡니다. 태양을 클릭하면 태양 설명 유튜브 영상이 재생되도록 유튜브 주소를 입력합니다. 토성을 클릭했을 때는 토성에 대한 설명이 있는 사이트 주소를 입력합니다.

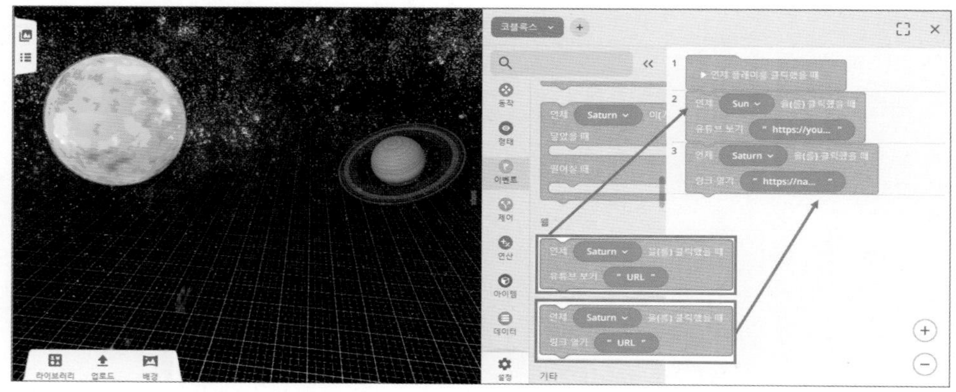

[그림 3-79] 유튜브와 웹사이트 이벤트 코딩

태양을 클릭하면 법적 고지가 나오고 계속을 누르면 유튜브 영상이 재생됩니다. 토성 역시 클릭하면 법적 고지가 나오고 계속을 누르면 새로운 탭에서 링크를 걸어두었던 사이트가 나옵니다.

[그림 3-80] 유튜브와 웹사이트 이벤트 코딩 결과

04. 제어 코딩

(1) 반복과 동시 실행

플레이를 클릭하면 사자가 2초 동안 20m를 뛰어가고 1초 동안 반시계방향으로 반지름 5m 크기로 90°만큼 회전하는 동작을 네 번 반복하여 제자리에 오면 사자를 제자리에 앉도록 합니다.

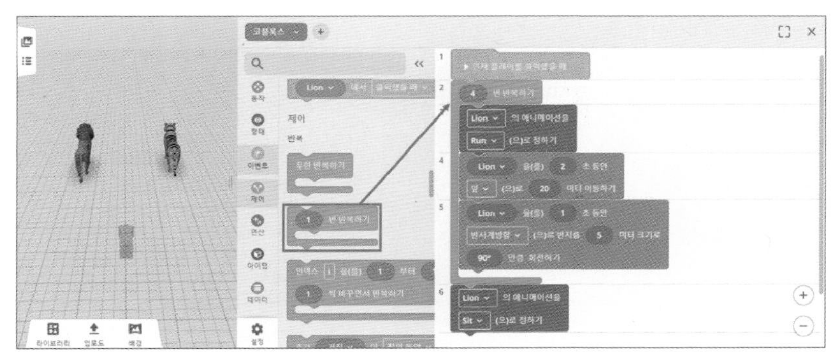

[그림 3-81] N 번 반복하는 코딩

이번에는 호랑이가 사자와 같은 움직임으로 무한히 반복하게 하겠습니다. 다만, 방향만 시계방향으로 설정하겠습니다.

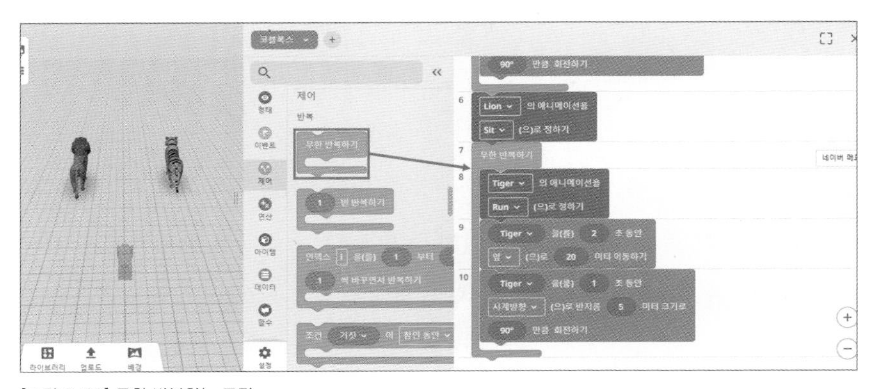

[그림 3-82] 무한 반복하는 코딩

이처럼 코딩하면 사자의 움직임이 모두 끝나고 호랑이가 움직이기 시작합니다. 플레이를 클릭했을 때 사자와 호랑이를 동시에 움직이게 하려면 동시에 실행하기 블록을 사용하면 됩니다.

동시에 실행하기 블록을 살펴보면 두 개의 칸이 보이는데, 이 두 칸의 내용이 동시에 움직이게 되는 것으로 각각의 코딩을 각각의 칸에 배치하면 됩니다. 만약 동시에 실행하는 항목이 늘어날 때는 톱니바퀴 아이콘을 클릭하여 작업을 추가할 수 있습니다.

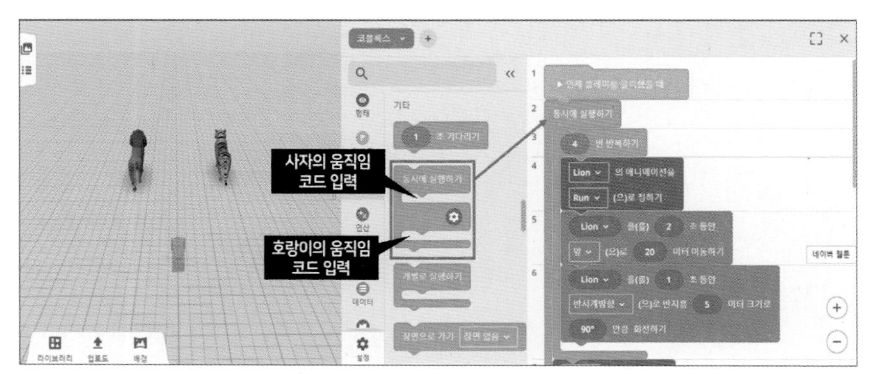

[그림 3-83] 동시에 실행하기

(2) 장면 이동과 끝내기

코스페이시스를 이용하여 스토리텔링을 하다 보면 다양한 장면을 만들게 됩니다. 다른 장면으로 이동할 때 플레이(실행) 화면 하단의 화살표로 이동할 수 있으나 이 방법은 장면이 여러 개일 경우 순차적으로 이동할 수밖에 없습니다. 장면과 장면을 하이퍼링크와 같이 연결하려면 코드를 사용해야 합니다.

'+ 새 장면' 버튼을 이용하여 장면을 추가합니다. 첫 번째 장면은 남극으로 배경을 설정하고 두 번째 장면은 우주로 배경을 설정합니다. 첫 번째 장면에서는 우주인을 배치하고, 두 번째 장면에서는 펭귄을 배치합니다. 우주인을 클릭하면 두 번째 장면으로 넘어가고, 펭귄을 클릭하면 첫 번째 장면으로 넘어가도록 할 것입니다.

오브젝트의 코드를 활성화한 후 이벤트에서 오브젝트를 클릭했을 때 제어 항목의 장면으로 가기 블록을 배치합니다.

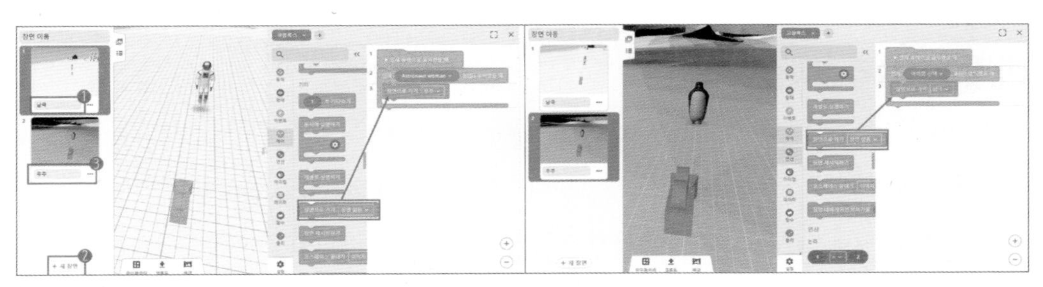

[그림 3-84] 장면 이동하기

이벤트로만 장면을 전환할 수 있는 것은 아닙니다. 스토리텔링이 전개되고 자연스럽게 다음 장면으로 전환이 되도록 코딩할 수 있습니다. 또한, 코스페이시스를 자동으로 끝낼 수도 있습니다.

첫 번째 장면에서 우주인이 "남극 여행이 즐거우셨나요? 이번에는 저와 함께 달나라로 떠나 보아요"라고 3초간 말한 후 우주 장면으로 넘어갑니다. 이후 우주 장면에서는 펭귄이 "우주여행이 즐거우셨나요? 다음에 또 만나요"라고 말한 후 코스페이시스를 마칩니다.

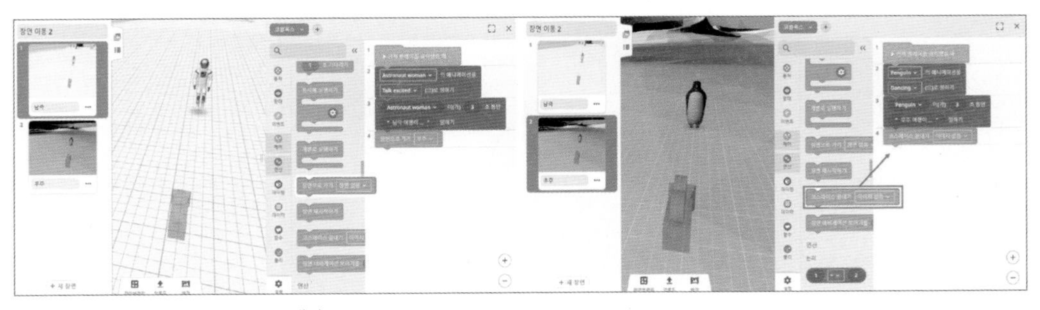

[그림 3-85] 자동으로 장면 이동 후 끝내기

장면 네비게이션 보이기를 거짓 ⌄ 으로 정하기 블록을 사용하면 플레이를 하였을 때 장면 하단에 화살표가 보이지 않게 됩니다.

05. 물리 코딩

(1) 자동차 충돌 시뮬레이션

코스페이시스는 물리량을 적용한 간단한 시뮬레이션이 가능합니다. 화면에 트럭과 자가용을 같은 축 위에 마주 보도록 놓습니다. 플레이를 클릭하면 트럭과 자가용이 동시에 출발하여 서로가 지나치도록 합니다. 물리 값을 활성화하지 않으면 트럭과 자가용이 서로 통과하여 지나가는 것을 볼 수 있습니다.

트럭과 자가용을 더블 클릭한 후 물리 메뉴에서 물리 값을 활성화합니다. 질량을 트럭은 20kg으로, 자가용은 5kg으로 설정하고 다른 값들은 똑같이 둡니다. 플레이를 클릭하면 트럭과 자가용이 서로 마주 보며 가까이 오다 충돌을 하게 되는데 트럭이 자가용을 밀고 나가는 것을 볼 수 있습니다.

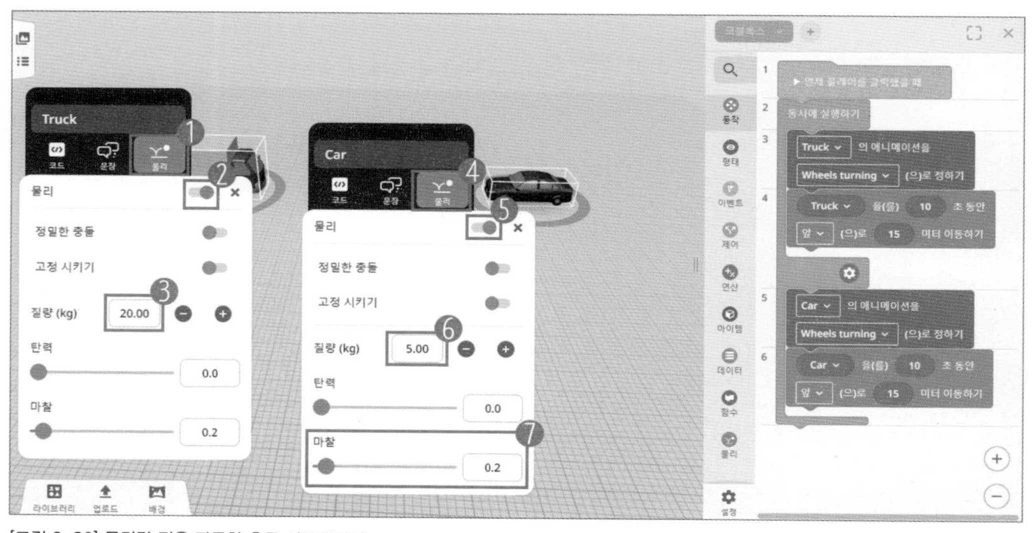

[그림 3-86] 물리량 적용 자동차 충돌 시뮬레이션

질량은 그대로 둔 채 자가용의 마찰력을 2 이상으로 높인 후 플레이를 실행하면 트럭이 밀려나는 것을 볼 수 있습니다. 트럭의 속도를 빠르게 하면 잠깐은 자가용을 밀었다가 다시 밀려나는 것을 볼 수 있습니다. 이처럼 물리 값을 적용하면 다양한 시뮬레이션이 가능합니다.

(2) 충돌을 이용한 도미노

벽돌 벽 하나를 쓰러트리면 연달아 쓰러지는 도미노를 만들어 보겠습니다. 라이브러리 → 벽돌 벽을 가져와 적당한 크기로 조절 후 화면에 배치합니다. 벽돌 벽 오브젝트를 더블 클릭하여 코블록스를 활성화하고 물리 값도 활성화합니다. Alt 키를 누른 상태로 마우스를 Drag 하여 복제합니다. 이때 벽돌 벽의 이름 뒤에 숫자가 1씩 늘어나면서 이름이 변경되는지 확인합니다. 여러 개를 복제하여 적당히 배치합니다.

첫 번째 벽돌 벽을 클릭했을 때 벽돌 벽이 뒤쪽으로 넘어지도록 코딩합니다. 이때 물리 카테고리에서 1 속도로 뒤로 밀기를 지정합니다. 벽돌 벽의 위치를 코드로 지정합니다. 최초의 벽돌 벽은 'x:22, y:0, z:0'의 위치에 두고 이후의 벽돌 벽은 x축만 2 정도만큼씩 줄여서 배치합니다. 두 번째 벽돌 벽은 'x:20, y:0, z:0'이 되고 세 번째는 'x:18, y:0, z:0'이 됩니다. 카메라는 적당한 위치에 둡니다.

실행하면 벽돌 벽이 일정한 간격으로 나란히 정렬되어 있습니다. 첫 번째 벽돌 벽을 클릭하면 뒤로 쓰러지면서 다른 벽돌 벽이 차례로 쓰러지는 것을 볼 수 있습니다.

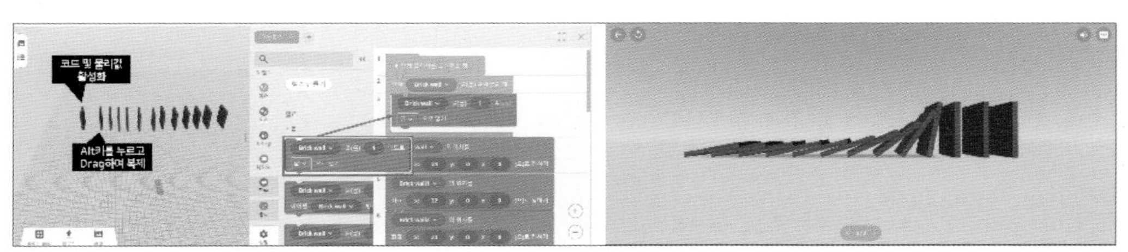

[그림 3-87] 충돌을 이용한 도미노 코딩과 플레이 모습

탄성력이란 외부에서 가해진 힘으로 변형된 물체가 내부의 힘으로 원래 모양으로 되돌아가려는 힘을 의미합니다. 코스페이시스에서는 물리량으로 탄성력(탄력) 수치를 조절하여 시뮬레이션을 할 수 있습니다.

먼저 라이브러리의 만들기에서 구(공 모양)를 가져다 화면에 배치합니다. 위에서 떨어지는 효과를 보여야 하므로 z축으로 들어 올립니다. 더블 클릭 후 재질에서 공 모양을 선택합니다. 물리값을 활성화하고 탄력을 0.9 정도로 조절합니다. 비교를 위하여 Alt 키를 누른 상태로 Drag 하여 같은 공 하나를 더 복제합니다. 복제한 공의 물리 값 중 탄력만 0.8 정도로 조절합니다. 카메라는 두 공을 비추는 적당한 위치에 배치합니다. 플레이하면 두 공이 자유낙하 하는 것을 볼 수 있는데 탄력의 차이에 의해 튀기는 정도가 다름을 볼 수 있습니다.

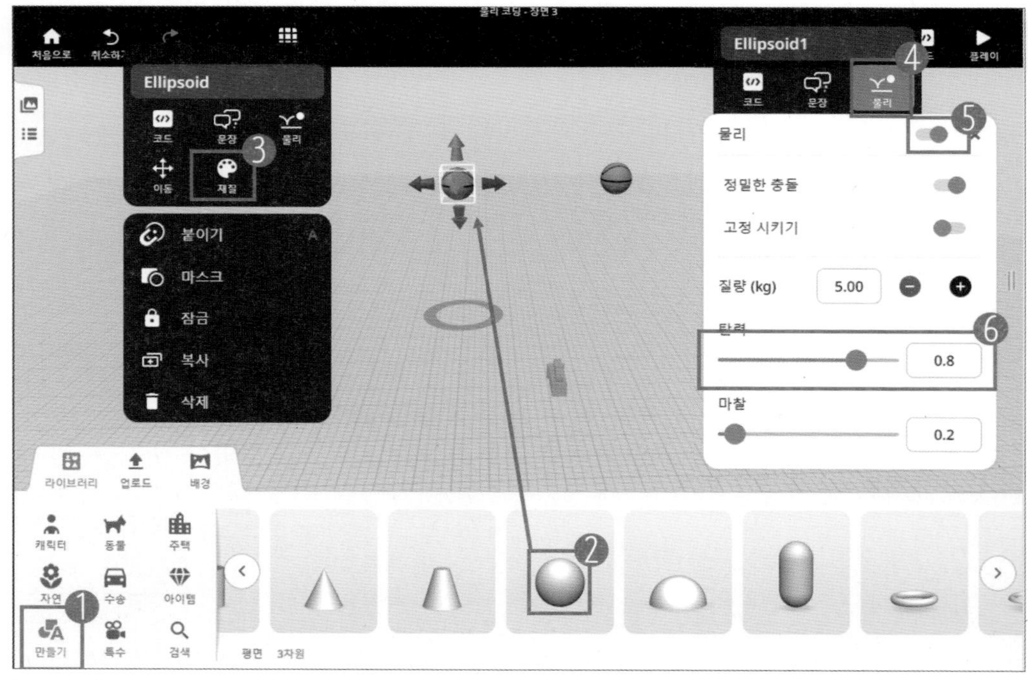

[그림 3-88] 자유낙하 하는 공의 다시 튀김 시뮬레이션

탄성은 공중에서 떨어지는 물체에만 적용할 수 있는 것이 아닙니다. 두 물체 사이에서도 탄성력 시뮬레이션을 적용할 수 있습니다. 마치 당구장과 같이 공이 벽과 다른 공에 부딪히면 다시 튀어 나오는 시뮬레이션을 구현해 보도록 하겠습니다.

공이 튀어 나가지 않도록 적당한 길이와 높이의 벽돌 벽을 하나 만듭니다. 더블 클릭 후 물리 값을 활성화한 후 탄력은 약 0.8 정도로 조절하고 고정 시키기 메뉴를 활성화합니다. 고정하지 않으면 공이 부딪혔을 때 움직여서 위치가 달라집니다. 복제하여 네 개의 면으로 둘러싸도록 합니다.

공을 가져와 크기를 적당하게 조절하고 적당한 재질을 적용합니다. 물리 값을 활성화하고 탄력을 약 0.8~0.9 정도로 줍니다. 마찰을 2.5~3 정도의 값을 줍니다. 마찰이 너무 낮으면 공이 쉽게 멈추지 않습니다. 이렇게 공을 두 개 만들어 줍니다. 색상은 서로 다르게 하는 것이 좋습니다. 카메라 이동 방법은 선회하게 하여 공이 굴러가는 모습을 잘 볼 수 있도록 합니다.

공을 클릭하면 클릭한 공이 다른 공을 보도록 방향을 정한 후 물리 카테고리에서 밀기 명령을 적용합니다. 다른 공에도 같게 코드를 적용합니다. 공을 클릭하였을 때 다른 공이 있는 쪽으로 굴러가면서 부딪혀 방향이 바뀌는 모습을 볼 수 있습니다.

[그림 3-89] 간단한 당구장 시뮬레이션

CHAPTER

04 코스페이시스 프로젝트 사례소개

01. 가상현실 콘텐츠

여기에 소개된 가상현실 콘텐츠는 코스페이시스를 처음 접한 학생들의 작품으로 자신의 상상력을 창의적으로 표현한 작품들입니다.

(1) 동물의 왕국

공유 코드 DPC-ZRJ

공유 링크 https://edu.cospaces.io/DPC-ZRJ

초등학교 5학년 학생이 코스페이시스를 1시간 정도 배운 후 만든 작품입니다. 코딩을 다양하게 사용한 것은 아니지만 여러 동물을 배경과 주제에 조화롭게 배치하였고, 동물들이 움직이도록 애니메이션을 적용하거나 코딩을 하여 생동감이 있습니다. 카메라를 걷기로 설정하여 방향키로 시점을 이동할 수 있습니다.

(2) Space Museum

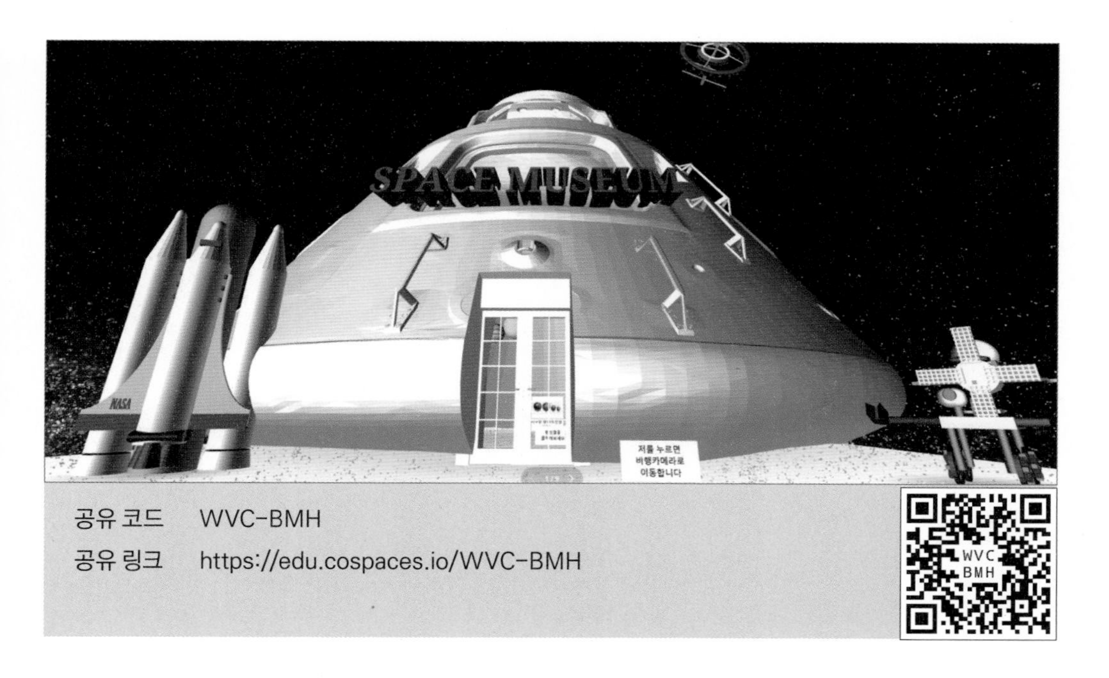

공유 코드 WVC-BMH
공유 링크 https://edu.cospaces.io/WVC-BMH

코스페이시스에서 제공하지 않는 3D 오브젝트를 틴커캐드에서 모형화하거나 틴커캐드의 갤러리에 있는 작품을 가져와 편집하였습니다. 기본 카메라는 걷기 모드로 되어 있지만, 전시관 앞의 팻말을 선택하면 비행 카메라로 전환되어 자유롭게 날아다닐 수 있습니다. 출입문은 코딩이 적용되어 있어 클릭하면 문이 열리게 됩니다.

전시관 내부에는 태양을 중심으로 다양한 행성들이 공전하는 모습을 보이고 아래에는 전시물 설명 패널이 있습니다. 이 패널을 클릭하면 관련 내용의 설명창이 뜹니다. 또 태양 주위를 공전하는 행성을 클릭하면 행성 전용 전시관으로 이동하여 해당 행성에 대한 설명을 볼 수 있게 제작하였습니다.

(3) 수원 화성 전시관

공유 코드 SVG-YDQ
공유 링크 https://edu.cospaces.io/SVG-YDQ

틴커캐드에서 직접 모델링을 하여 전시관의 모양을 만들었습니다. 최초의 메인 카메라는 선회로 지정되어 있어서 방향키를 이용하여 전시관 외부를 둘러볼 수 있습니다. 출입구 오른편에 앉아 있는 토끼를 클릭하면 설명이 음성으로 나오고, 카메라가 걷는 것으로 바뀝니다.

전시관 내부로 이동하면 수원 화성과 관련된 사진이 게시되어 있고 거중기 모형과 사람이 있습니다. 거중기 역시 틴커캐드에서 모델링을 한 것입니다. 거중기를 클릭하면 거중기를 설명하는 장면으로 전환됩니다. 거중기에 대한 설명이 끝나면 퀴즈가 나오고 퀴즈를 풀면 첫 장면으로 전환됩니다.

전시관 내부에서 사람을 클릭하면 정조 장면으로 전환되고 의자에 앉아 있는 사람을 클릭하면 정조대왕이 수원화성을 설립하게 된 이야기 영상이 재생됩니다. 정조 글자를 클릭하면 문제가 나오고 문제를 풀면 마무리 장면으로 넘어갑니다.

(4) 태양계 야외 전시관

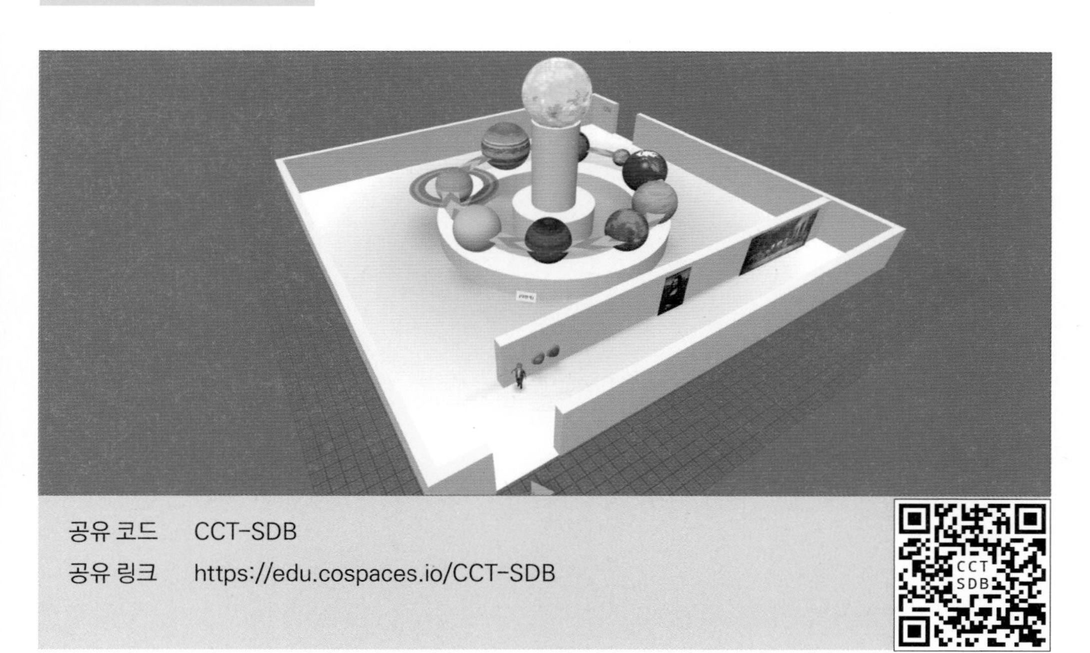

공유 코드 CCT-SDB
공유 링크 https://edu.cospaces.io/CCT-SDB

코스페이시스의 만들기 툴을 이용하여 전시관 벽을 세웠습니다. 전시관 안으로 들어서면 음악을 켜고 끄는 버튼이 있고, 복도 벽에는 여러 미술 작품이 게시되어 있는데 미술 작품을 클릭하면 그 작품에 대한 설명이 보입니다.

내부로 들어가면 회전목마처럼 태양을 중심으로 여러 행성이 자전하면서 공전하는 모습으로 전시되어 있습니다. 하나의 원형 경로 위에 행성을 배치하고 행성들이 같은 시간 동안 경로를 따라 이동하도록 코딩하였습니다. 각 행성을 클릭하면 행성에 대한 설명이 나옵니다.

(5) 피라미드 탐방

공유 코드 FQX-DKF
공유 링크 https://edu.cospaces.io/FQX-DKF

사막에 피라미드와 스핑크스가 세워져 있습니다. 피라미드에는 위로 올라갈 수 있는 야외 엘리베이터가 설치되어 있습니다. 엘리베이터는 일정한 속도로 오르내리기를 반복합니다. 엘리베이터 쪽으로 이동하여 엘리베이터의 발판이 내려왔을 때 올라타는 것이 가능합니다. 엘리베이터가 올라가면 높은 곳에서 풍경을 감상할 수 있습니다.

엘리베이터의 끝으로 올라오면 피라미드 상층부와 연결된 길이 나옵니다. 이 길을 따라 피라미드로 이동한 후 피라미드의 꼭대기에서 멋진 전경을 감상할 수 있습니다.

(5) 풀숲 탐험

공유 코드 AGR-QZZ
공유 링크 https://edu.cospaces.io/AGR-QZZ

마치 개미가 되어 풀숲을 돌아다니는 느낌을 받습니다. 숲속에서 처음 만난 나비를 클릭하면 나비가 날갯짓합니다. 정말로 나비를 건드렸을 때의 모습과 비슷합니다. 잠시 뒤에는 도토리를 등에 붙이고 뛰는 쥐를 볼 수 있습니다. 쥐를 클릭하면 쥐의 등에 타고 숲속을 정신없이 돌아다니게 됩니다. 다시 내리려면 키보드의 e 키를 누르면 됩니다.

쥐를 노리는 뱀의 모습도 보입니다. 뱀을 클릭하면 역시 뱀의 머리 위로 올라가게 되는데 뱀이 먹이를 잡기 위해서 머리를 계속 앞으로, 뒤로 움직이다 보니 어지럽게 느껴지기도 합니다.

하늘을 올려다보면 독수리가 하늘을 날고 있는데, 독수리를 클릭하면 독수리의 머리에 올라타서 독수리가 보는 시점으로 숲을 내려다 볼 수 있습니다.

02. 멀지큐브 증강현실 콘텐츠

여기에 소개된 가상현실 콘텐츠는 코스페이시스를 처음 접한 학생들의 작품으로 체험을 위해서는 멀지큐브가 필요합니다.

(1) AR 주기율표

공유 코드 KST-WYQ

공유 링크 https://edu.cospaces.io/KST-WYQ

멀지큐브 위에 원소주기율표가 펼쳐집니다. 각각의 원소를 클릭하면 원소에 대한 설명이 나옵니다. 란타넘족과 악티늄족은 블록을 클릭하면 펼쳐집니다.

(2) AR 수학 공식

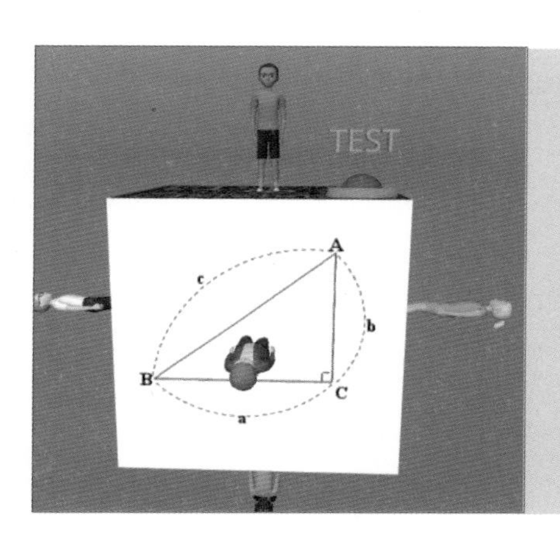

멀지큐브의 각 면에 배치된 캐릭터를 클릭하면 수학 공식 설명창이 나오고 TEST 버튼을 누르면 수학 문제가 나옵니다.

공유 코드　　PHJ-WBA
공유 링크　　https://edu.cospaces.io/PHJ-WBA

(3) 인간의 성장 과정

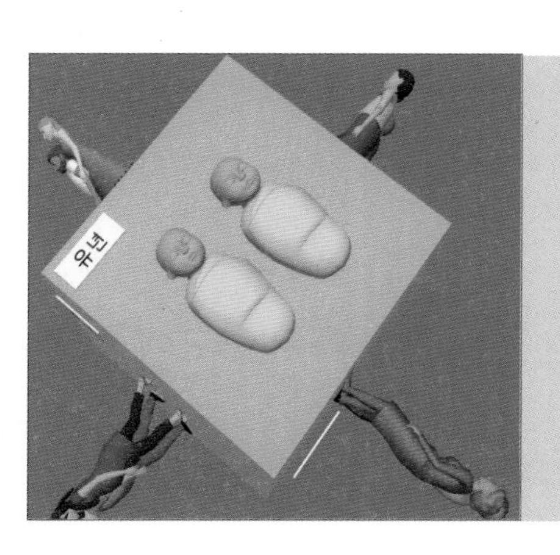

멀지큐브의 각 면에 유년, 소년, 성년, 중년, 노년으로 캐릭터를 배치하고 캐릭터를 클릭하면 설명이 나옵니다.

공유 코드　　PZS-JMS
공유 링크　　https://edu.cospaces.io/PZS-JMS

(4) 성덕대왕 신종

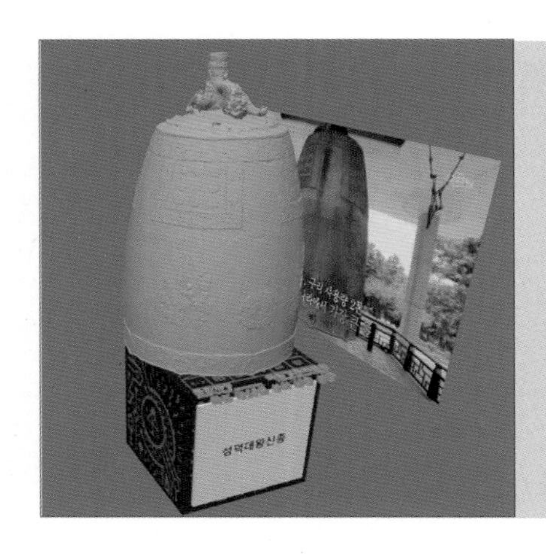

문화재청에서 제공하는 문화재 3D 파일을 올리고 성덕대왕과 관련한 동영상이 재생되도록 만들었습니다.

공유 코드 SVQ-RRV
공유 링크 https://edu.cospaces.io/SVQ-RRV

(5) 내 손안에 태양계

멀지큐브 위에 태양과 행성들을 배치하고 행성들이 태양 주위를 공전하도록 제작하였습니다.

공유 코드 YSL-KUW
공유 링크 https://edu.cospaces.io/YSL-KUW

(6) AR 별자리

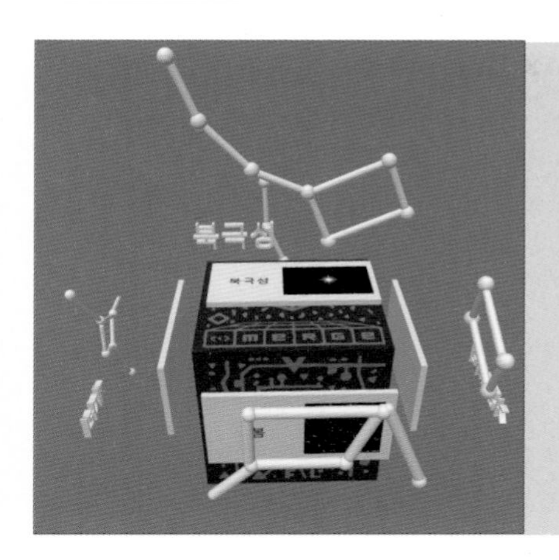

멀지큐브의 옆면에는 계절별 별자리를, 윗면에는 북두칠성을 모델링하여 배치하였습니다.

공유 코드 QRB-NFH

공유 링크 https://edu.cospaces.io/QRB-NFH

(7) AR 먹이 피라미드

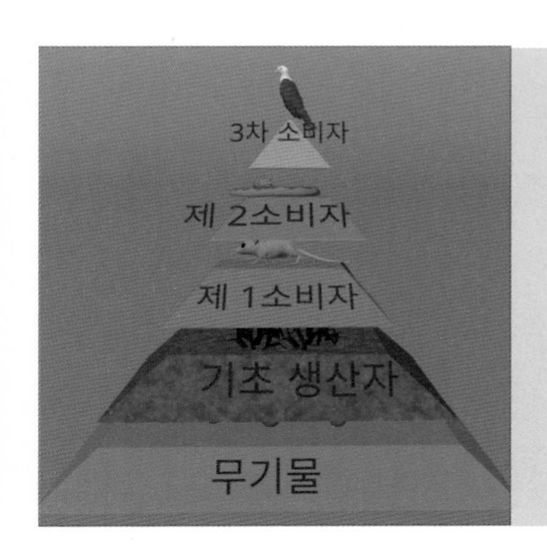

멀지큐브의 앞에 먹이 피라미드를 배치하였습니다. 하단의 블록을 클릭하면 한 층씩 쌓여가며 설명이 나옵니다.

공유 코드 WTV-WTM

공유 링크 https://edu.cospaces.io/WTV-WTM

(8) AR 세포분열

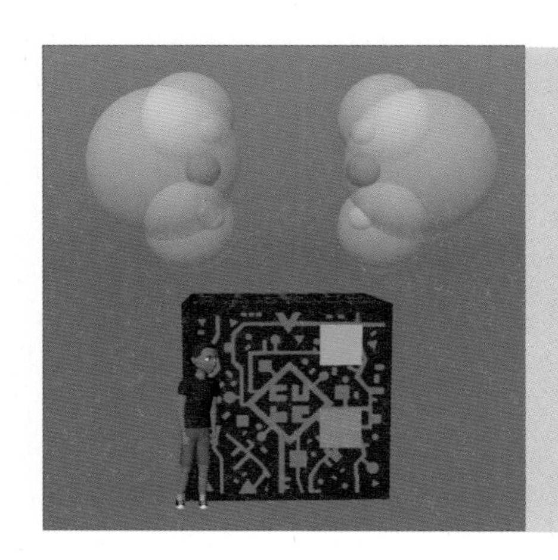

세포분열의 과정을 단계별로 애니메이션을 통해 표현하였습니다.

공유 코드　CPY-UYU
공유 링크　https://edu.cospaces.io/CPY-UYU

04

라이프로깅, 인공지능

최근 메타버스 구축에 참여하는 분들의 특징은 메타버스에 대한 체험만으로도 흥미롭다고 생각하시는 것 같습니다. 메타버스가 더 활성화되기 위해서는 즐길 수 있는 콘텐츠가 계속 업데이트 되어야 하고, 사람들 간의 상호작용이 활성화되어야 합니다. 하지만 라이프로깅이 이루어져 개인의 활동 로그데이터를 기반으로 이후의 서비스를 제공할 필요가 있습니다. 넷플릭스에서 우리가 본 영화들이 우리가 관심을 가질 새로운 콘텐츠를 추천하고, 카카오페이지에서 읽은 웹소설에 대한 키워드가 다른 웹소설을 추천해주는 것은 모두 라이프로깅의 결과물입니다.

에듀테크를 위한 메타버스 구축에서 고려해야 할 것은 라이프로깅이 가능하도록 기획하고 설계해야 한다는 점입니다. 앞서 게더타운을 상세히 설명해 드렸지만, 게터타운은 일회성 행사를 하는 것에는 더할 나위 없이 최적화되어 있습니다. 하지만 게더타운에서 장점이자 아쉬운 점은 로그인 없이 입장이 가능하여 게시판에 기록을 남기는 것 외엔 라이프로깅이 되지 않는다는 점입니다. 향후 개발되는 에듀테크 플랫폼은 학생들이 메타버스에서 교육을 받고 활동을 했던 모든 경험의 기록을 데이터화 할 수 있으면 좋겠습니다. 이번 장에서는 라이프로깅과 인공지능에 대해서 알아보도록 하겠습니다.

CHAPTER

01 라이프로깅

01. 교육을 위한 메타버스 구축에서 라이프로깅을 고려해야 하는 이유

라이프로깅은 새로운 개념이 아니며 교육시스템 안에서 이미 사용되고 있습니다. 성적관리시스템-나이스는 학생들의 학교생활을 기록하고 빅데이터를 보유하고 있습니다. 교과 선생님들은 나이스에 학생들의 활동 내용, 성적, 창의적 체험활동의 날짜, 동아리 활동의 내용과 날짜 등을 기록하게 됩니다. 선생님들이 학교에서 활용하는 업무포털-공문관리시스템은 팩스로 오던 공문들을 분류하고 관리하는 라이프로깅 시스템입니다. 공문이 언제 왔는지 또 누구에게 할당되고 또 처리되었는지 알 수 있습니다. 교육용 메타버스도 마찬가지입니다.

라이프로깅은 자신의 삶에 대한 정보와 경험을 기록하여 저장하고 원할 때 공유할 수 있습니다. 스마트폰 안에 있는 구글 포토, 페이스북, 인스타그램, 카페나 블로그, 카카오스토리가 모두 라이프로깅입니다. 교육용 메타버스 구축에서 공유 가능한 라이프로깅을 고려해야 하는 이유는 학습자기 자신의 콘텐츠를 보면서 성취감과 재미를 느낄 수 있는 요소가 되기 때문입니다. 물론 자기 교육연구자 입장에서는 학습자 중심 플랫폼으로 개인 맞춤형 교육 서비스를 가능하게 할 초기 빅데이터를 구축할 수 있기 때문이기도 합니다. 학생들이 참여했던 기록들, 학생들이 올린 자료, 관심 있었던 콘텐츠, 일기 등을 데이터화한다면, 이후에 학습자 중심 교육을 가능하게 할 수 있는 소중한 데이터베이스가 될 것입니다. 물론 개인정보들은 안전하게 보호되면 좋겠고, 블록체인과 같은 기술이 활용될 수 있을 것입니다.

김상균 교수는 아날로그적으로 우리가 썼던 일기를 대표적인 라이프로깅이라고 하였습니다. 이 일기를 메타버스에서 쓴다면 어떤 것이 가능할까요? 우선 모든 일기가 텍스트 파일로 저장되어서 개인이 얼마나 많은 글을 썼는지를 알 수 있을 것입니다. 개인적으로는 성취감을 느낄 수도 있고, 선생님들이 온라인으로 피드백을 해주면서 작성한 글들도 하나의 빅데이터가 될 것입니다.

02. 라이프로깅에 더해지는 인공지능 기술

메타버스 일기에서 얻은 빅데이터를 인공지능과 연결한다면 어떤 것이 가능할까요? 장기적으로는 전국의 학생들이 작성한 일기와 선생님들의 피드백을 모아서 자동으로 피드백을 해주는 인공지능 시스템을 개발할 수 있습니다. 이미 중국과 미국에서 인공지능 작문 지도 시스템이 개발되어 있습니다. 또한 감정 인공지능을 연결하면 일기를 읽고 개인의 감정을 분석하여 심리적으로 불안정한 학생들을 조기에 판별하여 치료할 수도 있습니다. 구글 포토나 페이스북에서 제공해주는 서비스처럼 몇 년 전 오늘의 일을 선물처럼 개인에게 보내주는 서비스도 가능합니다. 종이에 썼다가 잃어버리는 일기가 아닌 소중한 빅데이터가 되는 것입니다. 교육용 메타버스에는 이러한 라이프로깅이 가능할 수 있도록 텍스트, 이미지, 영상을 개인이 업로드하고 공유할 수 있는 시스템을 함께 구축해야 합니다. 이미 많은 선생님이 활용하시는 페들렛(https://ko.padlet.com)에서 아이디어를 얻어 메타버스 플랫폼 구축에 활용되면 좋겠습니다.

[그림 4-1] 페들렛 메뉴

최근 저희 아이가 학교에서 진행한 활동 중에 소설 쓰기가 있었습니다. 이러한 소설 쓰기, 에세이 쓰기 같은 활동도 메타버스에서 라이프로깅 시스템으로 개발되면 좋겠습니다. 소설에는 자신의 관심사, 주로 사용하는 단어들이 포함됩니다. 따라서 나의 관심사 등이 글에 포함되며, 이는 학습자 중심의 교육이나 개인 맞춤형 추천 서비스로 발전될 수 있는 데이터가 될 수 있습니다. 또한 사람들은 자신의 일상을 기록하는 것도 좋아하지만 공유하는 것도 좋아합니다. 다른 친구들의 글을 보고 자기 생각을 글로 남기거나, 이모티콘으로 감정을 표시하는 등의 피드백을 할 수 있는데, 온라인 안에서의 이러한 상호작용은 몰입과 재미를 제공할 수 있습니다.

매해 미국 라스베이거스에서 열리는 국제전자제품박람회(Consumer Electronics Show, 이하 CES)는 업계 선두주자들이 모이는 세계적인 소비자 전자제품 전시회입니다. CES는 50년 이상 각국의 첨단 기술의 실험장이자 경연장으로 차세대 혁신 기술을 시장에 소개하는 국제무대로 알려져 있습니다. 2020년 CES 2020에서 기조연설자로 나서는 김현석 삼성전자 소비자가전(CE) 부문장은 향후 10년을 "경험의 시대"라고 정의한 바 있습니다. "첨단 기술은 개개인의 요구를 충족 시켜주는 맞춤형 기술로 진화할 것"이라며, 가전에 인공지능 기술이 통합됨을 알린바 있습니다. "각각의 기기들은 스스로 사용자를 이해하게 되며, 집 안에 있어도 실질 세계와 가상의 세계는 모호해진다. 세계·디지털 공간의 희미한 경계 속에 사람들은 현실 속에서 가상을 살아가고, 가상 속에서 현실보다 더 생생한 현실을 경험하게 될 수도 있다"고 말했습니다.

어느 집이나 가족들은 거실에 함께 앉아 있지만, 각자의 핸드폰을 들여다보며 공동의 삶이 아닌 개인 맞춤형 삶을 살고 있습니다. 스마트폰이라는 평생 친구가 개인정보 동의 클릭 한 번이면 즐겨보던 포털에서 나의 검색 패턴을 분석하여 좋아할 만한 정보를 정확히 내 시야로 가져다줍니다. 한 치도 눈을 뗄 수 없습니다. 이미 나보다 더 나를 잘 알게 되었을지도 모르는 인공지능 시스템 속에 길들고 있습니다. 인공지능은 이제 인류의 삶에 '똑똑한 동반자'로서 공존하고 있으며 메타버스에 탑재되는 인공지능은 개인에게 편리성을 높이면서도 만족스러운 맞춤형 경험을 제공하게 될 것입니다. 따라서 메타버스를 구축할 때 이러한 인공지능 기술을 반드시 고려할 필요가 있습니다.

03. 자동응답시스템과 챗봇

우리가 온라인 플랫폼에 접속해서 어떤 질문을 하려고 하면 챗봇이 먼저 반갑게 인사를 해오는 경우도 많아졌습니다. 챗봇은 그 이전까지 쌓아둔 고객들의 질의응답 데이터를 토대로 개발된 것입니다. 반복적인 고객들의 질문에 동일하게 반응할 수 있게 되어, 지금은 특이사항에 대한 문의만 사람들이 처리하고 있고, 처리 결과는 모두 데이터화되어 챗봇 개발에 쓰입니다. 그래서 전화로 고객센터에 문의하면 "대화가 모두 녹음된다"라고 하는 것입니다. 녹음된 대화를 데이터로 만드는 작업도 인공지능이 할 수 있습니다. 음성 녹음을 텍스트 데이터로 만들 때도 디지털 트랜스포메이션된 기술을 활용합니다. 이 기술이 바로 네이버 클로바 노트인데, 음성 파일을 업로드하면 바로 텍스트로 만들어줍니다. 브루(Vrew)는 영상도 텍스트로 만들고 시간별로 기록까지 하고 자막도 넣어줍니다.

[그림 4-2] 네이버 클로바 노트

대기업들은 그간 쌓아 놓은 빅데이터를 활용해 챗봇 개발을 진행하고 있습니다. 카카오 역시 헤이카카오 서비스를 제공하고 있습니다. 라이프 어시스턴트, 카카오미니의 음성 기능부터 다국어 번역까지 이 모든 것을 '헤이카카오 앱'으로 할 수 있습니다. 우리는 음성으로 제어되는 쉽고 편리한 생활을 경험할 수 있습니다. 헤이카카오는 메시지를 보내고 번역하는 일뿐 아니라 음악을 골라주는 일, 길을 알려주는 일 등도 하고 있습니다.

일상생활에서 사람이 하던 일이 디지털 트랜스포메이션되고 인터넷과 연결된 사물에서 얻은 데이터로 인공지능을 학습시키게 됩니다. IoT 기술은 우리의 생활을 편리하게 해주기도 했지만, 데이터 수집을 쉽게 했습니다. 빅데이터를 학습한 인공지능 알고리즘은 우리가 더욱더 편리하고 정확하게, 개인 맞춤형으로 서비스를 이용하도록 돕는 기술이 되고 있습니다. 인공지능이 사람들의 일을 대신한다는 비난을 받기도 하는데, 인공지능이 대체한 일자리는 콜센터 상담직입니다. 챗봇이 대신하고 있는 상담뿐 아니라, 음성인식 기술을 활용한 자동응답 시스템은 인공지능을 탑재하게 되었습니다. 현재 남아 있는 상담원들의 상담 기록도 모두 녹음하고 데이터화하여 언젠가는 99%를 인공지능 상담원이 대체할지도 모릅니다. 음성인식 기술을 활용하여 말로 하는 ARS(자동응답시스템, automatic response system)로 접수와 상담을 진행하고 있어서 데이터는 계속 늘어날 것입니다. 처음에는 말로 하는 ARS 서비스가 낯설었지만, 지금은 매우 익숙해졌습니다.

디지털 트랜스포메이션 시대에서 우리가 주목해야 할 점은 사람이 한번 익숙해지고 큰 불편을 느끼지 않고 적응하게 되면 그 생활방식을 좀처럼 바꾸지 않는다는 것입니다. 최초에 안드로이드폰을 쓴 사람은 아이폰에 적응하지 못하는 것과 비슷한 맥락이라고 하면 이해가 빠를 것입니다. 따라서 한 번 디지털 트랜스포메이션된 직업군의 일자리는 정말 빠르게 축소됩니다. 그렇다면 가장 빠르게 증가하는 일자리는 어떤 분야일까요? 함께 알아보도록 하겠습니다.

현재 기업 홈페이지에 가입하면 여러 기업에서 홈페이지에 챗봇을 도입해 고객들의 불만 사항에 24시간 응대하고 있습니다. 아래 그림에서 챗봇은 Kt M mobile에서 제공하는 챗봇입니다. 신규 가입, 요금제 상품, 부가서비스 가입 문의 등을 처리하고 있습니다.

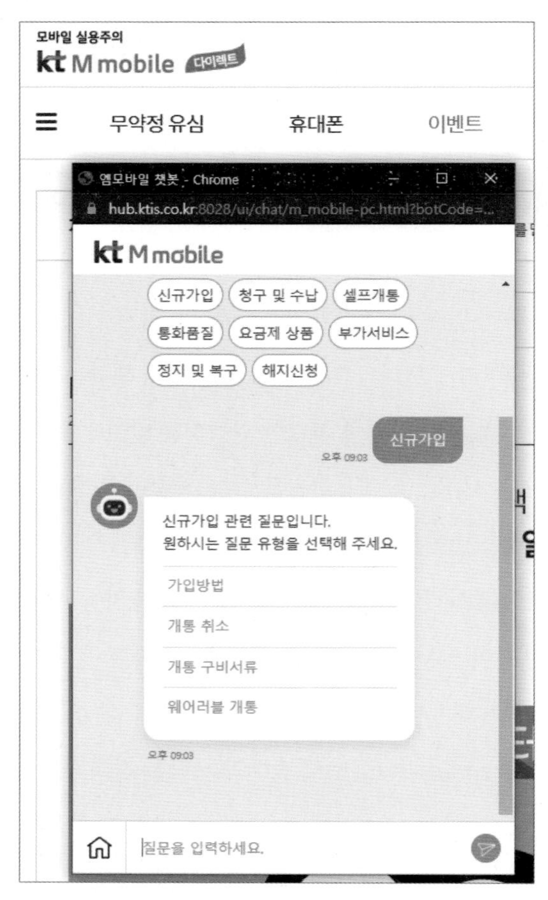

[그림 4-3] kt M mobile 챗봇

(1) 인공지능 챗봇

통신사, 금융권, 쇼핑몰 등은 일찍이 챗봇 기능을 도입해 고객들의 문의에 응대하고 있습니다. 통신사의 경우 신규 가입, 요금 청구, 요금제 변경, 부가서비스 변경, 통화 품질, 해지 신청 내용이 기본입니다. 금융권의 경우 신규 계좌개설, 예금, 대출, 해지 등의 업무에 대한 문의가 기본입니다. 쇼핑몰의 경우는 어떨까요? 우선 발송 문의, 반품 신청, 교환, 환불 등의 문의가 대부분입니다. 챗봇이 빠르게 도입된 산업군은 사용자들의 고정된 반복 질문이 많은 분야입니다. 그간의 반복되는 상담 기록을 녹음하고 텍스트로 변환하여 챗봇을 개발했습니다. 이렇게 챗봇을 도입하면 그만큼 인건비를 절약할 수 있습니다. 아래의 이미지는 인터파크의 톡집사라는 챗봇이며, 챗봇에 집사 알프레도라는 페르소나를 부여해 사용자들이 친근감을 느끼게 했습니다.

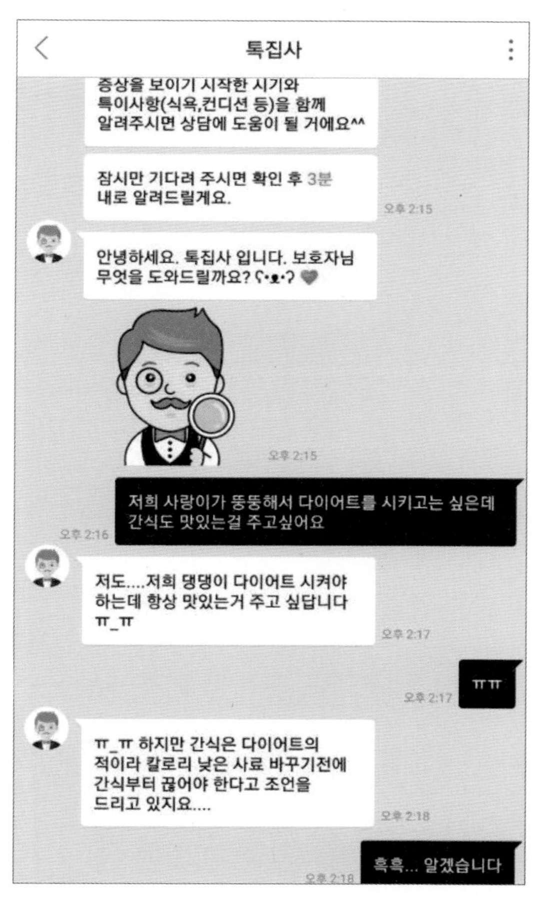

[그림 4-4] 인터파크 톡집사 사례

그 외의 다양한 분야에서 챗봇은 학교 소개, 날씨 알림, 병원 예약을 하며 여러 분야에서 널리 사용되고 있습니다. 대학에서도 챗봇을 개발하여 사용하고 있습니다.

[그림 4-5] 각 대학과 진료 기관에서 사용하는 챗봇

챗봇은 사람이 아닌 기계가 답하기 때문에 인터넷과 전력만 있으면 답변할 수 있습니다. 특히 최초 개발 이후에는 고정 인건비가 들지 않습니다. 챗봇으로 응대가 어려운 경우에만 근무시간에 상담원이 전화를 받습니다. 이 또한 텍스트로 변환해두었다가 이후 챗봇을 업그레이드하는 데 사용합니다.

최근에는 인공지능 챗봇이나 웹 개발에 대한 지식이 없는 일반 사용자도 질문-답변 데이터와 챗봇 솔루션을 가지고 충분히 챗봇을 구현할 수 있습니다. 아래 이미지는 카카오와 네이버에서 제공하는 챗봇 오픈빌더입니다. 챗봇 오픈빌더는 누구나 클릭만으로 챗봇을 구현할 수 있도록 도와주는 툴입니다.

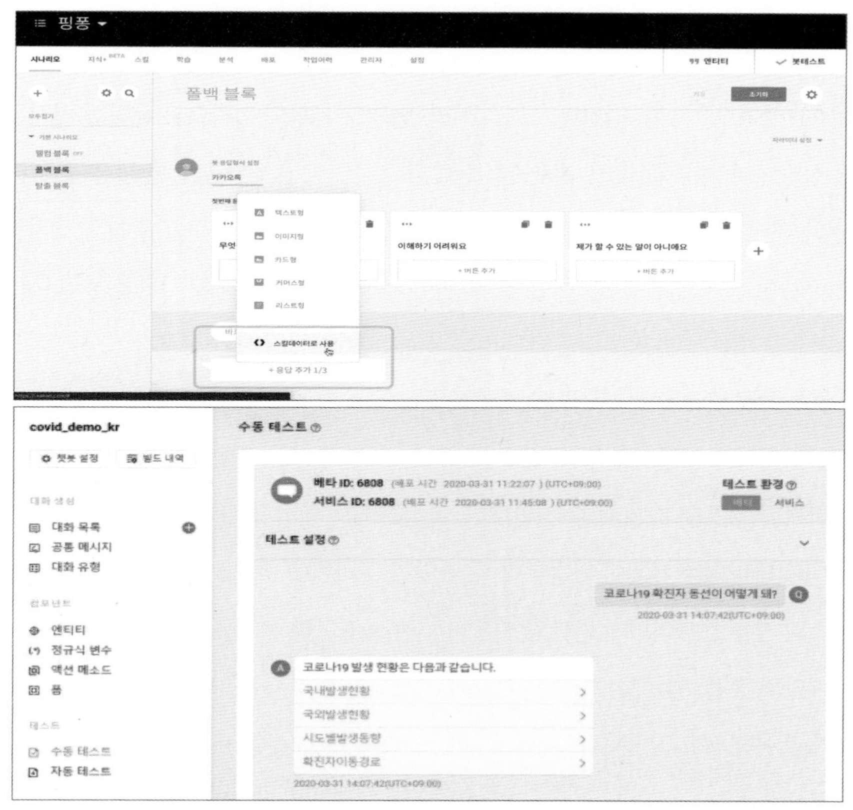

[그림 4-6] 챗봇 구축 과정 화면

(2) 유해한 콘텐츠를 걸러주는 인공지능

코로나19의 확산으로 인해 오프라인으로 진행되던 전시회들을 온라인으로 진행하고 있습니다. 온라인 전시는 거리와 공간의 제약이 없어 어디서든 관람할 수 있으며 시간적 제약도 없어 원하는 시간대에 관람할 수 있습니다. 하지만 이전까지의 온라인 전시회는 현장감이 떨어지며 관람객들이 집중하기 어려워하는 문제점을 안고 있었습니다. 관람객의 몰입감이 떨어지면 상대적으로 전시회에 체류하는 시간이 적습니다. 이러한 단점에도 코로나19의 확산세가 장기화하며 온라인 전시·행사는 확대되고 있고, 몰입감을 높이고 안전성을 강화하려는 MICE 전문가들은 코로나19가 종식된 이후에도 오프라인 행사와 온라인 행사를 병행하게 될 것으로 전망합니다.

온라인으로 한 번 구축된 콘텐츠는 서버와 호스팅이 유지되는 경우 행사 기간 외에도 관람이 가능한 지속가능성이 있기 때문입니다. 코로나19와 언택트 문화의 정착으로 온라인 전시는 지속해서 확대될 전망이며, 이에 온라인 전시에서 관람객의 몰입감을 높일 방안이 필요합니다. 좋은 콘텐츠, 흥미와 재미를 주는 콘텐츠를 설계하는 것이 가장 기본이 되겠지만, 추천 알고리즘을 사용해 사용자 맞춤형 콘텐츠를 추천해주는 것은 온라인 전시장에서의 체류 시간을 늘리고, 개인에게 유의미한 경험을 주는 방법으로 활용되고 있습니다. 또 이후에 유사한 전시가 진행되는 경우 개인 맞춤형 추천을 해줄 수 있다는 장점이 있습니다.

메타버스에 개인이 콘텐츠를 탑재하고 공유하는 경우 우려할 문제는 유해한 정보와 이미지를 얼마나 필터링할 수 있는가에 대한 것입니다. 유튜브에는 영상을 올리면 저작권을 체크하고, 유해 이미지를 필터링하는 기능이 있습니다. 온라인 스트리밍을 하는 과정에서도 저작권에 문제가 있는 콘텐츠의 경우 스트리밍이 중단되거나 일정 시간 정지하는 기능이 있습니다. 하지만 새롭게 구축하는 메타버스 플랫폼에는 이러한 기술이 적용되기 어려워 사람들이 콘텐츠를 심사해서 노출되는 형태로 운영되고 있습니다. 따라서 향후 구축되는 메타버스에는 플랫폼에 업로드한 이미지를 주기적으로 체크하는 Porn Detection Model과 같은 인공지능의 탑재를 고려해야 합니다.

NSFW Detection Machine Learning Model

all contributors

Trained on 60+ Gigs of data to identify:

- `drawings` - safe for work drawings (including anime)
- `hentai` - hentai and pornographic drawings
- `neutral` - safe for work neutral images
- `porn` - pornographic images, sexual acts
- `sexy` - sexually explicit images, not pornography

This model powers NSFW JS - More Info

[그림 4-7] 주기적으로 학습 데이터를 사용해 업데이트하는 탐지모델
Git 홈페이지 : https://github.com/GantMan/nsfw_model

04. 개인 맞춤형 추천 시스템의 적용 사례

개인 맞춤형 추천이란 특정 시점에 특정 고객이 필요로 하는 상품을 제공하는 것을 의미합니다. 방대한 콘텐츠 중 추천 시스템 없이 사용자가 원하는 콘텐츠를 선택하는 것은 어렵습니다. 사람들은 영화를 보고 싶을 때 현재까지 개봉된 모든 영화 정보를 검색할 필요가 없습니다. 추천 알고리즘에서 제공해주는 추천 목록 중 보고 싶은 영화를 선택하면 됩니다.

해당 챕터에서는 실제 온라인 전시회 시스템에 추천 알고리즘을 적용한 예시를 소개하려고 합니다. 온라인 전시회는 2020 산학협력 EXPO 행사이며 개인화 맞춤 추천과 유사 전시물 추천 시스템을 적용했습니다. 개인화 맞춤 추천은 관람객의 전시 로그를 기반으로 구현되었으며 개인마다 추천 목록이 다르게 제공됩니다. 유사 전시물 추천은 사용자가 특정 게시물을 관람하면 그와 내용이 유사한 전시물을 추천해줍니다. 전시물의 텍스트를 벡터로 변환한 후, 코사인 유사도를 적용해 유사 게시물을 판단합니다. 이러한 과정을 통해서 개발된 인공지능이 탑재된 전시 행사 플랫폼 구축 사례를 소개하겠습니다.

2020년 산학협력 EXPO였는데, 산학협력 EXPO의 목적은 학계 및 지역 산업계가 함께하는 EXPO 개최를 통해 산학협력 문화의 저변 확산 및 활성화하는 것입니다. 주최기관은 교육부와 한국 연구재단이며 행사 일정은 12월 2일(수)부터 10일(목)까지 9일간 진행됐습니다. 온라인 중심으로 행사를 진행했으며 그림 1과 같이 산학협력 EXPO 홈페이지와 유튜브를 사용해 진행됐습니다. 총 300개 이상 기관(대학·기업·유관 기관)이 참여했으며 한국산업기술진흥원, 한국대학교육협의회, 청년기업가재단, 일반대학교/전문대학교 LINC+사업협의회 등이 참여해 성과를 전시했습니다.

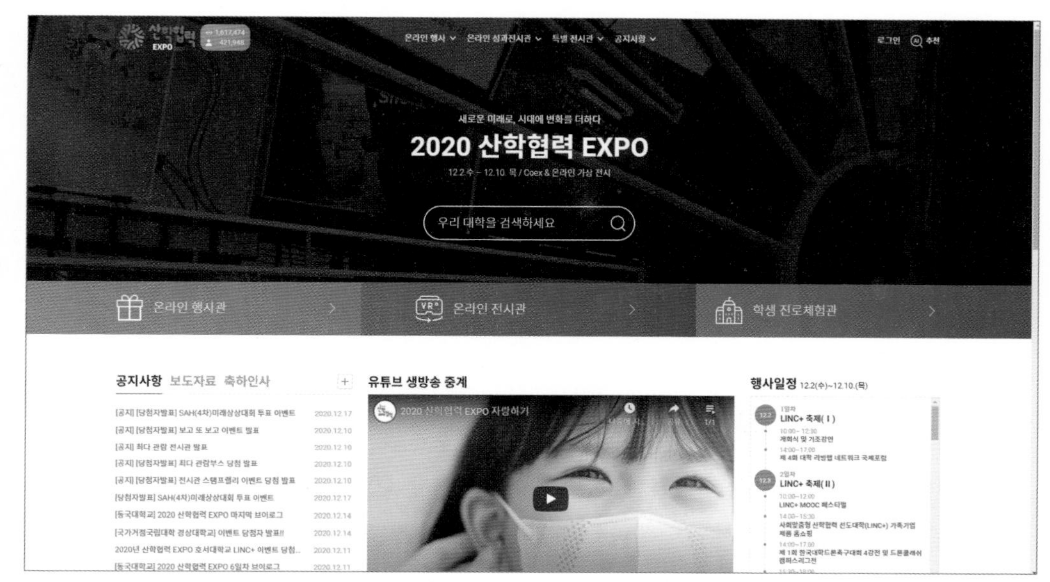

[그림 4-8] 산학협력 EXPO 메타버스

산학협력 EXPO 행사는 수백 개의 전시관이 있고 전시관 안에 수십 개의 전시물이 존재하는 구조입니다. 전시관은 학교기업지원사업 성과관(서울시립대학교), 일반대학교 LINC+ 4차 산업혁명 혁신선도대학 성과관(서울시립대학교), 전문대학교 LINC+ 사회 맞춤형학과 중점형 성과 전시관(동주대학교), 조기취업형 계약학과 선도대학 육성사업 성과관(경일대학교), 대학 산학협력단지 조성지원사업 성과관(연세대학교) 등 총 311개의 전시관이 존재합니다.

각 대학의 전시관 내부에는 다양한 전시물 포스터가 존재합니다. 각 전시관은 아래의 그림과 같이 3D로 구현되어 있으며 전시물을 클릭하면 확대해서 볼 수 있습니다. 개인화 맞춤 추천은 사용자 전시 시청 로그에 Matrix Factorization을 적용해 311개의 전시관 중 9개의 전시관을 사용자에게 추천합니다. 사용자 전시관 방문 로그 기반이기 때문에 특정 시간마다 추천 목록을 업데이트해 사용자에게 새로운 전시관을 추천합니다.

[그림 4-9] 산학협력 EXPO 전시관

산학협력 EXPO의 전시물은 각 기관에서 제출한 포스터와 영상 파일입니다. 아래 그림은 포스터의 예시이며 이미지, 텍스트, 동영상이 혼합되어 있습니다. 전체 포스터의 개수는 1,585개이며 전시물 주제는 바이오, 의료 서비스, 인공지능, 도시 인프라, 에너지 플랜트 등 다양한 주제를 다루고 있습니다.

유사 전시물 추천은 전시물 포스터의 설명을 기준으로 의미상 유사한 전시물을 추천합니다. 일반대학교 LINC+ 고도화형(계명대학교)의 포스터 설명은 다음과 같습니다. '코로나19 극복 희망 나눔 캠페인 시즌 1·2 기술개발 성과(이미지 및 도표 활용). 대한민국의 코로나19 확산으로 국민의 아픔과 고통 분담을 위한 대학의 지역사회 희망 나눔의 인식 확산 운동, 코로나 희망 나눔 캠페인을 통해 지역사회 재난 극복, 지역 문제 해결을 위해 대학의 사회공헌 촉매제 역할 수행을 통한 지역사회의 빠른 피해 복구 및 사회경제 회복 촉진.' 이와 같은 전시물 설명을 다른 전시물 설명과 비교해 1,585개의 전시물 중 가장 유사한 전시물 6개를 사용자에게 추천합니다.

(1) 추천 알고리즘

추천 알고리즘은 크게 Collaborative Filtering과 Contents Based Filtering으로 분류됩니다. Collaborative Filtering은 사용자의 과거 패턴을 분석해 유사한 성향의 사용자에게 아이템을 추천하는 방법입니다. Collaborative Filtering은 사용자의 로그 기록과 과거 패턴 같은 데이터를 많이 가지고 있을수록 성능이 높아집니다. 하지만 신규 사용자의 경우에는 관찰된 데이터가 거의 없어서, 추천의 정확도가 급격히 떨어지는 Cold Start 문제가 발생합니다.

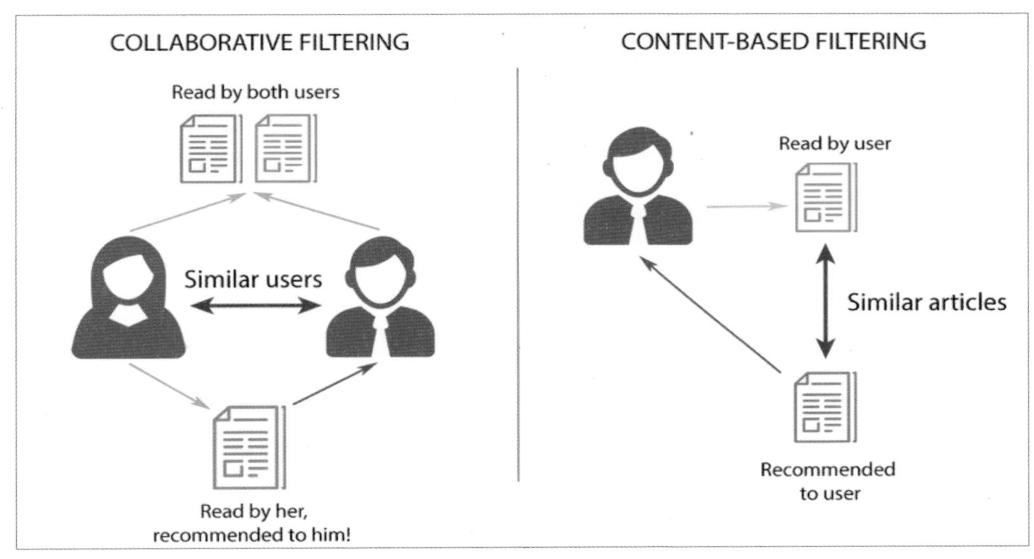

[그림 4-10] 산학협력 EXPO 메타버스에 통합된 인공지능

Contents Based Filtering은 아이템 간의 유사도를 측정하여 사용자가 아이템을 조회했을 때 유사한 아이템을 추천해주는 방법입니다. Contents Based Filtering은 Collaborative Filtering의 문제점인 Cold Start 문제가 없으므로 아이템에 대한 평가가 없는 신규 사용자에게도 적용할 수 있습니다. Contents Based Filtering은 사용자 간의 유사도를 기준으로 하는 User-Based와 아이템

간의 유사도를 기준으로 하는 Item-Based로 구분됩니다. User-Based는 나와 프로필이 비슷한 다른 사용자가 선호하는 전시물을 추천해주는 방식이고, Item-Based는 전시물의 이미지와 텍스트 같은 정보를 활용해 유사한 전시물을 추천하는 방식입니다.

산학협력 EXPO 전시회에서 개인화 맞춤 추천 시스템은 Collaborative Filtering을 사용해 구현하고, 유사 전시물 추천 시스템은 Item Based Contents Filtering을 적용해 구현했습니다. 아래 이미지는 실제 2020 산학협력 EXPO에 반영된 결과물이며 사용자에게 최적화된 9개의 전시관을 추천해줍니다.

[그림 4-11] 산학협력 EXPO 메타버스 인공지능 추천시스템

앞으로 코로나19와 언택트 문화의 정착으로 온라인 전시는 지속해서 확대될 전망입니다. 온라인 전시에서 관람객의 몰입감을 높이기 위해 추천 시스템을 사용했습니다. 실제 2020 산학협력 EXPO에 참여한 5,535명의 관람객에게 추천 목록을 제공했고, 그들에게 긍정적인 피드백을 받을 수 있었습니다.

추천 알고리즘을 적용하기 위해서는 개발자들이 필요합니다. 만약 개발자가 없다면 사람이 직접 하나의 전시물과 관련이 있는 게시물을 연관 지어야 합니다. 전시물이 적은 경우라면 가능하지만, 전시물이 많은 경우 사람이 직접 하는 것은 많은 시간과 노력이 필요합니다.

(2) 인공지능 과제 평가 시스템

실리콘밸리에서는 지식을 평가하는 시험은 사라지고 있다고 합니다. 부모들이 가진 기술을 활용해 불법 시험을 보는 사례가 증가했기 때문입니다. 학생들이 착용한 첨단 렌즈나 안경에 포함된 카메라가 문제를 인식해서 답을 알려줍니다. 우리나라에도 인공지능이 대신 수학 문제를 풀어주는 콴다라는 앱이 개발되어 있습니다. 수학 문제를 인식해서 답을 알려줄 뿐 아니라, 풀이 과정을 제공하는 학습 도구로 고등학교 학생들 사이에서 인기입니다. 조건에 맞는 유사 혹은 동일 문제를 찾고 해답을 제공하면서, 콴다의 API는 지속해서 빅데이터 부자가 되고 있습니다.

콴다는 2019년 학생들의 데이터를 기반으로 의미 있는 통계 조사 결과를 발표했습니다. 이 학생들이 어떤 문제를 주로 궁금해하는지, 어떤 선생님의 풀이를 좋아하는지 등입니다. 콴다는 앞으로 빅데이터를 기반으로 개인 맞춤형 문제은행으로 발전할 것이고, 학생들이 반복적으로 틀리는 문제와 유사 문제를 제공하거나, 개념들을 짚어주는 개인화된 서비스로 진화할 것입니다. 이렇게 인공지능은 개인 맞춤형 서비스를 가능하게 하고 있습니다. 개인의 정보를 토대로 개개인의 특성을 인간보다 더 잘 분리하고, 맞춤형 교육 서비스를 개발하는 인공지능은 개인 정보의 활용 가능성에 따라서 그 발전 속도에도 차이가 드러날 것입니다.

05. 학습자 중심 교육의 실현

최근 강조되고 있는 학습자 중심 교육은 인간 본연의 문제 발견과 해결 과정을 통해서 개인적 지식의 성장을 강조하고 있습니다. 미국의 새로운 국가 과학 표준에서는 학문 분야에서의 핵심 아이디어(body of knowledge)와 체계적으로 묶인 생각들을 새롭게 강조된 과학적인 지식(new emphasis on scientific knowledge)이라고 명명하고 개인을 내적 지식을 계발하는 학습자 중심 교육을 강조하고 있습니다(NRC, 2012). 따라서 지식을 통합하고 연결하는 주체인 학습자 중심의 교육이 세계적으로 확대되고 있으며, 이제 메타버스에서 학습자 중심의 교육을 더욱더 효율적으로 실현할 수 있습니다.

미국의 진보적 교육 운동의 대표자 듀이(Dewey, 1916)는 학습을 "경험의 의미를 추가하고 후속 경험 과정을 지도하는 능력을 향상하는 경험의 재구성 또는 재구성"이라고 묘사했습니다. 그 후 듀이(Dewey, 1938)는 학생들에게 가설을 시험하고 문제를 더 비판적으로 탐구할 기회를 학생들에게 제공할 필요성을 강조했습니다. 스위스의 심리학자 피아제(Piaget, 1954)는 "지식이 개인에 의해서 적극적이며 능동적으로 구성되는 것"이라고 주장하고 있습니다. 실제와 관념은 끊임없이 상호작용하면서 의미가 습득되고, 또 수정, 폐기되면서 풍부해지는 상호주관성을 지닌 나선형 순환구조를 지니게 됩니다.

지식은 개인과 환경 간의 상호작용 때문에 발전, 재구성되면서 성장해 갑니다. 개인 스스로 지식을 구성하고 또 수정하며 발전해야 한다는 뜻이기도 합니다(Jonassen, 1999). 메타버스 플랫폼은 기본적인 학습자들의 특성을 깊이 이해하고, 개인에 의해 구성되는 지식을 고려하여 학습자 중심으로 교수-학습을 설계할 수 있습니다.

교육 시스템은 학습자가 주된 관심사로 재설계될 때 향상할 가능성이 가장 큽니다. 따라서 메타버스는 모든 학습의 과정에서 개인의 적극적인 참여를 극대화할 수 있고, 지속해서 흥미를 유지하며, 자아 중심적 통합을 할 수 있습니다. 이러한 과정에서 더욱 효율적으로 정교한 개인적 지식이 형성될 것이고, 학습자 중심의 학습 원리는 개인의 지식 형성을 가장 효율적으로 지원할 수 있다는 장점이 있습니다. 특히 메타버스는 자기 결정성(Self-Determination)이 극대화된 교육 환경을 제공해 줄 수 있습니다. 자기 결정성은 인간의 기본적인 심리 욕구에 대한 이론으로 사람은 누가 요청하거나 강제성을 행사하지 않아도 자신의 환경을 탐색, 이해, 동화하려는 기본적인 욕구를 가지고 있다는 전제에 기초한 이론입니다. 학생들은 자신이 자기 결정성이 높은 환경에서 흥미를 갖고 참여하여 자기와의 통합을 통해서 높은 내적 동기를 유지할 수 있게 됩니다.

06. 메타버스 에듀테크의 궁극적 목표

스티브 잡스의 명언 중에 "사람들은 대체로 자신이 원하는 것을 보여주기 전까지는 무엇을 원하는지 알지 못한다"라는 말이 있습니다. 이미 우리의 삶의 일부가 된 메타버스와 인공지능은 애초에 우리가 원하고 선택한 것은 아닐지라도, 이제 우리의 삶에서 떼려야 뗄 수 없는 존재가 되어가고 있습니다. 'EBS 특집, 소프트웨어 교육 길을 묻다'에 출연한 박정철 단국대학교 치과대학 치주과학교실 교수는 아무리 설명해도 학생들은 치과 수술의 과정을 상상하지 못해서, 모든 진료 과정을 촬영하고 유튜브에 공유하는 방식으로 대학 교육의 벽을 허물고 교육 혁신가로 인정받게 되었습니다. 박정철 교수는 말로 설명하는 것보다 "더 좋은 도구와 더 좋은 소프트웨어는 끊임없이 나올 수 있다. 그런 것들을 활용하는 가능성을 열어 놓고, 사회에서 문제를 발견하고 해결하는 것이 본질이다"라고 말합니다.

결국, 메타버스 플랫폼은 좋은 에듀테크 도구이며 교육 현장에서 적극적으로 활용한다면 학생들의 자기 결정성과 자발성을 극대화할 수 있습니다. 지금 학생들이 네이버 시리즈와 카카오 페이지를 자발적으로 찾는 것처럼 말이지요. 또한, 증강현실, 가상현실, 거울 세계를 적용한 우수한 콘텐츠가 개인 맞춤형으로 추천된다면 유의미한 경험을 극대화하여 현실에서의 교육격차를 줄이는 데 사용될 수 있을 것입니다.

자유학기제와 고교학점제를 실현하는 메타버스 플랫폼 구축은 매우 필요합니다. 학생들의 라이프로깅을 기반으로 개인 맞춤형 추천 시스템을 고도화할 수 있습니다. 이는 학습자 중심의 교육을 실현하고 인공지능을 적용하여 학생들의 재미와 흥미를 찾아 진로지도를 해주는 학습자 중심의 교육을 실현할 수 있을 것입니다.

다빈치 books 효과적인 학습 전략 수립을 도와주는 책들

에듀테크 FOR 클래스룸 : 한 권으로 끝내는 원격 수업 도구의 모든 것

박찬, 김병석, 전수연, 전은경, 진성임, 정선재, 강윤진, 변문경 | 416쪽 | 25,000원

원격수업에 필요한 모든 디지털 도구의 활용 노하우를 이 한 권에 담았습니다.
온·오프라인 수업에 에듀테크를 더하면 더 편리하게 흥미로운 수업을 설계하고 실현할 수 있습니다.

주요 내용: 온라인 수업, 블랜디드 러닝, 플립트 러닝, 디지털 리터러시, 띵커벨, 카훗, 패들렛, 멘티미터, 실시간 쌍방향 수업, 줌(Zoom), 구글 Meet, 카카오 TV, 영상녹화, PPT 녹화, 윈도우 게임 녹화, OBS, Zoom it, 영상편집, 클로버더빙, 브루(Vrew), 곰믹스 (Gom Mix), 유튜브영상 올리기, 무료폰트, 무료이미지, 무료음원, 미리캔버스, 구글플랫폼 활용하기, 구글설문, 구글프리젠테이션, 구글스프래드시트, 구글사이트도구

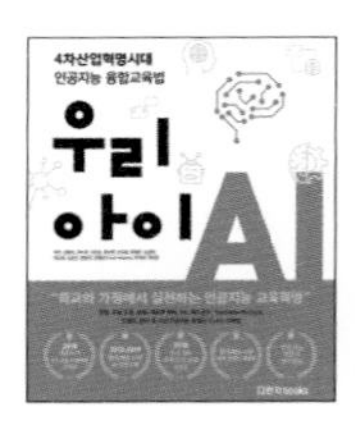

우리 아이 AI : 4차 산업혁명 시대 인공지능 융합교육법

박찬, 김병석, 전수연, 전은경, 홍수빈, 진성임, 문혜진, 김성빈, 정선재, 강윤진, 변문경, 권해연, 박서희, 이정훈 공저 | 320쪽 | 24,000원

인공지능 교육은 어떤 방향성을 가지고 진행해야 할까요? 인공지능 교육에 대한 정보, 고민과 해답을 "우리 아이 AI" 이 한 권에 담았습니다. 인공지능 교육은 일상생활에서 문제를 해결을 위한 인공지능 활용 교육이 중심이 되어야 합니다. 인공지능 교육에 대한 방향성, 선진 인공지능 교육 사례, 스마트 폰 속 인공지능 도구에 대한 교육적 활용 방법을 소개한 첫 책입니다.

쉽게 따라 하는 인공지능 FOR 클래스룸

박찬, 전수연, 진성임, 손미현, 노희진, 정선재, 강윤진, 이정훈 | 212쪽 | 18,000원

온·오프라인 수업에서 인공지능을 활용할 수 있는 가장 실용적인 지침서입니다. 온·오프라인 수업에서 실현하는 인공지능 에듀테크의 모든 것을 이 한 권에 담았습니다.

4차 산업 수업 혁명: with STEAM 교육 & Maker 교육

최인수, 변문경, 박찬, 김병석, 박정민, 전수연, 전은경 공저 | 264쪽 | 25,000원

STEAM 융합 교육에서 SW 교육으로 더 나아가 만들기 활동으로 세상과 상호작용할 수 있는 메이커 교육이 확대되고 있습니다. 이렇게 교육 혁신이 가속화되는 이유는 4차 산업혁명으로 사회, 경제적 시스템이 변화하며 미래 인재상도 변화하기 때문입니다. 이러한 교육의 패러다임의 전환기에, 본 책은 인간 본연의 창의성을 강화하기 위한 메이커 교육의 역사와 정신, 방향성을 제시하고 있습니다. 또한 이 책의 저자들은 코딩 교육, STEAM 융합 교육, 그리고 메이커 교육의 이상적인 통합 방법을 사례를 통해 보여줍니다.

메타버스 에듀테크

초판 1쇄 인쇄	2021년 8월 30일
초판 11쇄 발행	2021년 12월 20일
기획	변문경, 박찬, 김병석, 이정훈
책임편집	김현
본문편집	정아영, 신선혜
디자인	이시은(디자인 다인)
펴낸곳	다빈치 books
등록일	2011년 10월 6일
주소	서울특별시 마포구 월드컵북로 375 http://blog.naver.com/curiomoon www.storypia.com
팩스	0504-393-5042
전화	070-4458-2890
콘텐츠 및 강연 관련 문의	curiomoon@naver.com

*이미지 리소스:ShutterStock의 정식라이선스를 사용하였습니다.

ISBN 979-11-86742-72-3